Dieses Buch ist öffentliches Eigentum.
Für Verlust und jeder Art von Beschädigung
haftet der Entleiher.
Vor allem bitte keinerlei Anstreichungen!
Auch Bleistiftanstreichungen gelten als
Beschädigung des entliehenen Buches!

Brita Schirmer

Schulratgeber Autismus-Spektrum
Ein Leitfaden für LehrerInnen

4., überarbeitete Auflage

Mit 20 Abbildungen und 1 Tabelle

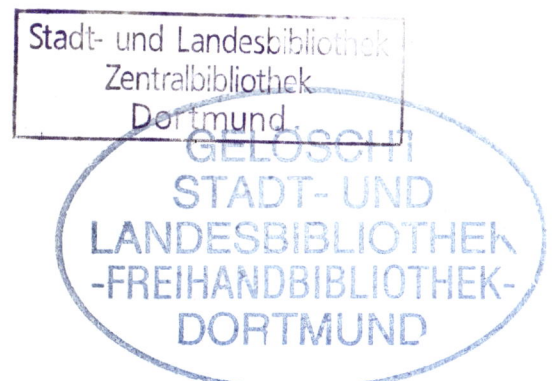

Ernst Reinhardt Verlag München Basel

Dr. *Brita Schirmer* ist Dipl.-Lehrerin an Sonderschulen in Berlin und Fachbuchautorin. Sie hat lange Jahre schwerpunktmäßig mit Schülern im Autismus-Spektrum gearbeitet und begleitet noch immer Familien und Einrichtungen fachlich.

Hinweis: Soweit in diesem Werk eine Dosierung, Applikation oder Behandlungsweise erwähnt wird, darf der Leser zwar darauf vertrauen, dass die Autorin große Sorgfalt darauf verwandt hat, dass diese Angabe dem Wissensstand bei Fertigstellung des Werkes entspricht. Für Angaben über Dosierungsanweisungen und Applikationsformen oder sonstige Behandlungsempfehlungen kann vom Verlag jedoch keine Gewähr übernommen werden. – Die Wiedergabe von Gebrauchsnamen, Handelsnamen, Warenbezeichnungen usw. in diesem Werk berechtigt auch ohne besondere Kennzeichnungen nicht zu der Annahme, dass solche Namen im Sinne der Warenzeichen- und Markenschutz-Gesetzgebung als frei zu betrachten wären und daher von jedermann benutzt werden dürften.

Bibliografische Information der Deutschen Nationalbibliothek

Die Deutsche Nationalbibliothek verzeichnet diese Publikation in der Deutschen Nationalbibliografie; detaillierte bibliografische Daten sind im Internet über <http://dnb.d-nb.de> abrufbar.

ISBN 978-3-497-02646-3 (Print)
ISBN 978-3-497-60349-7 (E-Book)
4., überarbeitete Auflage

© 2016 by Ernst Reinhardt, GmbH & Co KG, Verlag, München

Dieses Werk, einschließlich aller seiner Teile, ist urheberrechtlich geschützt. Jede Verwertung außerhalb der engen Grenzen des Urheberrechtsgesetzes ist ohne schriftliche Zustimmung der Ernst Reinhardt GmbH & Co KG, München, unzulässig und strafbar. Das gilt insbesondere für Vervielfältigungen, Übersetzungen in andere Sprachen, Mikroverfilmungen und für die Einspeicherung und Verarbeitung in elektronischen Systemen.

Printed in Germany
Cover unter Verwendung eines Fotos von © BirgitH / PIXELIO
Fotos im Innenteil: Reinhard Krüger
Satz: SatzBild, Weisgerber

Ernst Reinhardt Verlag, Kemnatenstr. 46, D-80639 München
Net: www.reinhardt-verlag.de E-Mail: info@reinhardt-verlag.de

Inhalt

Vorwort 9

1 Was ist Autismus? 11

1.1 Viele Begriffe: Autismus, Autismus-Spektrum-Störung, Autismus-Spektrum 11

1.2 Die Symptome 12

1.3 Schüler ohne Diagnose 13

2 Ausgewählte rechtliche Grundlagen für die Bildung und Erziehung von Schülern im AS 14

2.1 Die UN-Konvention über die Rechte von Menschen mit Behinderungen 14

2.2 Ausgewählte rechtliche Grundlagen in Deutschland und Empfehlungen der Kultusministerkonferenz (KMK) 14

Aussagen der KMK zum Förderbedarf 16
Aussagen der KMK zur geeigneten Schule 16
Aussagen der KMK zur Schulpflicht 16
Aussagen der KMK zu den räumlichen Bedingungen 17
Aussagen der KMK zur Unterrichtsmethodik 17

2.3 Ausgewählte rechtliche Grundlagen für die Bildung und Erziehung von Schülern im AS in Österreich 17

2.4 Ausgewählte rechtliche Grundlagen für die Bildung und Erziehung von Schülern im AS in der Schweiz 19

3 Autismusspezifischer Förderbedarf 21

3.1 Nachteilsausgleich 21

3.2 Übersicht über mögliche Aspekte des autismusspezifischen Förderbedarfs 22

3.3	Förderbedarf im Bereich der Kommunikation	27

Die verbale Sprache entwickelt sich nicht 27
Die beeinträchtigte Körpersprache 36
Besonderheiten bei vorhandener verbaler Sprache 37
Kommunikationsanregende Umgebung 45
Individuelle Kommunikationswege zulassen 46

3.4	Förderbedarf im Bereich des Sozialverhaltens	46

Die beeinträchtigte Theory of Mind. 47
Risiken für eine gute Beziehung zwischen Lehrer und Schüler ... 51
*Schwierigkeiten, altersgerechte Beziehungen
zu den Mitschülern aufzubauen und zu gestalten.* 52
Ungewöhnlicher Umgang mit Regeln 62
Keine Angst vor Gefahren. 64

3.5	Der eingeschränkte Handlungs- und Interessensbereich.	64

Individuelle Motivationssysteme nutzen 64
Gut gemachte „Gummibärchenpädagogik" 65
Das Tokensystem 66
Der Verhaltensvertrag 68
Stereotypien, Spezialinteressen und Overload. 68

3.6	Besonderheiten beim schulischen Lernen	72

Probleme mit dem Nachahmen 72
*„Die Lehrer hörte ich nur selten":
Lernen durch Unterweisung.* 74
Strukturiert Visualisieren 75
Das „Frank-Sinatra-Syndrom". 76
*Den Wald vor lauter Bäumen nicht sehen:
Die Theorie der verminderten zentralen Kohärenz* 77

3.7	Das unausgewogene Leistungsprofil	79

3.8	Abläufe und Aufgaben organisieren – die beeinträchtigten exekutiven Funktionen	80

Aktivitätspläne und Arbeitsstationen 81
Handlungsabläufe automatisieren 84

3.9	Die beeinträchtigte räumliche Orientierung	87

Die Orientierung im Haus 88
Orientierung im Raum 90
Der Arbeitsplatz 92

3.10	Die beeinträchtigte zeitliche Orientierung	94
	Größere Zeiträume überblicken	*94*
	Die Tagesstruktur verstehen	*94*
	Kürzere Zeitabschnitte einschätzen	*99*
	Leerzeiten füllen: Pausen und Wartezeiten	*99*
3.11	Motorische Ungeschicklichkeit	101
3.12	Übergänge und unerwartete Ereignisse meistern, Flexibilität erhöhen	103
	Veränderungen transparent machen	*103*
	Unerwartete Ereignisse und der Energiehaushalt des Gehirns	*104*
	Übergänge oder Veränderungen gestalten	*106*
3.13	Allgemeine Grundsätze der pädagogischen Arbeit	107
	Einzelfallbezogene Hilfen im Unterricht	*108*
	Interdisziplinäre Zusammenarbeit	*108*
	Strukturierte Lernangebote	*109*
	Zeit lassen und Pausen geben	*109*
4	**Die „richtige" Schule**	**111**
4.1	Schulische Inklusion und Integration	111
	Argumente für Inklusion und Integration	*111*
	Wie Inklusion bzw. Integration gelingen kann	*112*
4.2	Schulen mit Förderschwerpunkt oder spezielle Klassen	113
4.3	Gastschüler in einer anderen Schule	113
4.4	Fragen, die die Entscheidung erleichtern können	114
5	**Besondere Probleme im pädagogischen Alltag**	**115**
5.1	Der Umgang mit Fremd- und Autoaggressionen	115
	Folgen von Aggressionen bei anderen Personen	*115*
	Folgen für den aggressiven Schüler im AS	*115*
	Was sind Aggressionen?	*116*
	Bewertung von Verhalten	*116*
	Erlernt oder angeboren?	*117*
	„Normale" und „besondere" Aggression	*117*
	Aggressivem Verhalten vorbeugen	*118*

	Der Umgang mit Aggressionen 120
	Formen aggressiven Verhaltens und Regeln zum Umgang 124
	Kontrolle der Ergebnisse 131
	Notfallmaßnahmen 133

5.2 Die Zusammenarbeit mit den Eltern 133
  Formen der Elternarbeit 134
  Besondere Kinder – besondere Eltern? 134
  Mögliche Auswirkungen auf die Beziehung
  zwischen Eltern und Kind 136
  Was bringen Eltern in die Elternarbeit ein? 138
  Die Pädagogen 139
  Kompetenzbereiche von Pädagogen und Eltern 140
  Wie Elternarbeit funktionieren kann 140
  Typische Probleme in der Zusammenarbeit
  von Eltern und Pädagogen 141
  Ein Elterngespräch führen 145

5.3 Pubertierende Schüler im AS 147
  Alles ist langweilig 148
  Impulse werden schlecht kontrolliert 148
  Das Einfühlungsvermögen verschlechtert sich 150
  Hormonschwankungen 150
  Körperhygiene 150
  Der Freundeskreis 150
  Epilepsie 151
  Psychische Erkrankungen 151

5.4 Auffälliges Sexualverhalten 155

Literatur 157

Sachregister 168

Auf der Homepage des Ernst Reinhardt Verlages (www.reinhardt-verlag.de) finden Sie bei der Darstellung dieses Buches eine **Checkliste zur Aufnahme eines Schülers im AS** sowie eine **Checkliste für die Verhaltensbeobachtung** im DIN-A4-Format zum Download.

Vorwort

Es gibt, je nachdem wie eng die Diagnosekriterien gefasst werden, unterschiedliche Angaben zur Häufigkeit von Autismus-Spektrum-Störungen. Sie sind in den letzten Jahren deutlich gestiegen und werden derzeit mit 1 % der Bevölkerung angegeben (Falkai/Wittchen 2015, 64). Legt man eine durchschnittliche Klassenstärke von 25 Kindern zugrunde, taucht ungefähr in jeder vierten Klasse ein Kind im Autismus-Spektrum auf. Die Wahrscheinlichkeit, als Lehrer im Laufe des Berufslebens einmal ein Kind im Autismus-Spektrum zu unterrichten, ist demnach relativ hoch.

Dennoch sind die meisten Pädagogen auf diese Aufgabe viel zu wenig vorbereitet. Sie beginnen, sich mit dem Phänomen *Autismus* erst dann auseinanderzusetzen, wenn ein Schüler im Autismus-Spektrum in ihrer Klasse auftaucht. Zunächst fallen ihnen bei diesem Schüler eine Reihe ungewöhnlicher Verhaltensweisen auf.

Ohne weitere Kenntnisse über das Autismus-Spektrum empfinden sie das Kind oft als unerzogen. „Bockig" oder „macht nur, was er will" sind Beschreibungen, die tatsächlich einige Pädagogen von ihren Schülern im Autismus-Spektrum geben.

Versuchen sie aber, die Welt mit den Augen ihrer Schüler zu sehen und so auch zu verstehen, worin deren Schwierigkeiten, aber auch die besonderen Stärken liegen, können sie erkennen, dass diese keinesfalls „bockiger" sind als andere Schüler. Um diesen Perspektivwechsel leichter zu vollziehen, werden im Folgenden viele Berichte von Menschen im Autismus-Spektrum präsentiert.

Es fehlt den Lehrern allerdings meist auch ein Repertoire von verschiedenen Methoden und Techniken der Unterrichtung und Förderung von Schülern im Autismus-Spektrum, aus dem sie auswählen können. Dazu gehört bspw. das Arbeiten mit PECS (Kap. 3.3) oder in Anlehnung an das *TEACCH-Programm* (Kap 3.8). Dieses „pädagogische Handwerkzeug" soll in dem vorliegenden Buch vorgestellt werden.

Dieses Praxisbuch ist auf der Grundlage jahrelanger intensiver theoretischer Auseinandersetzung und zugleich praktischer Erfahrung in der pädagogischen Arbeit mit Menschen im Autismus-Spektrum, sowie engen Kontakten zu Pädagogen und Eltern entstanden.

Angesichts der derzeitigen Bemühungen um die Inklusion in allen gesellschaftlichen Bereichen und insbesondere der Schule kann man sich die Frage stellen, inwiefern das vorliegende Buch seine Berechtigung hat. Inklusion bedeutet ja, die Gegenüberstellung in der Beschreibung und Unterrichtung von Schülern aufzuheben. Es werden also nicht mehr Schüler im Autismus-Spektrum denen außerhalb des Spektrums gegenüber gestellt, sondern vielmehr die individuellen Lernbarrieren und Möglichkeiten zu deren Überwindung gesucht. Dazu wird die Pädagogik sich zukünftig in einem Spannungsfeld von systemischer und individuumszentrierter Betrachtung von Lern- und Lehrprozessen bewegen müssen. Verschiedene Unterstützungssysteme und ein Mehr-Pädagogensystem werden notwendig werden (Hinz 2009). Dies ist noch pädagogische Zukunftsmusik im deutschsprachigen Raum. In der derzeitigen Diskussion gibt es zudem die Auffassung, dass eine Inklusion den Bedürfnissen aller Schüler im Autismus-Spektrum nicht gerecht werden kann.

Ungeachtet des Ausgangs der derzeitigen und zukünftigen theoretischen Diskussionen in der Pädagogik und ihrer Umsetzungen bleibt zumindest anteilig die Notwendigkeit einer individuumszentrierten Pädagogik bestehen, denn spezifische Probleme der Schüler im Autismus-Spektrum sind unabhängig von ihrer Beschreibung Sachverhalte, die im pädagogischen Alltag berücksichtigt werden müssen. Darüber hinaus benötigt man Spezialisten für spezifische Aspekte des Lernens von Menschen im Autismus-Spektrum, wie den Schriftspracherwerb, sowie die Bewältigung sozialer Probleme, wie Mobbing oder Gewalt (Hinz 2009, 176). Sie können von den folgenden Darstellungen profitieren, weil diese aufzeigen, welche Barrieren grundsätzlich bestehen können und wie man sie abbauen kann. So lange die schulische Inklusion noch eine Vision ist und weiterhin mit dem Begriff des sonderpädagogischen Förderbedarfs operiert wird, füllt der vorliegende Schulratgeber zweifellos eine Leerstelle in der Fachliteratur.

Danksagung: Um auch die schulrechtliche Situation in Österreich und der Schweiz richtig wiederzugeben, haben Judith Stender und Brigitte Mörwald aus Wien und Inge Reuter aus Zürich Unterstützung gegeben, für die ihnen an dieser Stelle ausdrücklicher Dank gebührt. Ebenso sei Susanne Rabe dafür gedankt, dass für dieses Buch in der von ihr geleiteten Burgdorf-Schule in Fürstenwalde Fotos gemacht werden durften. Es ist ihr großes Verdienst, dass in dieser Schule besonders gute Lernbedingungen für viele Schüler im Autismus-Spektrum geschaffen wurden. Auch die sehr erfahrene polnische Autismustherapeutin Dr. Beata Urbaniak hat einige ihrer Arbeitsmaterialien dankenswerter Weise für dieses Buch zugänglich gemacht.

Hinweise zur Schreibweise: Aus Gründen der besseren Lesbarkeit wird bei Personenbezeichnungen die männliche Form gewählt, auch wenn beide Geschlechter gemeint sind. Darüber hinaus sollten sich in diesem Buch mit den Bezeichnungen „Pädagoge" oder „Lehrer" all jene Personen angesprochen fühlen, die in den Kontexten von schulischer und vorschulischer Bildung tätig sind.

1 Was ist Autismus?

1.1 Viele Begriffe: Autismus, Autismus-Spektrum-Störung, Autismus-Spektrum ...

Viele unterschiedliche Termini findet man in den Schülerunterlagen: Autismus, Frühkindlicher Autismus, Asperger-Syndrom, Atypischer Autismus, Autismus-Spektrum-Störung, autistische Züge ... Die Reihe ließe sich fortsetzen. Diese begriffliche Vielfalt kann verunsichern und verwirren. Sie wirft Fragen auf: Was bedeuten diese Termini? Gibt es Unterschiede zwischen ihnen?

Seit Erscheinen des *Diagnostischen und Statistischen Manuals Psychischer Störungen (DSM-5)* heißt der aktuelle medizinische Fachterminus *Autismus-Spektrum-Störung* (Falkai/Wittchen 2015, 64). Es handelt sich beim DSM-5 um das aktuellste Klassifikationssystem der *American Psychiatric Association*, in dem Störungen mit ihren Namen und Symptomen aufgelistet werden. Der Begriff *Autismus-Spektrum-Störung* ersetzt hierin die zuvor verwendeten Bezeichnungen *Frühkindlicher Autismus, Autismus in der Kindheit, Kanner-Autismus, High-Functioning-Autismus, Atypischer Autismus, Nicht Näher Bezeichnete Tiefgreifende Entwicklungsstörung im Kindesalter* und *Asperger-Syndrom* (68).

Die kategoriale, „schubladenorientierte" Betrachtung des Autismus mit seinen verschiedenen Formen wurde mit dem DSM-5 zugunsten der Idee eines Kontinuums mit unterschiedlichen Ausprägungen aufgegeben. In Untersuchungen war zuvor festgestellt worden, dass Erwachsene mit Frühkindlichem Autismus in ihrer Symptomatik nicht eindeutig von denen mit Asperger-Syndrom unterschieden werden können (Amorosa 2010, 26). Damit war die Idee von klar unterscheidbaren Formen des Autismus nicht mehr haltbar.

Bei einer Autismus-Spektrum-Störung können im Rahmen der fachärztlichen Diagnosestellung für den Bereich der Sozialen Kommunikation und den Bereich der restriktiven, repetitiven Verhaltensweisen unterschiedliche Schweregrade bestimmt werden. Sie reichen von Schweregrad 1 „Unterstützung Erforderlich" über Schweregrad 2 „Umfangreiche Unterstützung Erforderlich" bis zu Schweregrad 3 „Sehr Umfangreiche Unterstützung Erforderlich" (Falkai/Wittchen 2015, 67). Die Autismus-Spektrum-Störung zählt im DSM-5 zur Gruppe der Störungen der neuronalen und mentalen Entwicklung (39).

Doch es setzt sich auch immer stärker die Erkenntnis durch, dass es sich beim Autismus nicht nur um eine Summe von Defiziten, sondern um ein besonderes Fähigkeitsprofil handelt, das durchaus auch Stärken beinhaltet (Theunissen 2015). Dies ist eine Entwicklung, die ganz maßgeblich von Menschen im Autismus-Spektrum vorangetrieben wurde. Sie haben ein berechtigtes Interesse daran, nicht nur einseitig als „defizitär", „förderbedürftig", „gestört" oder „krank", sondern in ihrer Gesamtpersönlichkeit auch mit ihren Stärken gesehen zu werden. Sie bevorzugen den Begriff *Autismus-Spektrum (AS)*. Im vorliegenden Buch wird die letztgenannte Bezeichnung bevorzugt. Nur an den Stellen, an denen es einen Bezug zur medizinischen Diagnose gibt, wird der Begriff *Autismus-Spektrum-Störung* verwendet.

1.2 Die Symptome

„Die Hauptmerkmale einer Autismus-Spektrum-Störung sind dauerhafte Beeinträchtigungen der wechselseitigen sozialen Kommunikation und der sozialen Interaktion […] sowie restriktive, repetitive Verhaltensmuster, Interessen und Aktivitäten […]. Diese Symptome sind seit der frühen Kindheit vorhanden und […] beeinträchtigen das alltägliche Funktionsniveau." (Falkai/Wittchen 2015, 68)

Die Besonderheiten, die sich hinter den beiden ersten Hauptmerkmalen verbergen, können ganz unterschiedlich sein. Auffälligkeiten in der Kommunikation reichen vom Ausbleiben der verbalen Sprachentwicklung über die sogenannte Echolalie bis hin zu Schwierigkeiten, nonverbale Zeichen zu verstehen. Oftmals werden Ironie und Sprachbilder schlecht verstanden.

Auch die Auffälligkeiten im Sozial- und Kontaktverhalten sind individuell verschieden. Sie können die Unfähigkeit, auf den eigenen Namen zu reagieren, beinhalten und bis zu Problemen reichen, Freundschaften aufzubauen und zu pflegen. Es gibt Kinder, die jeden sozialen Kontakt ablehnen und am liebsten allein zu sein scheinen. Dann gibt es solche, die soziale Annäherung zulassen, aber nicht von sich aus initiieren. Und schließlich gibt es eine Gruppe von Kindern und Jugendlichen im Autismus-Spektrum, die zwar aktiv Kontakte aufnehmen wollen, aber dies in ungeeigneter Art und Weise versuchen (Dodd 2007, 98).

Die eingeschränkten, repetitiven Verhaltensmuster, Interessen und Aktivitäten können sich darin zeigen, dass Schüler Stereotypien oder Spezialinteressen haben, mit denen sie sich sehr intensiv beschäftigen. Für Aktivitäten aus anderen Lebensbereichen hingegen sind sie kaum zu begeistern. Einige halten sehr beharrlich an Routinen fest und haben große Schwierigkeiten mit Veränderungen.

Welche Einzelsymptome sich kombinieren, ist individuell verschieden. Es handelt sich deshalb bei einer Autismus-Spektrum-Störung um eine Summationsdiagnose. Dabei ist die Summe der Symptome letztlich entscheidend für die Diagnose. Ein einzelnes Symptom, wie der auffällige Blickkontakt, ist für den Autismus so unspezifisch wie Fieber für eine Erkältung. Er ist oft, aber nicht zwangsläufig zu beobachten und kann auch bei Kindern ohne Autismus-Spektrum-Störung auftreten. Damit die

Diagnose Autismus-Spektrum-Störung gerechtfertigt ist, müssen die Besonderheiten seit der frühesten Kindheit vorhanden gewesen sein und das alltägliche Funktionsniveau beeinträchtigen. Jede Störung aus dem Autismus-Spektrum muss von einem Kinder- und Jugendpsychiater oder Klinischen Psychologen festgestellt werden. Es handelt sich um keine pädagogische Diagnose!

1.3   Schüler ohne Diagnose

Es kann sein, dass ein erfahrener Pädagoge ungewöhnliche Verhaltensweisen als Anzeichen für eine Autismus-Spektrum-Störung interpretiert. Vielleicht beobachtet er, dass das Kind Probleme damit hat, mit anderen Kindern zu spielen und dass es soziale Regeln nicht gut versteht. Möglicherweise sieht er, dass das Kind Situationen meidet, die andere gerne mögen, wie Feiern oder Pausen, und dass es nicht angemessen auf mimische und gestische Hinweise reagiert, die der Lehrer ihm gibt. Vielleicht scheint es ihm überempfindlich gegenüber lauten Geräuschen, und unvorhergesehene Situationen machen ihm Angst und führen zu Abwehr und Wutausbrüchen.

Bei einigen Schülern im Autismus-Spektrum werden die Symptome erst dann offensichtlich, wenn das Kind in einer Kindergruppe lernt. Die Fülle von Informationen in einem Klassenzimmer unterscheidet sich erheblich von der im Kinderzimmer einer kleinen Familie. Außerdem werden in einer Gruppe andere Fähigkeiten zur Interaktion verlangt als im Dialog mit einem einzelnen Erwachsenen.

Manchmal werden Kinder mit der Diagnose *Aufmerksamkeitsdefizit-Syndrom mit und ohne Hyperaktivität* (ADS / ADHS) eingeschult, bei denen sich später die Frage stellt, ob sie auch in das Autismus-Spektrum gehören. In einer Studie, die 900 Menschen mit Asperger-Syndrom untersucht hat, litten 62 % auch an ADHS (Kennedy 2002, 44).

Andere Kinder wurden zuvor als *geistig behindert* eingestuft, und bei genauerer Beobachtung fand man Hinweise auf die Symptomatik aus dem Autismus-Spektrum.

In diesen Fällen empfiehlt sich ein Gespräch mit den Eltern, um ihnen von den Beobachtungen zu berichten. Die fachärztliche Diagnose kann nur von ihnen eingeleitet werden.

2 Ausgewählte rechtliche Grundlagen für die Bildung und Erziehung von Schülern im AS

2.1 Die UN-Konvention über die Rechte von Menschen mit Behinderungen

Am 3. Mai 2008 ist die *UN-Konvention über die Rechte von Menschen mit Behinderungen* in Kraft getreten. Die Bundesrepublik Deutschland ist wie die Republik Österreich und, mit Stand vom 11.05.2009, weitere 51 Staaten die Verpflichtung eingegangen, den Inhalt der Konvention in nationales Recht zu übertragen.

Interessant ist im Zusammenhang mit schulischer Bildung vor allem der § 24 der Konvention. In der zwischen Deutschland, Liechtenstein, Österreich und der Schweiz abgestimmten amtlichen Übersetzung gibt es in Art. 24 Abs. 1 den Ausdruck „integratives Bildungssystem". In der englischen Originalfassung steht an dieser Stelle davon abweichend „inclusive education". An der Übersetzung gibt es deshalb heftige Kritik.

Auf den ersten Blick scheint es sich hier lediglich um die Ersetzung eines Begriffs durch einen anderen zu handeln. Doch es verbergen sich hinter „Integration" und „Inklusion" mindestens graduell verschiedene pädagogische Konzepte und Haltungen. In der integrativen Pädagogik geht es darum, Schüler mit sonderpädagogischem Förderbedarf in die Regelschulen einzugliedern. Von ihnen werden Anpassungsleistungen an die bestehenden Strukturen und Normen erwartet. Ihre Teilnahme am Unterricht ist abhängig von der personellen, räumlichen und sächlichen Ausstattung der Schule.

Die inklusive Pädagogik hingegen erhebt den Anspruch, bedürfnisgerechte Angebote für alle Schüler in ihrer Vielfalt bereit zu stellen (Hinz 2009, 173).

2.2 Ausgewählte rechtliche Grundlagen in Deutschland und Empfehlungen der Kultusministerkonferenz (KMK)

Die rechtlichen Grundlagen für den Schulbesuch von Kindern und Jugendlichen im AS basieren in der Bundesrepublik auf mehreren Säulen: dem Grundgesetz, den gesetzlichen Regelungen und Ausführungsbestimmungen zum Schulwesen in den einzelnen Bundesländern und der Sozialgesetzgebung. Daneben gibt es Beschlüsse der Konferenz der Kultusminister der Länder mit empfehlendem Charakter.

Das Grundgesetz der Bundesrepublik bestimmt nur den groben Rahmen für das Schulrecht. Es lässt offen, wie das öffentliche Schulwesen im Übrigen organisiert sein soll. Dafür sind die Bundesländer im Rahmen ihrer Kulturhoheit zuständig. Nach Artikel 30 des Grundgesetzes sind alle staatlichen Aufgaben, die das Grundgesetz nicht dem Bund zuweist, in der Zuständigkeit der Länder.

Diese Eigenständigkeit der Länder führt in Bezug auf die Unterrichtung von Kindern und Jugendlichen im AS u. a. dazu, dass es unterschiedliche Vorstellungen über das Wesen einer Autismus-Spektrum-Störung gibt, die sich auch in den Bezeichnungen für diese Schülergruppe zeigen. Es existieren zudem unterschiedliche Organisationsmodelle der schulischen Versorgung. So gibt es in einigen, aber nicht in allen Bundesländern spezielle Klassen für Kinder und Jugendliche im AS. Auch die Curricula unterscheiden sich von Bundesland zu Bundesland. In vielen Bundesländern gibt es in den Schulämtern oder in beauftragten Schulen Ansprechpartner für Pädagogen, die Kinder und Jugendliche im AS unterrichten.

Oft benötigen Schüler im AS einen einzelfallbezogenen Helfer im Unterricht. Er erledigt Tätigkeiten, die über den Aufgabenbereich der Pädagogen hinausgehen, z. B. eine permanente und in vielen Fällen zwingend notwendige Beaufsichtigung, Unterstützung der Kommunikation oder Hilfe bei alltäglichen Verrichtungen.

Bei einer Zuordnung der Autismus-Spektrum-Störung zur seelischen Behinderung kann diese *Eingliederungshilfe* vom Jugendamt über den § 35a Abs. 3 des Sozialgesetzbuches (SGB) VIII finanziert werden. Bei einer Zuordnung zur körperlichen / geistigen Behinderung greift der § 54 Abs. 1 Satz 1 Nr. 1 SGB XII, und das Sozialamt ist zuständig. Es gibt derzeit noch keine einheitliche Zuordnungspraxis (Remschmidt 2008, 103 ff). Antragsteller sind immer die Eltern. Der Umfang der Schulbegleitung ist nicht festgelegt. Der Kostenträger muss die nach fachlicher Einschätzung notwendige Stundenanzahl finanzieren. Aber auch hier gibt es keine vollständig bundeseinheitliche Regelung. Darüber hinaus beinhaltet die Hilfe zur Schulbildung eine Therapie, die vor allem der Aufrechterhaltung der Schulbereitschaft dient, indem Erlebtes vor- und nachbereitet wird (Frese 2011, 34).

Um in der föderalistischen Bundesrepublik einer Zersplitterung im Bildungswesen entgegenzuwirken, wurde im Jahre 1949 die *Ständige Konferenz der Kultusminister der Länder* (KMK) gegründet. Seither werden von ihr Angelegenheiten mit überregionaler Bedeutung mit dem Ziel einer Übereinkunft verhandelt.

Für den Bereich der schulischen Bildung und Erziehung von Kindern und Jugendlichen im AS findet dieser Minimalkonsens seinen Ausdruck in den am 16.06.2000 beschlossenen *Empfehlungen zu Erziehung und Unterricht von Kindern und Jugendlichen mit autistischem Verhalten* (KMK 2000).

Da Empfehlungen der Kultusministerkonferenz unter dem Zwang einstimmiger Verabschiedung stehen, galt es, für alle 16 Länder gleichermaßen gültige Hinweise zu geben. Länderspezifische Besonderheiten der Organisation der Bildung und Erziehung von Kindern und Jugendlichen im AS wurden aus diesem Grund nicht berücksichtigt.

Die Empfehlungen enthalten Aussagen zur Symptomatik der Schüler im Autismus-Spektrum mit ihren unterschiedlichen intellektuellen Begabungen. Sie binden die Schulverwaltungen nicht, sondern sind allgemeine Handreichungen und Informationen, die in Entscheidungsprozessen berücksichtigt werden können, aber nicht müssen. Einige Aussagen der Kultusministerkonferenz, die für den Bereich Schule von besonderer Bedeutung sind, sollen im Folgenden kurz dargestellt werden (ausführlicher bei Schirmer 2002).

Aussagen der KMK zum Förderbedarf

Die KMK differenziert den Förderbedarf in einen *besonderen pädagogischen Förderbedarf* und einen *sonderpädagogischen Förderbedarf*. Damit soll der individuellen Verschiedenheit von Umfang und Schweregrad des Autismus-Spektrums Rechnung getragen werden.

Die Kultusminister empfehlen, bei Schülern im AS den sonderpädagogischen Förderbedarf, der in den meisten Fällen besteht, regelmäßig zu überprüfen (KMK 2000, 390). Es wird nicht erläutert, wie der besondere pädagogische Förderbedarf zu ermitteln ist und ob auch er regelmäßig überprüft werden muss.

Aussagen der KMK zur geeigneten Schule

Die KMK differenziert den Förderbedarf in einen besonderen pädagogischen Förderbedarf und einen sonderpädagogischen Förderbedarf. Damit soll der individuellen Verschiedenheit von Umfang und Schweregrad des Autismus-Spektrums Rechnung getragen werden.

Die Kultusminister empfehlen, bei Schülern im AS den sonderpädagogischen Förderbedarf, der in den meisten Fällen besteht, regelmäßig zu überprüfen (KMK 2000, 390). Es wird nicht erläutert, wie der besondere pädagogische Förderbedarf zu ermitteln ist und ob auch er regelmäßig überprüft werden muss.

Aussagen der KMK zur Schulpflicht

Die Schulpflicht eines Schülers im AS kann auf Antrag verlängert werden, wenn zu erwarten ist, dass das angestrebte Bildungsziel erreicht wird (KMK 2000, 392).

Aussagen der KMK zu den räumlichen Bedingungen

Zur Ausstattung der Schule wird ausgeführt, dass die Bereitstellung eines geeigneten Raumes eine Notwendigkeit darstellt, damit sich der Schüler zurückziehen kann (KMK 2000, 385).

Aussagen der KMK zur Unterrichtsmethodik

Zu Fragen der Unterrichtsmethodik geben die Empfehlungen vor, sich an der Individualität und den pädagogischen Bedürfnissen des Schülers zu orientieren (KMK 2000, 384). Der Unterricht bedarf einer individuellen Anpassung der Lernschritte, des Lerntempos, des Umfangs des Lernstoffes, der Unterrichtsmethoden und des Einsatzes von Materialien (KMK 2000, 391).

Mündliche, schriftliche und praktische Aufgaben können sich im Unterricht wechselseitig ersetzen. Auch die Bearbeitungszeit für Aufgaben kann für Schüler im AS verlängert werden (KMK 2000, 392). In welchem Umfang dies geschehen soll bzw. wer diesen Umfang festlegt, wird nicht ausgeführt.

Am 20.10.2011 fasste die Kultusministerkonferenz einen Beschluss über „Inklusive Bildung von Kindern und Jugendlichen mit Behinderungen an Schulen", in dem sie für alle Kinder und Jugendlichen einen gleichberechtigten Zugang zu Bildungsangeboten und das Erkennen und Überwinden von Barrieren als Ziele formuliert.

2.3 Ausgewählte rechtliche Grundlagen für die Bildung und Erziehung von Schülern im AS in Österreich

Das Schulsystem in Österreich wird zentral durch den Bund geregelt. Sowohl Schultypen als auch Lehrpläne sind deshalb bundesweit einheitlich.

Für Schüler im AS kann ein Antrag auf Anerkennung eines sonderpädagogischen Förderbedarfs gestellt werden. In einem anschließenden Verfahren kommt es denn aufgrund von Gutachten zu einer pädagogischen und/oder psychologischen und/oder medizinischen Beurteilung. Auf Basis dieser Beurteilung wird schlussendlich festgestellt, ob und welche sonderpädagogische Förderung das Kind benötigt. Sonderpädagogischer Förderbedarf im schulrechtlichen Sinn gemäß § 8 des *Schulpflichtgesetzes* liegt vor, wenn ein Schüler infolge physischer oder psychischer Behinderung dem Unterricht in der Volks-, Haupt- oder der Polytechnischen Schule ohne sonderpädagogische Förderung nicht folgen kann und er nicht gemäß § 15 des *Schulpflichtgesetzes* vom Schulbesuch befreit ist.

Für Kinder, bei denen ein sonderpädagogischer Förderbedarf festgestellt wurde, hat der Bezirksschulrat zu entscheiden, ob und in welchem Ausmaß der Schüler nach dem Lehrplan einer anderen Schulart zu unterrichten ist. Die Schulkonferenz legt fest, ob und in welchen Unterrichtsgegenständen der Schüler nach dem Lehrplan einer anderen Schulstufe als der, die seinem Alter entspricht, zu unterrichten ist (§ 17 Abs. 4 SchUG).

Folgende Lehrpläne können für Schüler im AS in Abhängigkeit von der Schwere der Behinderung zur Anwendung kommen:

- der Lehrplan der Volksschule,
- der Lehrplan der Hauptschule,
- der Lehrplan der allgemeinbildenden höheren Schule auf der Sekundarstufe I,
- der Lehrplan der Polytechnischen Schule,
- der Lehrplan für die Allgemeine Sonderschule (für Kinder mit einer Lernbehinderung) und
- der Lehrplan für schwerstbehinderte Kinder.

Einige wenige Schüler im Autismus-Spektrum haben keinen per Bescheid ausgewiesenen sonderpädagogischen Förderbedarf. Für sie sind die Berücksichtigung ihrer spezifischen Probleme bei der Gestaltung der Lernsituation und eine unterstützende Haltung der Lehrer ausreichend.

Schüler im AS und festgestelltem Förderbedarf können in Österreich in einer Sonderschule oder integrativ unterrichtet werden. Die Entscheidung liegt bei den Erziehungsberechtigten.

Entscheiden sich die Eltern für die Sonderschule, kann das Kind dort seine gesamte Schulpflicht hindurch lernen. Darüber hinaus kann die Sonderschule noch ein freiwilliges zehntes und auf Antrag ein elftes bzw. zwölftes Schuljahr besucht werden.

Im Schulpflichtgesetz § 8a ist festgelegt, dass Kinder mit sonderpädagogischem Förderbedarf auch eine Volksschule, Hauptschule oder Unterstufe einer allgemeinbildenden höheren Schule besuchen können, soweit solche Schulen (Klassen) vorhanden sind und diese den sonderpädagogischen Förderbedarf erfüllen.

Die Integration ist in einer Integrationsklasse oder als Einzelintegration möglich. Zusätzlich zu den üblichen Lehrpersonen kommen auch solche mit spezieller Sonderschulausbildung als Integrationslehrer zum Einsatz. Als fachliche Unterstützung fungieren die Sonderpädagogischen Zentren, die organisatorisch meist an eine Sonderschule im jeweiligen Verwaltungsbezirk angeschlossen sind.

Weitere Ausführungen zur gesetzlichen Regelung bezüglich schulischer Integration sind im *Erlass zum Schulbesuch in Volksschulen bei sonderpädagogischem Förderbedarf* (Erl. Reg. 202 vom 22.9.1993) und im Bundesgesetzblatt für die Republik Österreich, *Bestimmungen zur Sekundarstufenintegration*, Jahrgang 1996, ausgegeben am 30.12.1996, 247. Stück, nachzulesen.

Wie für alle Schüler gilt auch für diejenigen im AS, dass aufgrund ihrer Behinderung eine Befreiung von der Teilnahme an einzelnen Pflichtgegenständen und verbindlichen Übungen gemäß § 11 Abs. 6 des Schulunterrichtsgesetzes möglich ist. Das *Bundesministerium für Unterricht, Kunst und Kultur* hat durch Verordnung entsprechend der Aufgaben der einzelnen Schularten festzulegen, in welchen Pflichtgegenständen eine solche Befreiung mit oder ohne Auflage von Prüfungen und für welche Höchstdauer ohne Verlust der Eigenschaft eines ordentlichen Schülers zulässig ist.

In den Bundesländern sind Landesschulräte (in Wien: Stadtschulrat) eingerichtet, die für die politischen Belange in der Schulbildung auf Landesebene zuständig sind. In den Landesregierungen sind ebenfalls sogenannte Schulabteilungen angesiedelt. Für viele Gesetze auf Bundesebene gibt es auf der Ebene der Bundesländer eigene Landesausführungsgesetze (siehe z. B. Mörwald/Stender 2009).

2.4 Ausgewählte rechtliche Grundlagen für die Bildung und Erziehung von Schülern im AS in der Schweiz

Die Bundesverfassung der Schweiz regelt nur grundsätzliche Aspekte schulischer Bildung und Erziehung. Im § 18 spricht sie ein Diskriminierungsverbot aus und nach § 62 steht der Grundschulunterricht unter staatlicher Kontrolle oder Aufsicht.

Es existiert in der Schweiz auch das Recht des Hausunterrichts. Der Bund stellt in diesem Fall sicher, dass die Bildung den Qualitätsanforderungen genügt.

Aufgrund des Föderalismus liegt die Verantwortung für die schulische Bildung vorrangig bei den Kantonen. Sie koordinieren ihre Arbeit auf nationaler Ebene. Für die Unterrichtung von Kindern und Jugendlichen mit Behinderungen und für sonderpädagogische Maßnahmen haben sich die Kantone aber bis 2008 die Verantwortung mit der Invalidenversicherung geteilt. Die ungeteilte fachliche, rechtliche und finanzielle Verantwortung liegt erst seit dem 01.01.2008 bei den Kantonen. Zuvor hatte die Invalidenversicherung sich an der Finanzierung und am Management der entsprechenden Maßnahmen beteiligt.

Um innerhalb des Föderalismus ein Minimum an Einheitlichkeit zu gewährleisten, bilden die 26 kantonalen Erziehungsdirektoren seit 1970 eine politische Behörde: die *Schweizerische Konferenz der kantonalen Erziehungsdirektoren* (EDK). Sie regelt z. B. Fragen des Schuleintritts, der Schuldauer und des Schuljahresbeginns. Die Zusammenarbeit der EDK basiert auf rechtsverbindlichen, interkantonalen Vereinbarungen, sogenannten *Konkordaten*.

Die Schweiz hat die *UN-Konvention über die Rechte von Menschen mit Behinderungen* (siehe 2.1) nicht unterzeichnet. Dennoch hat die Plenarversammlung der kantonalen Erziehungsdirektoren am 25.10.2007 eine *Interkantonale Vereinbarung über die Zusammenarbeit im Bereich der Sonderpädagogik* (Sonderpädagogik-Konkordat) mit einem klaren Bekenntnis für ein integratives Bildungssystem verabschiedet (§2). Der gesamte sonderpädagogische Bereich gehört demnach zum Bildungsauftrag der Volksschule.

Neben der Schulbildung organisieren die Kantone die notwendigen Transporte und übernehmen deren Kosten, wenn Kinder und Jugendliche aufgrund ihrer Behinderung den Weg zur Schule oder Therapiestelle nicht selbständig bewältigen können. Außerdem wurde innerhalb des Sonderpädagogik-Konkordats erstmals ein einheitlicher Rahmen für wichtige Maßnahmen im sonderpädagogischen Bereich geschaffen, z. B. die Festlegung der Berechtigten und des Grundangebots. Zudem gehören die Entwicklung und Anwendung einer einheitlichen Terminologie, von Qualitätsstandards für die Anerkennung von Leistungsanbietern und von einem standardisierten Abklärungsverfahren für die Ermittlung des individuellen Bedarfs zu den Vereinbarungen.

Bis 2011 musste jeder Kanton ein Sonderschulkonzept entwickeln. Einige Kantone können aufgrund ihrer geringen Größe nicht für alle Kinder und Jugendlichen schulische Angebote bereithalten. In diesem Fall ist eine außerkantonale Eingliederung in Sonderschulen oder besondere Einrichtungen möglich. Sie wird in der *Interkantonalen Vereinbarung für soziale Einrichtungen* (IVSE) der kantonalen Sozialdirektoren (SODK) geregelt.

3 Autismusspezifischer Förderbedarf

„Für viele Menschen mit Autismus stellt die Schulzeit die bei weitem schlimmste Zeit ihres Lebens dar." (Preißmann 2009, 102)

Dr. Christine Preißmann, die dies feststellt, ist im Autismus-Spektrum. Bedauerlicherweise ist sie mit ihrer Einschätzung nicht allein. Viele Erwachsene im Autismus-Spektrum, die auf ihre Schulzeit zurückblicken, urteilen ähnlich.

Eine wichtige Frage für jeden Pädagogen sollte demnach sein, wie man die Schulzeit für diese Kinder und Jugendlichen so gestalten kann, dass ein solcher Leidensdruck nicht entsteht. Sie haben augenscheinlich besondere Bedürfnisse, denen man in der Schule zurzeit noch zu wenig gerecht wird.

Doch auch die Pädagogen sind oft überfordert. Durch ihre Ausbildung sind sie zu wenig auf die Förderbedürfnisse dieser Schülergruppe vorbereitet. Der Förderbedarf wird durch die Schulgesetzgebung zwar benannt, dennoch wird den Pädagogen nicht ausreichend vermittelt, worin er besteht und wie sie ihn bei der Gestaltung des Unterrichts berücksichtigen können.

3.1 Nachteilsausgleich

Aufgrund ihrer besonderen Lernvoraussetzungen haben Schüler im AS einen Anspruch auf Nachteilsausgleich zur Wahrung der Chancengleichheit gegenüber ihren Mitschülern. Er dient der Kompensation der durch das AS entstandenen Nachteile und soll es Schülern ermöglichen, einen Zugang zu Lerninhalten zu finden, Aufgaben zu verstehen und Lernleistungen nachzuweisen. Rechtlich lässt sich der Anspruch aus dem Schwerbehindertengesetz § 48 ableiten.

Dabei lässt sich bei Schülern im AS kein allgemeiner, sondern stets nur ein individueller Anspruch auf Nachteilsausgleich feststellen. Die Gewährung des Nachteilsausgleichs darf nicht in den Zeugnissen erscheinen (SchbG §52), denn eine mit Nachteilsausgleich erbrachte Leistung ist im Vergleich zu der anderer Schüler gleichwertig. Die fachlichen Anforderungen des Curriculums bleiben unberührt. Dabei darf der gewährte Nachteilsausgleich nicht zu einer Benachteiligung anderer Schüler führen.

Nicht unter den Nachteilsausgleich fällt der Verzicht auf die Bewertung von Teilleistungen, wie er bei Schülern mit einer Lese-Rechtschreib-Schwäche gewährt wird, oder der Verzicht auf Leistungserbringung, wie im Falle des Sportunterrichtes bei Schülern mit motorischen Einschränkungen.

Welche Möglichkeiten des Nachteilsausgleiches es gibt und wie sie beantragt werden müssen, findet man in den schulrechtlichen Vorgaben der einzelnen Bundesländer. Wichtig ist, dass der Nachteilsausgleich nicht willkürlich von einzelnen Pädagogen gewährt oder nicht gewährt wird, sondern dass es sich um ein einheitliches und transparentes Vorgehen aller Lehrer im Sinne der Chancengleichheit handelt. Das stellt in der Praxis oft eine Schwierigkeit dar, wie eine Schulhelferin berichtet:

> „Bis heute […] gelingt es einigen Pädagogen nicht, diesen Zeitbonus für Lukas organisatorisch einzuplanen, und entsprechende zeitliche Strukturierungen während des Arbeitens vorzunehmen." (Müller 2014, 108)

Gute, genaue Absprachen unter den Fachkollegen sind hier unbedingt notwendig.

3.2 Übersicht über mögliche Aspekte des autismusspezifischen Förderbedarfs

Jeder Förderbedarf muss individuell festgestellt und regelmäßig aktualisiert werden. Dazu eignen sich Beobachtungen, Gespräche mit Bezugspersonen und Fachleuten sowie leistungsdiagnostische Verfahren, wie sie im Kapitel 3.7 dargestellt werden.

In Tabelle 1 werden überblickshaft mögliche Aspekte des autismusspezifischen Förderbedarfs mit den daraus abgeleiteten pädagogischen Maßnahmen dargestellt. Im Einzelfall trifft bei einem Schüler nicht jeder einzelne Aspekt zu bzw. können auch noch andere, zusätzliche Bedürfnisse beobachtet werden.

Tab. 1: Übersicht über mögliche Aspekte des sonderpädagogischen Förderbedarfs

Förderbedarf	mögliche Maßnahmen	ausführlich in Kapitel
Die verbale Sprache entwickelt sich nicht	• Sprachtherapie • alternative Kommunikationsmöglichkeiten • einzelfallbezogene Helfer als Kommunikationshelfer • früh Schrift einsetzen • Scripte einsetzen • interdisziplinäre Zusammenarbeit	3.3 3.13
wörtliches Sprachverständnis	• kontrollierte Lehrersprache • Training von Metaphern, Ironie usw. • Nachteilsausgleich bei Textaufgaben (Mathematik), Gedichtinterpretationen und Aufsätzen	3.3
Gesprächsregeln werden nicht beherrscht	• Erklären und Üben der Regeln • Anleiten und Begleiten der Mitschüler	3.3
Schwierigkeiten mit der verbalen Kommunikation in Stresssituationen	• individuelle Kommunikationswege zulassen • Zeit geben	3.3
Probleme mit dem Gebrauch und dem Verständnis von Körpersprache, Intonation und Akzenten	• kontrollierte Lehrersprache • einzelfallbezogene Helfer als „Dolmetscher" • Training, z. B. FEFA	3.3
Ungenaue Zeit- und Häufigkeitsangaben werden schlecht verstanden	• kontrollierte Lehrersprache • Visualisierungen	3.3 3.10
Schwierigkeiten in der Kontaktaufnahme und -gestaltung mit Mitschülern	• einzelfallbezogene Helfer • soziale Situationen gestalten • Pausenspiele üben • Mitschüler anleiten • soziale Regeln vermitteln • Lerngruppen in der Zusammensetzung stabil lassen	3.4

Förderbedarf	mögliche Maßnahmen	ausführlich in Kapitel
Schwierigkeiten, einen Perspektivwechsel vorzunehmen	• Theory-of-Mind-Training • Nachteilsausgleich bei Gedichtinterpretationen und Aufsätzen	3.4
höheres Risiko, gemobbt zu werden	• Gespräche mit Mitschülern • klare Regeln aufstellen • angemessenes Verhalten erklären und üben (Social Stories, Comic Strip Conversation)	3.4
Soziale Regeln werden nicht ohne ausdrückliche Vermittlung erworben	• Regeln explizit vermitteln • einzelfallbezogene Helfer unterstützen Regelverständnis und -einhaltung • interdisziplinäre Zusammenarbeit	3.4
unflexibler Regelgebrauch	• einzelfallbezogene Helfer unterstützen und erklären Regelabweichungen	3.4
keine Angst vor Gefahren	• einzelfallbezogene Helfer • sicheres Lernumfeld • Regeltraining	3.4
Schwierigkeiten in der Zusammenarbeit mit anderen	• Anleitung und Begleitung der Mitschüler • kleinschrittige Anleitung • Erfolgssicherung • einzelfallbezogene Hilfe im Unterricht	3.4
Soziale Motivationen (Lob, Lächeln usw.) wirken nicht oder nicht ausreichend	• individuelle Motivationssysteme entwickeln und schrittweise denen der Mitschüler angleichen	3.5
stereotypes Verhalten	• sensorische Überlastungen vermeiden • zum Ausgangspunkt für Lernangebote machen oder als Belohnung nutzen • zeitliche Begrenzungen	3.5
Spezialinteressen	• zum Ausgangspunkt für Lernangebote machen oder als Belohnung nutzen	3.5

Übersicht über mögliche Aspekte des autismusspezifischen Förderbedarfs 25

Förderbedarf	mögliche Maßnahmen	ausführlich in Kapitel
Schwierigkeiten mit der Imitation	• das Kind durch Bewegungen führen • Abläufe kleinschrittig erklären • Abläufe visualisieren	3.5
Schwierigkeiten, verbale Anweisungen zu verstehen	• Zeit geben • Nachteilsausgleich: zusätzliche Zeit bei Diktaten, Klassenarbeiten u. ä. • Aufträge visualisieren • für ruhige Arbeitsatmosphäre sorgen • Verständnis sichern • einzelfallbezogene Helfer im Unterricht als „Dolmetscher"	3.6
verminderte zentrale Kohärenz als vordergründiger kognitiver Stil	• Stärke in der Detailwahrnehmung (auch für die Gruppe) nutzen, z. B. bei der Fehlersuche in Texten • Berücksichtigung des kognitiven Stils bei der Präsentation von Lernaufgaben • alternative Aufgaben stellen • Unterstützung beim Erkennen des Wesentlichen und von Zusammenhängen • Eselsbrücken und Regeln sind ungeeignete Merkhilfen	3.6
visuelles Denken	• visuelle Darstellungen, wie Diagramme, zur Darstellung von Sachverhalten nutzen	3.6
auf eigenen Lösungen beharren	• innovative Lösungen honorieren, auch wenn sie so nicht vorgegeben waren	3.6
unerwartetes Leistungsvermögen und -versagen, unausgewogenes Leistungsprofil	• Leistungsfähigkeit und Motivation in jedem einzelnen Fach und bei jedem Gegenstand als Ausgangspunkt für Lernangebote nehmen • nicht von Leistungen in einzelnen Bereichen auf die generelle Leistungsfähigkeit schließen • Einsatz spezieller Verfahren zur Leistungsdiagnostik	3.7

Förderbedarf	mögliche Maßnahmen	ausführlich in Kapitel
Schwierigkeiten, Aufgaben zu planen und zu strukturieren	• Strukturierungshilfen • individuelle Hilfen • zusätzliche Zeit	3.8
Handlungsabläufe werden nicht automatisiert	• visuelle Strukturierungshilfen in Anlehnung an den TEACCH-Ansatz • zusätzliche Zeit	3.8
schlechte räumliche Orientierung	• Strukturierungshilfen in Anlehnung an den TEACCH-Ansatz	3.9
schlechte zeitliche Orientierung in größeren Zeitabschnitten sowie Schwierigkeiten, eine Zeitdauer einzuschätzen	• Strukturierungshilfen in Anlehnung an den TEACCH-Ansatz	3.10
motorische Ungeschicklichkeiten	• einen Laptop benutzen • Aussetzen der Benotung im oder Befreiung vom Sportunterricht • eventuell keine Teilnahme an Mannschaftswettkämpfen • alternative Übungen zur körperlichen Fitness	3.3 3.11
Schwierigkeiten, sich auf neue Situationen einzustellen	• auf Veränderungen kleinschrittig vorbereiten • andere Lebenssituationen stressarm gestalten	3.12
sensorische Überempfindlichkeiten	• reizreduzierte Arbeitsplätze, eventuell auch Klassenräume • ruhiger, reizarmer Rückzugs- und Pausenraum • u. U. Befreiung vom Besuch einer Turn- und Schwimmhalle • Befreiung von bestimmten Klassenaktivitäten, wenn der Schüler damit überfordert ist (wie Schulfasching, Sommerfest usw.) • kleine Gruppengröße • interdisziplinäre Zusammenarbeit	3.4 3.9 3.10 3.11 4

3.3 Förderbedarf im Bereich der Kommunikation

Förderbedarf in der Schule entsteht u. a. aufgrund der auffälligen Bereiche der Persönlichkeitsentwicklung bei Menschen im Autismus-Spektrum (siehe Kapitel 1). In welchem Maße die kommunikativen Fähigkeiten beeinträchtigt sind, ist individuell sehr verschieden. Die Besonderheiten reichen vom Ausbleiben der verbalen Sprachentwicklung mit zugleich stark eingeschränkten nonverbalen Kommunikationsmöglichkeiten bis hin zu Schwierigkeiten beim Verständnis von Metaphern, Ironie und Witz bei Menschen mit sonst gut entwickeltem Wortschatz und fehlerfreier Grammatik.

Die verbale Sprache entwickelt sich nicht

> „Warum gab es keinen durchgreifenden Erfolg beim Sprechenlernen, obwohl der Einsatz und therapeutische Aufwand so groß war? Ich meine, dass es das Problem der gestörten Willkürmotorik war und bis heute geblieben ist, was mir das normale Sprechen unmöglich macht. Ich schaffte die Nachahmung von Lauten, Wörtern und Sätzen so schlecht, weil ich den Bewegungsverlauf mühsam suchen musste, bevor das Gewünschte herauskam. Ich musste ja immer überlegen, was ich mit meinem Mund und meiner Zunge tun muss, damit ich einen Laut willkürlich produziere. Es ist aber auch ein Problem der taktilen Wahrnehmung. Meist kann ich gar nicht spüren, ob meine Zunge z.B. den Gaumen berührt. Gerade im Mundbereich ist die taktile Wahrnehmung sehr schlecht." (Zöller 2005, 13)

Ein Teil der Menschen im AS entwickelt keine differenzierte verbale Sprache. Einige Kinder beginnen zunächst mit der Sprachentwicklung, diese stagniert aber plötzlich im zweiten Lebensjahr, und zum Teil werden sogar schon gelernte Wörter nicht weiter verwendet (Ritvo 2006, 27).

Meist geht man von einer engen Beziehung zwischen den kognitiven und intellektuellen Fähigkeiten eines Menschen aus (Adam 1996, 4). Dies trifft bei Schülern im AS nicht generell zu. Im Autismus-Spektrum zu sein, kann allerdings Auswirkungen auf die Entfaltung der kognitiven Möglichkeiten haben, wenn das Kind durch die veränderte Wahrnehmungsverarbeitung und deren Folgen in seiner Auseinandersetzung mit der Umwelt massiv beeinträchtigt wird.

Das Ausbleiben der Sprachentwicklung hängt bei Kindern im AS mit mehreren Faktoren zusammen. Dietmar Zöller, der selbst im Autismus-Spektrum ist, verweist im Eingangszitat zu diesem Kapitel auf seine Schwierigkeiten in der taktilkinästhetischen Wahrnehmung und bei der Automatisierung von Bewegungsabläufen. Es kann deshalb sinnvoll sein, die Bewegungskoordination und die Entwicklung der Mundmuskulatur zu unterstützen, z. B. durch Herstellen von Seifenblasen oder Auspusten von Kerzen und durch das Trinken mit einem Strohhalm.

Spezielle Therapietechniken, wie die *Orofaziale Regulationstherapie* nach Castillo Morales, bei der u. a. die äußere Gesichtsmuskulatur, insbesondere im Mund- und Kieferbereich, durch Streichen sowie Ziehen, Drücken und Vibration stimuliert wird, können unterstützend wirken. Wissenschaftliche Nachweise für die Wirksamkeit dieser Methode stehen noch aus (Karch et al. o. J.).

Darüber hinaus gibt es Anhaltspunkte dafür, dass der Erwerb der verbalen Sprache durch Schwierigkeiten in der Imitation erschwert ist (Schirmer 2007). Man kann die Bewegungsabläufe kompensatorisch unterstützen. Eine Möglichkeit ist die logopädische Technik TAKTKIN, bei der durch spezielle taktile Manipulationen an der Gesichts- und Sprechmuskulatur des Kindes Artikulationshilfen zum Auffinden der Artikulationsstelle und für koartikulatorische Bewegungsmuster gegeben werden.

Doch einigen Schülern mangelt es nicht nur an der Fähigkeit, Wörter und Sätze zu bilden. Es fehlen ihnen auch wesentliche Aspekte des Konzeptes von einem kommunikativen Austausch, z. B. von Ursache-Wirkungs-Prinzipien. Fehlt noch das Verständnis des grundlegenden Kommunikationsprinzips des Abwechselns, können sie auch nicht auf Fragen antworten. Es ist in diesem Fall also nicht sinnvoll, in der Förderung mit Entscheidungen durch Ja- und Nein-Antworten zu beginnen. Es gibt viele Spiele, mit denen man das Prinzip „Ich-bin-dran-du-bist-dran" üben kann. Gute Ideen dazu findet man in dem Buch von Castañeda und Hallbauer (2013).

Diese Schüler haben außerdem oft nur ein sehr kleines Repertoire von Zeichen (z. B. das Ziehen an den Armen einer anderen Person), um Hilfe bei der Befriedigung ganz drängender Bedürfnisse zu bekommen. Viele Bedürfnisse bleiben unbefriedigt, weil die Schüler zwar deutliche Unmutsäußerungen zeigen, aber keine Möglichkeiten haben, ihren Wunsch an andere Menschen zu adressieren und zu erklären. Sie müssen erst lernen, dass es für sie selbst sinnvoll ist, sich anderen verständlich zu machen. Sie haben z. T. sogar Schwierigkeiten, einzelne ihrer Kommunikationspartner als solche zu identifizieren.

Doch selbst wenige verfügbare Zeichen geben schon wichtige Ansatzpunkte für eine weitere Förderung. Deren erfolgreicher Einsatz führt zu einer hohen Motivation des Schülers zur Kommunikation und bedingt zugleich die Möglichkeit, sie weiter zu entwickeln. Dies kann beinhalten, dass der Schüler das Zeichen auch gegenüber anderen Personen als bisher verwendet oder dass es präziser artikuliert und verständlicher wird. Das TEACCH-Programm (siehe 3.8) gibt gute Anregungen für die Beobachtung von Entwicklungsansätzen in der spontanen Kommunikation (Häußler et al. 2008). Es hilft außerdem, Schritte für eine Erweiterung der Kommunikationsfähigkeit entwicklungsgerecht zu planen.

Erste Kommunikationssituationen „sollten folgende Kriterien erfüllen:

- Die Person hat Einfluss auf den Kommunikationspartner.
- Dieser Einfluss ist wiederholbar.
- Die Person erlebt sich als aktiv und selbstwirksam.
- Die Person hat Spaß.
- Die Anforderungen sind gering." (Castañeda / Hallbauer 2013, 91)

„Mehr", „bitte" oder „haben" eignen sich deshalb nicht als erste Worte. Wenn das Kind etwas möchte, was sich nicht in Sichtweite befindet, kann es seinen Wunsch mit diesen Wörtern nicht verständlich machen. Frustration und Misserfolg müssen aber gerade am Beginn der Kommunikationsförderung unbedingt vermieden werden.

Es ist förderlich, wenn das Kind an der Schule logopädische Behandlung oder Sprachtherapie von einer Person erhält, die die autismusspezifischen Erschwernisse beim Erwerb der Lautsprache kennt. Das Vorgehen muss hierbei mit den Eltern und Pädagogen abgestimmt werden.

Frühes Einsetzen von Schriftsprache

Noch im 19. Jahrhundert war es selbstverständlich, dass man einem nicht verbal sprechenden Kind zur Kompensation seiner Probleme den Einsatz von Schrift anbot (Harlan 1985, 93 ff). Nach dem ersten Weltkrieg wurde das Vorgehen in einer Therapietechnik aufgegriffen. Mildred A. McGinnis entwickelte in den USA die sogenannte *Assoziationsmethode*. Die Terminologie verweist auf das methodische Vorgehen. Die Lautsprache wird über Assoziationen mit Schrift angebahnt und entwickelt. Weitere Verknüpfungen können gebildet werden, indem man mit einem Fingeralphabet arbeitet. So kann das Kind akustische Eindrücke mit taktil-kinästhetischen (Bewegung der Artikulationsorgane und Fingerbewegung) und visuellen (Fingerhaltung, Schrift) verknüpfen (Kegel / Tramitz 1991).

Derzeit gehen viele Pädagogen davon aus, ein Kind müsse erst verbal sprechen können, ehe es zum Erwerb der Schriftsprache in der Lage sei. Doch viele Kinder im AS lernen das Lesen leicht. Vor allem das Erkennen von Wortbildern (nicht das sinnentnehmende Lesen) lernen einige möglicherweise sogar leichter als neurotypische Kinder (Freemann / Dake 1997, 6). Es gibt Berichte von Eltern, wonach die Kinder bereits lesen konnten, bevor sie zu sprechen begannen (Lefévre 1997).

Geschriebene Worte können auch bei Kindern mit gut ausgebildeten verbalen Fähigkeiten sinnvoll eingesetzt werden, um Hinweise für Äußerungen zu geben und den kommunikativen Austausch zu unterstützen (McClannahan / Krantz 2005, 65 ff).

So kann man im Aktivitätsplan (siehe 3.8) einem Puzzle eine Karte mit der Aufschrift „Guck" folgen lassen. Nach Beendigung des Puzzles wendet sich der Schüler an den Lehrer, zeigt es ihm und sagt „Guck". Der Hinweis wird ausgeblendet, indem man zunächst die Karte durch eine andere, nur mit einem „G" ersetzt, später nur noch eine leere Karte im Plan ist und schließlich auch diese ganz entfernt wird. Ähnlich kann man auch an anderen Stellen vorgehen: Am Mittagstisch kann sich bspw. eine Karte mit der Aufschrift „Guten Appetit" befinden. Die Schrift lässt, anders als die Rede, eine Informationsverarbeitung in eigenem Tempo zu und kann Schwierigkeiten bei der Verarbeitung akustischer Wahrnehmung kompensieren.

Auch bei einer anderen Kommunikationsmethode, *Makaton,* werden Assoziationen hergestellt, die dem Kind helfen sollen, differenzierter zu kommunizieren. Allerdings werden hier Worten nicht Schriftbilder, sondern Gebärden und Bildsymbole zugeordnet (für weitere Informationen siehe z. B. www.makaton-deutschland.de).

Verhaltenstherapeutisch orientiertes Vorgehen

Verhaltenstherapeutisch vorzugehen bedeutet, sich an Lerngesetzen zu orientieren. Einige Kinder müssen zunächst lernen, Laute zur Kommunikation zu verwenden. Man belohnt sie zunächst für alle Laute, die sie hervorbringen. Dies kann geschehen, indem man beliebte Tätigkeiten unterbricht, z. B. das Schaukeln, und sie erst dann fortsetzt, wenn das Kind lautiert.

Später werden nur die Laute belohnt, die auf die Vokalisation des Pädagogen hin erfolgen. Zunächst wird nicht darauf geachtet, ob die Vokalisation des Kindes jener des Pädagogen entspricht. Allmählich wird aber nur belohnt, was dem Laut des Pädagogen ähnlich ist. Man nennt dieses Vorgehen auch *Shaping* (Formen). Dazu werden anfangs Laute ausgewählt, bei denen manuelle Hilfen möglich und die Artikulationsstellungen deutlich sichtbar sind bzw. auch jene, die das Kind bereits spontan geäußert hat. Sie werden sofort kommunikativ zur Bedürfnisäußerung vom Kind verlangt. Über die Imitation von Lautfolgen gelangt man zur Nachahmung vorgesprochener Wörter.

Einsatz von Skripten

Auch die Arbeit mit Skripten erfolgt nach den Prinzipien der Verhaltenstherapie (McClannahan / Krantz 2005). Um erfolgreich mit Skripten zu arbeiten, muss das Kind elementare Fähigkeiten zur Imitation haben, oder es muss unbedingt parallel daran gearbeitet werden. Dabei kann ein Audiocard-Reader eingesetzt werden, mit dem bis zu zehn Sekunden lange verbale Äußerungen aufgenommen und abgespielt werden können.

Das Kind lernt, eine Karte aus einem Buch zu nehmen, sie durch den Audiocard-Reader zu ziehen, die Aufnahme anzuhören, sich an den Kommunikationspartner zu wenden und die Aufnahme nach seinem Vermögen nachzusprechen, um einen Wunsch erfüllt zu bekommen. Zur Verdeutlichung können die Karten zusätzlich mit Fotos oder Symbolen versehen werden. Ziel ist, dass sich das Kind ohne Hilfe mit einer Bitte an eine andere Person wendet.

Zunächst identifiziert man die vom Kind am häufigsten spontan produzierten Laute oder Silben, z. B. „a". Danach bestimmt man die für das Kind hoch attraktiven Objekte, wie beispielsweise Smarties oder Handlungen, wie Rutschen. Schließlich ordnet man die Laute bestimmten Objekten oder Aktionen zu, dem „a" also die geliebten Smarties. Die Laute sollen nun sofort systematisch kommunikativ als Bitte um das Objekt oder die Aktion genutzt werden.

Berücksichtigt werden muss aber, dass auch diese Dinge nicht unbegrenzt motivierend wirksam sind. Verantwortlich dafür ist die sogenannte *reizspezifische Ermüdung* (Phillips 2004, 44 f). Jede Belohnung verliert irgendwann ihren Reiz. Nach etlichen Smarties erlischt die Anstrengungsbereitschaft. Auf der anderen Seite gilt: Je weniger Smarties das Kind während des Tages bekommt, umso größer wird seine Bereitschaft sein, sich während der Übungssituation anzustrengen.

In der **ersten Phase** des Trainigs mit dem Audicard-Reader sitzt der Kommunikationspartner dem Schüler an einem Tisch gegenüber und hält das begehrte Objekt sichtbar in der Hand. Hinter dem Kind steht ein Helfer. Dessen Aufgabe besteht darin, es dabei zu unterstützen, die auf dem Tisch liegende Karte zu ergreifen und durch den AudioCard-Reader zu ziehen. Dabei nutzt er den spontanen Impuls des Kindes, nach dem gezeigten Objekt zu greifen. Er leitet ihn in die Bewegung zum Ergreifen, Durchziehen und Ablegen der Karte um. Seine Hilfe muss er in den folgenden Übungssequenzen schrittweise ausblenden. Außerdem unterbricht der Helfer störendes Verhalten des Kindes. Selbst kommuniziert er nicht mit ihm. Der Kommunikationspartner kommentiert die Äußerung des Kindes, z. B. „Smarties sind süß" und gibt dem Kind eines.

Der Helfer ist außerdem der Garant dafür, dass das Kind immer erfolgreich kommuniziert. Macht es einen Fehler, führt er es bis zu dem Punkt zurück, an dem der letzte Schritt korrekt vollendet wurde, und unterstützt dann den weiteren Austausch.

Wird diese Anforderung von dem Kind bewältigt, lernt es in der **zweiten Phase**, die Karte auch aus einem Buch zu nehmen, in dem sie z. B. mit einem Klettband angeheftet ist. Schrittweise wird die Distanz zwischen dem Kommunikationspartner und dem Kind vergrößert, später auch die Distanz zwischen dem Kommunikationsbuch und dem Kind.

Es kann aber auch ein sogenanntes *Mini-Me* eingesetzt werden. Dabei handelt es sich um ein knopfgroßes Aufnahme- und Abspielgerät, das man in vielen Elektronikläden als das Innere einer Sprechpuppe kaufen kann. Man klebt es z. B. an ein durchsichtiges, fest verschlossenes Glas, in dem sich Smarties befinden. Das Kind lernt, auf das *Mini-Me* zu drücken, das Skript abzuhören, sich an den Kommunikationspartner zu wenden und das Skript zu imitieren.Der Kommunikationspartner kommentiert die

Äußerung, öffnet das Glas und gibt ein Smartie heraus. Für einige Kinder ist es motorisch schwieriger, den kleinen Knopf zu drücken als die Karte durch den Reader zu ziehen.

Das Kind muss die Äußerung sukzessive immer besser imitieren, um seine Belohnung zu erhalten. Schließlich wird die Aufnahme gelöscht und nur noch die Handlung des Durchziehens der Karte oder des Knopfdrückens vollzogen und dabei gesprochen. Längere Äußerungen beginnt man stückweise von hinten zu löschen. Zum Schluss unterbleibt auch die Handlung.

Alternative Kommunikationsmöglichkeiten

Grundsätzlich ist jede Kommunikationsform besser als keine Möglichkeit zur differenzierten Kommunikation. Es ist niemals zu spät, einem Schüler ohne die Fähigkeit zur differenzierten verbalen Kommunikation eine alternative Möglichkeit zu eröffnen. Wenn ein Kind in die Schule kommt und noch nicht differenziert kommunizieren kann, ist es dennoch nicht zu früh. Alternative Kommunikationsmethoden behindern den Erwerb der verbalen Sprache nicht.

Bei der Wahl der Kommunikationsmöglichkeit sollte man sich davon leiten lassen, dass der Schüler möglichst unabhängig kommunizieren kann und er von vielen Menschen verstanden wird. Interdisziplinäre Zusammenarbeit, und vor allem auch diejenige mit den Eltern, ist unbedingt notwendig.

Elektronische Kommunikationshilfen: Es gibt eine große Anzahl unterschiedlicher elektronischer Kommunikationshilfen, und ständig werden neue entwickelt. Einige haben Buchstaben-Layouts. Mithilfe einer Sprachausgabe wird hierbei das Geschriebene hörbar gemacht. Andere arbeiten mit Symbolen, die mit wichtigen kurzen Aussagen belegt werden können, z. B. „Ich möchte trinken." Erfahrungsgemäß besteht bei elektronischen Kommunikationsgeräten die Gefahr, dass die Schüler sie weniger zum Zwecke der Kommunikation nutzen, als sich durch ständiges Aktivieren der gespeicherten Phrasen akustisch zu stimulieren.

PECS: PECS (Picture Exchange Communication System) ist eine Kommunikationsmethode mithilfe von Karten. Das System wurde 2002 von Lori Frost und Andrew Bondy entwickelt. Beide hatten beobachtet, dass Kinder im AS vor allem dann zur Kommunikation motiviert sind, wenn es um die Befriedigung ihrer Bedürfnisse geht. Wie bei Skripten werden bei PECS die Bedürfnisse des Kindes zum Ausgangspunkt für die Entwicklung kommunikativer Fähigkeiten gemacht.

Für manche Pädagogen ist dies schwer nachzuvollziehen, da das Kind hier nun mit einer Karte einen Erwachsenen um etwas bitten soll, was es sich bisher vielleicht schon selbstständig nehmen konnte. Was wie ein

Rückschritt aussieht, ist der Weg in eine differenziertere Kommunikation. Er sollte dort begonnen werden, wo das Kind von sich aus zum Handeln motiviert ist.

Der Materialaufwand bei PECS ist begrenzt. Man benötigt zunächst nur eine geringe Anzahl laminierter Karten, die man leicht und kostengünstig herstellen kann.

Die Übungssitzungen können kurz sein und verlangen keinen großen organisatorischen Aufwand. Allerdings werden während der ersten Phasen zwei Personen benötigt.

Zuerst müssen die Dinge gefunden werden, die der Schüler sehr begehrt und ihn zur Mitarbeit motivieren. Um sicher zu stellen, dass er diese wirklich mag, wird beobachtet, wie er damit umgeht. Dazu reicht man ihm verschiedene, wahrscheinlich hoch attraktive Gegenstände und beobachtet seine Reaktionen im Umgang mit diesen, z. B. wenn man sie ihm mehrfach hintereinander anbietet oder wenn man sie wieder entfernt. Anschließend fertigt man Bildkarten mit den am stärksten favorisierten Objekten an.

PECS beruht darauf, dass der Schüler seinem Kommunikationspartner eine Karte gibt, auf der ein gewünschtes Objekt oder eine bevorzugte Aktivität abgebildet ist. Der Partner hält die Karte neben seinen Mund, verbalisiert den Wunsch und erfüllt ihn sofort. Es wird nicht erwartet, dass das Kind bzw. der Jugendliche nachspricht.

Das Kind lernt dies so, wie es bei den Skripten in den **Phasen 1 und 2** (siehe oben) vorgestellt wurde. Auch Helfer und Kommunikationspartner haben die gleichen Aufgaben.

Während der ersten Phase steht dem Kind nur eine einzige Karte zur Verfügung. Eine Unterscheidung verschiedener Abbildung wird noch nicht verlangt. Es gibt keine verbalen Hilfen. Bereits in dieser Phase sollte das Kind mit verschiedenen Personen und mit verschiedenen Belohnungen üben.

Erst in der **dritten Phase** übt das Kind die Unterscheidung zwischen mehreren Bildern. Dazu muss es zunächst lernen, Karten mit Darstellungen von bevorzugten von solchen mit abgelehnten Dingen zu unterscheiden. Dieser Prozess kann unterstützt werden, indem die Karten zunächst in unterschiedlicher Größe oder in verschiedener Farbigkeit angeboten werden. Andere Hilfestellungen bestehen im Zeigen auf die richtige Karte oder darin, dass der Kommunikationspartner die geöffnete Hand in die Nähe der richtigen Karte bringt. Später wählt es auch zwischen verschiedenen gewünschten Objekten oder Handlungen.

Man kann diese Phase auch mit einem Zuordnungstraining fortsetzen. Dazu lockt der Kommunikationspartner mit zwei gleichermaßen beliebten Gegenständen. Nachdem das Kind sein Bild überreicht hat, fordert er es auf, den entsprechenden Gegenstand zu nehmen. Greift er nach dem falschen Gegenstand, hält ihn der Kommunikationspartner fest und zeigt auf das Bild, das zu diesem Gegenstand gehört.

Beherrscht das Kind auch die Diskrimination unterschiedlicher Bilder, kann in **Phase 4** zu abstrakteren Wünschen übergegangen werden. Danach lernt das Kind, Bilder zu kombinieren. Es beginnt, Satzstrukturen zu bilden und um nicht sichtbare Dinge zu bitten.

In der **fünften Phase** lernt es, auf die Frage „Was möchtest du?" zu antworten. Erst danach, in der **sechsten Phase**, wird das Kommentieren geübt. Hier soll das Kind lernen, die Fragen „Was siehst du?" und „Was möchtest du?" zu unterscheiden. Es werden Satzanfänge, wie „Ich höre..." und „Ich habe..." eingeführt.

Jede Trainingseinheit sollte beendet werden, bevor das Interesse des Kindes erlischt. Die Karten können auf unterschiedlichen Abstraktionsniveaus gestaltet werden: als Grundlage für Realobjekte, z. B. aufgeklebte Gummitiere, als Fotos, als Zeichnungen oder Piktogramme. Je allgemeinverständlicher eine Karte ist, umso leichter wird es dem Schüler damit fallen, mit verschiedenen Menschen zu kommunizieren. Verschiedene Piktogramme, aber auch andere Arbeitsmaterialien kann man kostenlos von einer Website des *Autismus Hamburg e. V.* herunterladen (http://arbeitsmaterial.blogspot.com).

Oftmals scheuen Pädagogen die Suche nach alternativen Kommunikationsformen, weil sie befürchten, sie könnten damit die Entwicklung der verbalen Sprache behindern. Es wurde jedoch nachgewiesen, dass der Einsatz von PECS die Entwicklung der verbalen Sprache unterstützen kann. (Buchenau / Lechmann 2002, 17 ff).

Ein Problem in der Kommunikationsanbahnung entsteht, wenn die Pädagogen sich an ihren eigenen Bedürfnissen und nicht an denen des Kindes orientieren und mit Karten wie „Toilette" beginnen. Für das Kind ist aber der Toilettengang vielleicht kein so zentrales Bedürfnis. Ein anderer Fehler besteht darin, dass die Belohnung (zu dieser Zeit oder an diesem Ort) nicht wirksam ist.

Eine Lehrerin wollte z. B. immer mit ihrem Schüler nach dem Mittagessen üben, weil die anderen Kinder in dieser Zeit ruhten und sie so Muße und Zeit hatte. Das heiß begehrte Objekt des Kindes waren Cornflakes – doch nicht mit vollem Bauch nach dem Mittagessen.

Allgemein kann man feststellen, dass, wenn das Kind nicht zur Mitarbeit motiviert ist, die Belohnung falsch gewählt wurde. Es kann auch sein, dass das Kind sie im Laufe des Tages zu oft auch ohne Anstrengung zur Verfügung hat.

Bliss: Ein anderes Beispiel für den Einsatz von Bildern ist die Kommunikation mit Bliss-Symbolen. Das Bliss-System ist ein piktographisches und ideographisches Symbolsystem mit einem hohen Grad an Abstraktion. Dabei werden Grundelemente durch logischen Aufbau zu einer Vielzahl von Symbolen zusammengesetzt. Diese haben verschiedene Bedeutungen, die durch Form und Richtung der Striche, durch Größe und Position des Symbols, durch die Zwischenräume innerhalb der Symbolelemente, durch die Winkelgröße, die Richtung, Präzisierungen innerhalb des Symbols, durch Ziffern und Positionen der Symbolelemente verändert werden können (Adam 1996, 271 ff). Dadurch ist das System logisch und zugleich offen.

Inspiriert durch chinesische Schriftzeichen, war es in den Jahren 1942 bis 1949 von Charles Kasiel Bliss ursprünglich als Mittel zur Völkerverständigung entwickelt worden. Der Einsatz als alternatives Kommunikationssystem für Menschen ohne verbale Sprache war zunächst nicht beabsichtigt. Erst im Jahre 1971 wurde das Bliss-Symbol-System dann im *Ontario Crippled Children's Centre* eingesetzt. Seit ca. 30 Jahren findet es auch in der Bundesrepublik zunehmend Verwendung.

Es bleibt aber die Frage, ob derjenige, dem sich dieses abstrakte System erschließt, nicht auch im Umgang mit der allgemein verständlicheren Schriftsprache unterrichtet werden könnte. Der Vorteil des Bliss-Systems besteht darin, dass es grundsätzlich möglich ist, jeden Gedanken auszudrücken. Nachteilig ist, dass eine Kommunikation nur mit einem eingeschränkten und unterwiesenen Personenkreis möglich ist.

Gestützte Kommunikation: Bei der *Gestützten Kommunikation* handelt es sich um eine Methode, die es manchen Menschen mit fehlender oder beeinträchtigter Sprache ermöglichen soll, sich durch Zeigen auf Bilder, Symbole oder Buchstaben mitzuteilen. Ein Helfer gibt dabei durch das Halten (nicht Führen!) der Hand oder des Arms eine physische und psychische Stütze.

Es ist bisher nur hypothetisch möglich, die Notwendigkeit der Stütze und ihre Bedeutung zu erklären. Man vermutet, dass durch die Berührung die Unfähigkeit zur Initiierung von Handlungen kompensiert werden kann und eine Aufmerksamkeitslenkung erfolgt. Diese Hilfestellung ist bei den betroffenen Menschen dann nicht nur beim Zeigen auf Buchstaben nötig, sondern auch bei der Ausführung anderer Handlungen, wie Essen oder den Tisch abräumen (Zöller 2003).

Die Gestützte Kommunikation ist seit ihrer Entwicklung (Crossley/McDonald 1993) eine sehr umstrittene Methode. Aus der Sicht eines Betroffenen setzt sich Dietmar Zöller mit dieser Diskussion intensiv auseinander (Zöller 2002).

Der eindeutige Vorteil der Gestützten Kommunikation besteht in der unbegrenzten Möglichkeit des Ausdrucks, wie er durch den Einsatz von Buchstaben gegeben ist. Nachteilig ist hingegen, dass der Austausch mit anderen nur dann möglich ist, wenn eine Person mit der Fähigkeit zu stützen anwesend ist. Es besteht eine starke Abhängigkeit von einem anderen Menschen, um überhaupt kommunizieren zu können. Doch selbst wenn die Kommunikation gelingt, kann von einem Außenstehenden kaum beurteilt werden, wer Autor der Aussagen ist. Zweifel und Kritik von Dritten sind häufig.

Gebärden: Eine weitere Möglichkeit ist der Einsatz von Gebärden. Das Erlernen von Lautmustern stellt offensichtlich höhere Anforderungen als das Erlernen von Handzeichen (Mühl 1996, 15). Gegenüber der gesprochenen Sprache ergibt sich außerdem der Vorteil, dass die Gebärden leichter durch den Therapeuten geformt werden können, als dies bei der Artikulationsstellung möglich ist.

Man kann verschiedene Formen der Gebärdensprache unterscheiden. Zum ersten wäre die *Lautsprachbegleitende Gebärdensprache* zu nennen. Hier werden zwar die gleichen Zeichen verwendet wie in der Gebärdensprache Gehörloser, die Wortfolge entspricht aber der Lautsprache. Es werden auch Wörter gebärdet, für die in der Gebärdensprache Gehörloser keine Zeichen existieren, z. B. Artikel und Präpositionen.

Die *Deutsche Gebärdensprache* (DGS) ist eine „natürliche" Sprache. Es handelt sich um ein komplexes Zeichensystem, dessen Instrument der ganze Körper ist. Den Armen und Händen sowie der Mimik kommt eine besondere Bedeutung zu. In der Bundesrepublik ist die DGS eine offiziell anerkannte Amtssprache. Die Grammatik der DGS ist von der Lautsprache verschieden. Auch die Wortfolge ist anders als die der Lautsprache (Strixner / Wolf 2004, 26).

Die Verwendung von Handzeichen bietet den Vorteil, dass keine zusätzlichen Hilfsmittel zur Kommunikation benötigt werden und zugleich ein differenzierter Ausdruck möglich ist, da die Anzahl der Zeichen nicht begrenzt ist.

Demgegenüber steht als Nachteil, dass abgesehen von einigen wenigen auch im Alltag gebräuchlichen Gebärden die DGS für Außenstehende ohne Unterweisung nicht verständlich ist. Zudem gibt es in unterschiedlichen Ländern, ja selbst in jedem Land mehrere nebeneinander bestehende Handzeichensysteme. Jeder, der mit einem Kind im AS arbeitet, muss natürlich die gleichen Gebärden anwenden. Es kann hilfreich sein, sie mithilfe von Videoaufnahmen untereinander abzugleichen.

Als Voraussetzungen für den erfolgreichen Einsatz von Handzeichen gelten Aufmerksamkeit und Blickkontakt, willkürliche Beweglichkeit der Arme, Hände und Finger, die Fähigkeit zur Nachahmung und zur visuellen Diskrimination. Genau hiermit haben aber Menschen im AS Schwierigkeiten. Tatsächlich lernen Kinder im AS leichter, sich mit Wortkarten mitzuteilen als mit Gebärden (Bernard-Opitz 2005, 44).

Die beeinträchtigte Körpersprache

Ein Mann mit Asperger-Syndrom schreibt:

> „Sosehr ich mich abmühte – was ich allerdings selten tat –, nie konnte ich das subtile Minenspiel meines Gegenübers entschlüsseln, die emotionalen Anhaltspunkte, die mir etwas über den momentanen Eindruck verra-

ten hätten, den ich bei ihr hinterließ. Jeder andere konnte solche Hinweise deuten. Doch mir war, als starrte ich auf eine Wand voller Hieroglyphen." (Newport/Newport 2005, 12)

Fehlende verbale Verständigungsmöglichkeiten können Schüler im AS nicht durch den Einsatz von Körpersprache kompensieren.

Zum einen verwenden Schüler im AS selbst nur wenige körpersprachliche Zeichen. Dazu gehört auch der oft reduzierte Blickkontakt, eines der bekanntesten möglichen Symptome von Menschen im Autismus-Spektrum (Schirmer 2003).

Zum anderen fällt es Schülern im AS schwer, die Körpersprache ihrer Mitmenschen zu interpretieren. Die Wirkung einer Botschaft besteht aber nur zu einem Teil aus ihrem verbalen Inhalt. Viele Informationen werden über Intonation, andere vokale Möglichkeiten und über die Mimik der sprechenden Person vermittelt (Wallbott 1990, 84). Kann man die Mimik nicht verstehen, entgehen einem wichtige kommunikative Signale. Die eingeschränkten Fähigkeiten im Gebrauch und Verständnis von Körpersprache beeinträchtigen die Kommunikation mit der Umwelt noch einmal erheblich und potenzieren die Schwierigkeiten in der verbalen Kommunikation.

Es ist notwendig, dass der Lehrer sich seiner reduzierten körpersprachlichen kommunikativen Möglichkeiten bewusst ist, wenn er vom Schüler verstanden werden möchte. Ein ärgerlicher Gesichtsausdruck kann von einem Schüler im AS nicht unbedingt als Unmut interpretiert werden, ein aufmunterndes Lächeln nicht zwangsläufig als Lob.

Einige ältere Kinder und Jugendliche im AS können das computergestützte Test- und Trainingsprogramm FEFA (Frankfurter Test und Training des Erkennens von fazialem Affekt) für das Verständnis mimischer Ausdrücke nutzen.

Besonderheiten bei vorhandener verbaler Sprache

Auch wenn von Kindern im AS die verbale Sprache erworben wird, zeigt sie spezifische Besonderheiten. Einige Kinder rezitieren Gedichte, zählen Hauptstädte auf oder wiederholen Telefonnummern, ohne sich aber in kommunikativer Absicht an andere zu wenden. Sie müssen, wie Kinder ohne verbale Sprache, erst lernen, Worte auch in kommunikativer Absicht einzusetzen. Andere Kinder im AS wiederholen lediglich gehörte Äußerungen.

Echolalie

> „,Komm her, Axel', sagte die Haha. [...] Ich hüpfte herbei und wiederholte die Worte: ,Komm her, Aggel – komm her, Aggel – komm her, Aggel.'
> ,Du sollst nicht immer alles nachplappern.'

> [...] Dabei rutschten Worte der Freude heraus:
> ‚Nachplappern – nachplappern – nachplappern.'
> ‚Hör auf! Du bist doch kein Papagei!'
> Eine vergnügte Stimme hallte in mir wider: Papagei – Papagei – Papagei".
> (Brauns 2002, 39)

So beschreibt Axel Brauns, ein Hamburger im AS, seine eigene Echolalie als Kind. Wenn eine Person Wörter und Sätze immer wieder wiederholt, nennt man das „Echolalie". Die Echolalie kann eine Phase der ungestörten Sprachentwicklung sein.

Ungefähr drei Viertel aller Kinder im AS, die verbale Sprache verwenden, echolalieren auch über die Kleinkindphase hinaus und/oder in einem ungewöhnlich starken Maße (Dodd 2007, 80). Die Echolalie ist damit das auffälligste Merkmal der verbalen Sprache bei Kindern im AS.

Man kann zwei Formen der Echolalie beobachten. Entweder wiederholen die Kinder Wendungen sofort nach dem Hören (sofortige Echolalie) oder erst später (verzögerte Echolalie). Oft scheinen die wiederholten Äußerungen keinen Bezug zur Situation zu haben. Die Äußerungen müssen auch nicht vollständig mit der imitierten Wendung übereinstimmen.

Bei einigen Kindern im AS ist die Phase der Echolalie ebenfalls eine Übergangsphase zum kommunikativen Sprachgebrauch. Sie nutzen die Aussagen, um etwas zu sagen, wozu ihnen die eigenen Worte fehlen.

> In einer Unterrichtsstunde wollte ich einen Jungen am Verlassen des Raumes hindern. Ich stand in der Tür. Er stellte sich vor mich und sagte in beeindruckendem Tonfall: „Hebe dich hinweg, du alte Kröte!" Das war eine Passage aus dem Märchen „Der Froschkönig" auf seiner Kinderkassette. Klarer hätte er seinen Wunsch aber kaum ausdrücken können.

Bei anderen Schülern erfüllt die Echolalie die Funktion, ein Gespräch aufrecht zu erhalten. Da sie über keine geeigneten Strategien verfügen, ein Gespräch fortzusetzen, wiederholen sie einen Teil des Gesagten. Außerdem kann die Echolalie, wie im oben gegebenen Beispiel von Axel Brauns, der Selbststimulation dienen. Das Wiederholen der Wörter hat einen Genussfaktor.

Alles wird wörtlich verstanden

> „Ich käme also auf die Schule des Heimers. Die Haha sagte: ‚Das wird kein Zuckerschlecken. Wir werden dich noch im Sommer in der Bücherhalle anmelden. Du wirst dich gehörig auf den Hosenboden setzen müssen.' Wenn das alles war, konnte ich dem Geräusch gelassen entgegensehen. Zuckerschlecken: Das hatte es in der Windmühlenschule nicht gegeben. Und auf

den Hosenboden setzen: Ich verbrachte die Stunden nie im Stehen, außer beim Turnen, aber da wollten es die Lehrer so." (Brauns 2002, 160)

Wie Axel Brauns ergeht es den meisten Schülern im AS. Sie haben Schwierigkeiten zu erkennen, dass Worte mehr als eine Bedeutung haben, die man nutzen kann, um bestimmte Aspekte oder Nuancen auszudrücken. Man nennt dies einen *konkretistischen Sprachgebrauch* (Schirmer 2013). Er hat verschiedene Auswirkungen. Zum einen können Menschen mit einem konkretistischen Sprachverständnis, wie in dem Beispiel von Axel Brauns, Metaphern und metaphorische Redewendungen nicht gut verstehen.

Darüber hinaus gibt es auch Schwierigkeiten im Verständnis von Ironie. Für das Verstehen ironischer Äußerungen ist es notwendig, Hypothesen über die Vorstellungen und Gedanken des Sprechers zu entwickeln. Dies bereitet aber Menschen im AS Probleme (siehe 3.4). Ein ironisches „Super! Nur weiter so!" kann deshalb von einem Schüler im Autismus-Spektrum tatsächlich als Lob und Ansporn verstanden werden. Wie man sich leicht vorstellen kann, sind Konflikte vorprogrammiert, wenn der Lehrer aus Unkenntnis des konkreten Sprachverständnisses eine andere Reaktion auf seine Äußerungen von dem Schüler im AS erwartet.

Das konkretistische Sprachverständnis führt auch dazu, dass indirekte Aufforderungen nicht gut verstanden werden. Bei einer indirekten Aufforderung wird nicht ausdrücklich gesagt, welches Verhalten erwartet wird:

> „Ich weiß nicht mehr, wie viele Male ich schon Probleme hatte, weil der Lehrer mir aufgetragen hat, eine Frage von der Tafel abzuschreiben. Ich mache es, weil es das ist, was er gesagt hat, aber dann kriege ich Ärger, weil ich nicht auch die Antwort aufgeschrieben habe. Aber er hat mir nicht gesagt, dass ich es tun soll." (Brealy/Davies 2009, 115)

Oftmals sagen Pädagogen nicht direkt, was sie erwarten. Der Lehrer im obigen Beispiel hat nicht ausgesprochen, was er vorausgesetzt hat und was die meisten anderen Schüler auch verstehen: dass die Schüler die Aufgabe, die sie abschreiben, auch beantworten sollen.

> Oder man stelle sich nur die Situation eines Lehrers vor, der entsetzt auf einen unaufgeräumten Arbeitsplatz blickt und ausruft: „Wie sieht es denn hier aus! Ich komme in fünf Minuten wieder gucken!"
> Was versteht ein Kind mit wörtlichem Sprachverständnis? Es wird sich wundern, warum der Lehrer nicht sofort guckt, sondern in fünf Minuten noch einmal, und wahrscheinlich nichts tun, um Ordnung herzustellen.

Für den Pädagogen bedeutet das wörtliche Sprachverständnis, dass er immer wieder überprüfen muss, ob der Schüler auch tatsächlich verstanden hat, was von ihm erwartet wird. Die Kontrolle seiner eigenen Äußerungen verlangt viel Selbstdisziplin. Er muss seine Sprache kontrollieren und muss Metaphern oder ironische Bemerkungen vermeiden oder zumindest erläutern. Auf indirekte Aufforderungen sollte er verzichten oder sicherstellen, dass er verstanden worden ist.

Doch die Schwierigkeiten in der Kommunikation sind damit meist noch nicht beendet. Das konkretistische Sprachverständnis bringt es mit sich, dass viele Schüler im AS Mehrdeutigkeiten und Perspektivwechsel oft nicht verstehen können. Sie sind aber die Voraussetzung für viele Leistungen im Sprachunterricht der Sekundarstufe, wie z. B. Gedichtinterpretationen oder Erlebnisberichte.

So schreibt eine Frau im Autismus-Spektrum dann auch rückblickend auf ihre Schulzeit:

> „Auch Gedichtinterpretationen waren für mich ein Rätsel. Woher und wie sollte ich aus den paar Zeilen Dinge über den Autor interpretieren, die nicht dastehen? Das kann wahr sein, aber genausogut falsch, auf jeden Fall ist es wilde Spekulation und man kann den Autor nicht mehr fragen, da er schon tot ist." (Bröker 2011, 15)

Wenn man diese Leistungen von Schülern im AS ohne Beachtung ihrer autismusspezifischen Probleme im Kommunikationsverhalten bewerten möchte, ist es, als wolle man bei einem Schüler im Rollstuhl den Weitsprung zensieren. Die autismusspezifischen Probleme im Unterricht sind nur nicht so offensichtlich wie die motorischen Schwierigkeiten bei einem Schüler mit einer Körperbehinderung, müssen jedoch genauso berücksichtigt werden.

Betonung und Sprachrhythmus sind ungewöhnlich oder fehlen

> „Es gab noch ein anderes Problem: meine Art zu sprechen. Ich schwankte oft zwischen verschiedenen Akzenten, Stimmlagen und Arten, wie ich Dinge beschrieb. Manchmal klang mein Akzent ganz ‚geschliffen' und kultiviert. Manchmal sprach ich, als käme ich aus der Gosse. Manchmal war meine Stimmlage normal, zu anderen Zeiten war sie tief, als würde ich Elvis nachmachen. Wenn ich jedoch aufgeregt war, hörte sie sich an wie Mickymaus, nachdem sie von einer Dampfwalze überfahren worden war – hoch und flach." (Williams 1994, 122)

Bei einigen Schülern im AS hört sich die Sprache monoton, wenig intoniert und roboterhaft an. Manche artikulieren übergenau oder holen an den falschen Stellen Luft. Mithilfe von Sprachaufzeichnungen kann man an der Artikulation arbeiten. Den Schülern ist oft nicht bewusst, was sie an ihrer Intonation und Aussprache verändern könnten.

Verständnisschwierigkeiten von Personalpronomen

> „Beinahe alle haben Schwierigkeiten mit Personalpronomina. George konnte erst mit sechseinhalb Jahren ‚ich', ‚mir/mich' oder ‚mein' verwenden; Sam benutzt diese Wörter noch immer kaum. George sprach in der zweiten oder dritten Person. ‚Willst du etwas zu trinken?', bedeutete, dass er trinken wollte." (Moore 2004, 58)

Wie in diesem Beispiel deutlich wird, können Kinder im AS häufig „ich" und „du" nicht richtig verwenden. Das Vertauschen dieser Pronomen ist ein auffälliges und schon seit den ersten Beschreibungen von Kindern im AS bekanntes Phänomen (Kanner 1943).

Auch kleine Kinder verwenden „ich" und „du" noch nicht richtig. Allerdings lernen sie den korrekten Gebrauch irgendwann wie von allein. Den richtigen Gebrauch von „ich" und „du" zu lehren ist schwierig, weil man ja zugleich die eigene Person und das Sprachmodell für das Kind sein muss. Wie kann man dem Kind beibringen, „Ich bin Susi" zu sagen? Aus der eigenen Perspektive wäre ja „Du bist Susi" richtig. Es kann sinnvoll sein, hier mit einem Audiocard-Reader zu arbeiten (siehe Kapitel „Einsatz von Skripten"). Mit dessen Hilfe kann der Lehrer in seiner Rolle bleiben, und das Kind übt dennoch, die eigene Perspektive auszudrücken.

Schwierigkeiten mit ungenauen Zeit-, Orts- und Häufigkeitsangaben

Zeit-, Ort- und Häufigkeitsangaben, wie „bald", „nicht so oft", „nicht so viele", „warte ein bisschen", „demnächst", „gleich" usw. sind für Schüler im AS oft nicht verständlich. Besser sind ganz konkrete Angaben, wie:

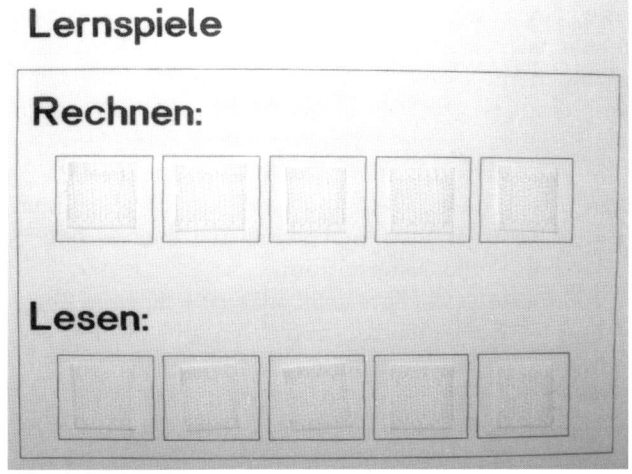

Abb. 1: Fünf Aufgaben noch, dann kannst du…

„Um 8.45 Uhr hast du eine Pause" oder „Wenn du dein Brot aufgegessen hast, gehen wir die Hände waschen."

Auch oft verwendete Sätze, wie „Vielleicht haben wir morgen Zeit, das Bild zu beenden", bereiten einem Schüler im AS Probleme, weil er darüber nachdenken muss, ob er das Bild beenden kann, was er machen soll, wenn nicht usw. Für ihn ist die Situation nicht transparent und vorhersehbar genug.

Die Aufforderung „Rechne noch ein paar Aufgaben", vermittelt keine klare Orientierung. Kinder und Jugendliche im AS benötigen, um sich sicher zu fühlen, präzise Angaben, wie sie z.B. mithilfe einer visuellen Hilfe gegeben werden (Abb. 1).

Auch lokale Adverbien, die vom Standpunkt des Betrachters abhängig sind, wie „hier", „da" oder „drüben", können oft nicht interpretiert werden. Probleme bestehen auch mit Ortsbezeichnungen wie „in der Ecke". Für ein Kind im AS ist das nicht eindeutig: Wie weit reicht eine Ecke? Eindeutig wird es, wenn man den Bereich markiert, z.B. mit einem Teppich. Der Aufforderung „Bleib mit den Bausteinen auf dem grünen Teppich!" kann das Kind leichter nachkommen.

Unzureichendes Beherrschen von Regeln der Gesprächsführung

> „Ich muss auf so vieles achten: Was meint er, verstehe ich es richtig, kenne ich die Wörter schon [...]. So vieles habe ich gelernt, was man antwortet, sagen muß oder nur einfach sagt. [...] Die Angst, etwas Falsches zu sagen begleitet mich ständig, ich verstehe meist so vieles ganz anders oder bin sprachlos. [...] Gespräche sind sehr anstrengend und tagelang spule ich sie noch immer in meinem Kopf ab, um zu verstehen, zu lernen und zu prüfen, ob das Gespräch ordnungsgemäß war." (Herbrand/Cercekoglu 2012, 14)

Es gibt viele Regeln, die man bei einem Gespräch beachten muss. Zu ihnen gehört u.a., dass man sich nach einer bestimmten Zeit mit dem Reden abwechselt, dass man erkennen muss, ob und wann man selbst sprechen kann und wie lang eine Gesprächspause sein darf. Durchschnittlich dauert es nur 200 ms, bis der nächste Redebeitrag folgt (Dingemanse/Enfield 2015).

Einige Menschen im AS reden ununterbrochen über ihre Lieblingsthemen. Sie bemerken dabei nicht, dass andere Gesprächsteilnehmer gelangweilt sind oder ihrer Rede gar nicht folgen können. Ohne es zu merken, geraten sie in eine soziale Außenseiterposition.

Andere können auf Interaktionsangebote nicht adäquat reagieren. Diese Fähigkeit ist aber wichtig für die Beliebtheit und den Status in der Peergroup. Geringe Fähigkeiten zur Kommunikation mit Gleichaltrigen führen zum Ausschluss von Peer-Interaktionen (Albers et al. 2009, 210).

Die meisten Kinder lernen vom ersten Tag ihres Lebens an die Regeln der Kommunikation mit anderen, wobei ihnen die Regeln an sich kaum bewusst sind. Bei einigen Schülern im AS scheint dies nicht so zu funktionieren. Dies führt z. B. zu einem auffälligen Blickkontakt.

Wenn Schüler im AS in einer größeren Gruppe reden, erkennen sie oft nicht, dass eine andere Person das Wort ergreifen möchte. Es kann auch vorkommen, dass sie peinliche oder irrelevante Fragen während eines Gespräches stellen.

> Eine Schülerin, die ich nur ganz flüchtig kannte und zufällig getroffen hatte, machte mich einmal in großer Lautstärke in der S-Bahn auf einen Pickel in meinem Gesicht aufmerksam und fragte, ob sie ihn herausdrücken solle. Ihr war nicht bewusst, dass sie mich damit in eine unangenehme Situation bringen würde.

Gesprächsregeln muss man deshalb ausdrücklich vermitteln und ihre Einhaltung üben. Dazu gehört u. a. das Erkennen von Zeichen, dass der Gesprächspartner das Wort ergreifen möchte, dass er gelangweilt ist oder welche Themen Tabuthemen sind (z. B. Sexualität oder finanzielle Verhältnisse).

Doch wie das Beispiel zeigt, wird man nicht allen Schwierigkeiten durch Regelvermittlung vorbeugen können. Es bleibt zu hoffen, dass sich mit der Regelvermittlung auch ein Gefühl dafür entwickelt, welche Themen Tabubrüche darstellen. Es empfiehlt sich, auch die Mitschüler anzuleiten und zu begleiten, damit sie Verständnis für das oftmals befremdliche Kommunikationsverhalten entwickeln können.

Selbstgespräche

Einige Schüler im AS reden oft ohne kommunikative Intention vor sich hin. Was sich zunächst für ein unbedeutendes Problem anhört, kann im Miteinander sehr belastend werden. Viele Dinge, die andere Menschen denken, aber nicht sagen, sprechen sie aus.

> Ein Junge im AS, der die 7. Klasse besuchte, sprach beispielsweise den ganzen Schultag über vor sich hin. Wurden alle Kinder aufgefordert, in den Morgenkreis zu kommen, protestierte er leise murmeln: „Nein, nicht schon wieder! Aber Hauptsache, ich sitze nicht wieder neben Stefan! Nein, das mache ich auf keinen Fall. Und ich werde heute nichts sagen!" Die Mitschüler waren von seinen Selbstgesprächen genervt und lehnten es ab, neben ihm zu sitzen. Aber auch bei Klassenarbeiten sprach er pausenlos: „5+9, na das ist ja ganz einfach. 14, wie könnte das Ergebnis sonst sein? Mann, ist das einfach heute." Die anderen Kinder übernahmen entweder seine Ergebnisse oder konnten sich nicht auf die eigenen Rechnungen konzentrieren.

Wie im obigen Beispiel zu sehen ist, kann ein Selbstgespräch eine Möglichkeit sein, die eigenen Gedanken zu ordnen. In anderen Situationen übt der Schüler vielleicht ein Gespräch, das am nächsten Tag stattfinden wird. Das selbstinstruierende Sprechen ist ein Vorläufer des inneren, unhörbaren Sprechens und dient – auch bei jungen neurotypischen Kindern – der Selbstinstruktion (Holodynski 2006, 152).

Wenn in solchen Fällen Erklärungen dem Kind nicht helfen, sein Verhalten zu kontrollieren, muss man mehrere Wege gehen. Es kann sinnvoll sein, den Jungen zu fragen, welche Lösungsvorschläge er selbst hat. Wenn er keine präsentieren kann, muss zunächst die Klasse entlastet werden. Während einer Klassenarbeit haben auch die anderen ein Recht auf Ungestörtheit. Vielleicht kann der Junge seine Aufgaben in einem anderen Raum lösen? Man muss ihm erklären, dass diese Maßnahme keine Strafe ist, er aber die Selbstgespräche nicht unterlassen kann und die anderen sich dabei nicht konzentrieren können.

Dann kann man einen Vertrag (siehe 3.5) mit ihm abschließen, damit er für eine kurze Zeit (bspw. im Morgenkreis) das Reden unterlässt. In dem Vertrag muss festgehalten werden, wie lange er nicht sprechen sollte, ohne sich an einen anderen zu wenden und welche Belohnung er erhält, wenn ihm dies gelingt.

Andere Schüler im AS stellen immer wieder die gleiche Frage, z.B. „Wann kommt Frau Müller?". Manchmal fragen sie das viele Male in der Stunde. Ihre Mitschüler und Lehrer können sie damit zur Verzweiflung bringen.

Es kann sich u. U. um Unsicherheiten handeln, weil zeitliche Abläufe nicht verinnerlicht wurden, selbst wenn sie seit vielen Jahren nicht verändert wurden. In diesem Fall empfiehlt es sich vorzugehen, wie es im Kapitel 3.10 beschrieben wird. Die Häufigkeit des Fragens müsste sich dann reduzieren, wenn der Schüler eine bessere zeitliche Orientierung hat.

Es kann sich aber auch um den Versuch handeln, mit jemandem ein Gespräch zu führen, also in Kontakt zu treten. Dann müssen andere Möglichkeiten der Kontaktaufnahme trainiert werden, z.B. wie er ein anderes Kind ansprechen kann, damit es mit ihm spielt.

Schwierigkeiten bei sozialen Themen

Soziale Themen machen unabhängig von Geschlecht und Alter 65 % der Kommunikation aus (Hsu 2008, 26). Untersuchungen zufolge nimmt Kommunikation zur Pflege sozialer Beziehungen (und nicht zur Weitergabe von Informationen) ca. 20 % der täglichen Wachzeit eines Menschen ein (Döngens 2008, 28). Sie spielt damit eine große Rolle bei der Gestaltung sozialer Beziehungen

Diese Form der Kommunikation fällt aber Schülern im AS besonders schwer. Mitunter wirken sie deshalb an anderen Menschen desinteressiert oder werden für arrogant gehalten. Einigen fehlt auch das intuitive Verständnis davon, welche Themen für Smalltalk geeignet sind.

> Eine 9-jährige Schülerin versuchte mit ihren Mitschülern in Kontakt zu treten, indem sie ihnen erzählte, dass sie zu Hause Eier im Kühlschrank hätte. Der Kontaktversuch misslang, die anderen Kinder kamen nicht auf die Idee, dass dies ein Kontaktangebot sein könnte. Auf mein Nachfragen, warum sie denn den anderen Kindern etwas über die Eier im Kühlschrank mitteilen wollte, gab sie zur Antwort, dass sie beobachtet hätte, dass alle Menschen ihre Gespräche mit unwichtigen Themen begännen.

Auch diese Fähigkeit kann man gezielt trainieren. Wichtig ist es, strukturiert und systematisch aufbauend vorzugehen. Man kann z. B. eine Liste über geeignete Smalltalk-Themen anlegen. Rollenspiele und auch Videoaufzeichnungen können adäquate Hilfen sein, um soziale Kommunikation zu üben. Viele Anregungen, Arbeitsblätter und Spielideen mit Kopiervorlagen findet man, allerdings nur auf Englisch, bei Freemann und Dake (Freemann / Dake 1997). Den Mitschülern muss man das Kommunikationsverhalten des Kindes oder Jugendlichen im AS ebenso erklären wie den Pädagogen, damit sie sich nicht abgelehnt und verletzt fühlen.

Kommunikationsanregende Umgebung

Eine kommunikationsfördernde Umgebung knüpft an die Bedürfnisse der Schüler an. Das Wichtigste ist, den Schüler zur Kommunikation anzuregen und möglichst viele Situationen zu schaffen, in denen er dazu motiviert wird. Bei jüngeren und / oder schwerer beeinträchtigten Schülern sollten z. B. reizvolle Spielzeuge sicht-, aber nicht erreichbar in Regalen liegen, sich winzige Mengen begehrter Süßigkeiten in fest verschlossenen Plastikbehältern befinden, interessante Routinen, wie das Schaukeln, kurz unterbrochen, und nach einer Äußerung des Kindes fortgesetzt werden.

Ein Kind mit ungestörter Entwicklung benötigt nur wenige Übungen, um ein neues Wort oder eine Phrase zu lernen. Kinder im AS brauchen meist sehr viel mehr.

Während der Übungen sollte der Pädagoge die begehrten Objekte deutlich und knapp benennen. „Ball" ist zunächst völlig ausreichend, erst später sagt man „bitte Ball" und verlangt das auch vom Kind. Wie man es auch bei kleinen Kindern tut, muss der Erwachsene seine Sprache in ihrer Komplexität und Geschwindigkeit reduzieren.

Für ältere und / oder weniger beeinträchtigte Schüler kann der Einsatz eines im Kapitel „Einsatz von Skripten" beschriebenen Mini-Mes eine gute Möglichkeiten sein, eine kommunikationsfördernde Umwelt zu gestalten. Man kann diese Geräte in viele Bereiche des Schulalltags integrieren. So kann ein Mini-Me an der Frühstücksbox des Kindes befestigt werden, das ihm das Modell für die Phrase „Guten Appetit" gibt. Ein Mini-Me an der Gerätetür für die Spielgeräte auf dem Pausenhof kann „Ich möchte Roller fahren" abspielen, ein Mini-Me an der Schultasche „Hilf mir, sie zu öffnen". Der Pädagoge verlangt die Wiederholung der Äußerung vom Schüler vor der Ausführung all dieser Aktivitäten. Er blendet, wie bereits beschrieben, das Modell systematisch aus.

Bei Schülern mit guten verbalen Fähigkeiten ist es manchmal notwendig, eine ruhige Gesprächsatmosphäre herzustellen und zu warten, bis sie erzählen können. Unruhe und Hektik führen bei einigen Schülern dazu, dass sie sich nicht äußern können.

Individuelle Kommunikationswege zulassen

> „Bis heute fällt mir die schriftliche Form der Kommunikation deutlich leichter als die Verbalsprache. Alle wichtigen Entscheidungen treffe ich ausschließlich in schriftlicher Form und mit genügend Bedenkzeit."
> (Höhlriegel 2013, 60)

Es liegt in der veränderten Wahrnehmungsverarbeitung begründet, dass einige Schüler im AS es vorziehen, schriftlich statt mündlich zu kommunizieren (Schirmer 2000). Die schriftliche Kommunikation ist gegenüber der mündlichen deutlich in ihrer Komplexität reduziert. Man muss nicht zugleich auf Körpersprache und Intonation achten.

Aus diesem Grund sollten diese individuellen Formen der Kommunikation respektiert werden. Dies gilt generell natürlich auch für alle Formen unterstützter Kommunikation.

Einige motorisch ungeschickte Schüler haben Probleme damit, mit der Hand zu schreiben. Ihr Schriftbild ist oft unleserlich. Ihnen sollte man als Nachteilsausgleich die Möglichkeit geben, mit einem Laptop zu schreiben.

3.4 Förderbedarf im Bereich des Sozialverhaltens

Die Auffälligkeiten im Bereich des Sozial- und Kontaktverhaltens gehören zu den Bereichen der Persönlichkeitsentwicklung, die bei einem Schüler im AS auffällig sind.

Jedes Neugeborene ist genetisch darauf vorbereitet, soziale Kontakte zu anderen Menschen aufzunehmen. Es nimmt bereits kurze Zeit nach der Geburt Blickkontakt auf. Doch wenn es Blickkontakt aufnimmt, passiert etwas Erstaunliches: Glücksbotenstoffe werden ausgeschüttet. Sie sorgen dafür, dass sich das Baby wohlfühlt. Sozialkontakt ist angenehm. Und weil er angenehm ist, wird er erneut aufgenommen. Das Kind übt und verbes-

sert seine Fähigkeiten. Es gibt immer neue Anlässe für Glücksbotenstoffe und so neue Anlässe, weiter zu üben. Ein Entwicklungsturbo beginnt. Neurotypische Kinder werden so schnell zu Experten in sozialer Interaktion und, weil wir das regelmäßig beobachten, gilt es als „normal".
Für Neugeborene im Autismus-Spektrum gilt das nicht oder nicht in diesem Maße. Soziale Interaktionen werden nicht automatisch aufgenommen und fühlen sich nicht so angenehm an. Es gibt weniger Gründe, sie zu wiederholen und auf diese Weise zu üben. Viele Fähigkeiten werden nicht so scheinbar nebenbei und von allein gelernt, wie es neurotypische Kinder vermögen.
Ein Problem, das daraus resultiert, besteht darin, dass es diesen Schülern schwer fällt, die Perspektive eines anderen einzunehmen und einzuschätzen, was er denkt, weiß, annimmt, plant oder fühlt.

Die beeinträchtigte Theory of Mind

Diese Fähigkeit nennt man *Theory of Mind* (ToM). Sie umfasst alle Denkprozesse, die es ermöglichen, fremdes und eigenes Verhalten zu erkennen, zu verstehen, zu erklären und vorherzusagen. Der Begriff wurde 1978 im Rahmen der Primatenforschung geprägt (Premack/Woodruff 1978) und später auch von der Säuglings- und Kleinkindforschung aufgegriffen. Kinder ohne Entwicklungsstörungen lernen demnach, dass andere Menschen ihre eigenen Gedanken, Ansichten, Empfindungen und Kenntnisse über bestimmte Sachverhalte haben, die sich nicht immer mit den eigenen decken. Es wird oft postuliert, ist allerdings nicht unumstritten, dass Kinder im AS die ToM nicht altersgerecht entwickeln (Freitag 2008, 55 f).
Das Konzept einer mangelhaft entwickelten ToM hilft aber, einen Teil der sozialen Schwierigkeiten von Schülern im AS besser zu verstehen und geeignete pädagogische Maßnahmen zur Entwicklungsförderung zu ergreifen.
Wie stark die Auffälligkeiten individuell ausgeprägt sind, hängt davon ab, wie schwer die Auffälligkeiten ausgeprägt sind und wie gut andere kognitive Fähigkeiten entwickelt sind, die der Schüler kompensatorisch einsetzen kann (Tomasello 2002, 96).
Eine mangelhaft entwickelte ToM hat Auswirkungen auf die Fähigkeit, die Gründe hinter dem Verhalten anderer Menschen zu verstehen, damit ihre Absicht zu erkennen und so aus deren Handlungskonsequenzen lernen zu können. Auch die Zusammenarbeit mit anderen ist beeinträchtigt, denn ohne ToM ist es einem Schüler nicht möglich, in der eigenen Handlung zu berücksichtigen, was Kooperationspartner wissen, können und beabsichtigen. Da sich Zusammenarbeit dadurch auszeichnet, dass jeder auf die Vorschläge des anderen reagiert und so ein gemeinsames (gedankliches) Produkt entsteht, das keiner allein hätte hervorbringen können, gibt es aufgrund

der beeinträchtigten ToM Schwierigkeiten damit. Partnerschaftliche Zusammenarbeit gelingt Schülern im AS, je nach Schwere ihrer Beeinträchtigung, nicht oder nicht altersgerecht (Tomasello 2002, 54). Hier benötigen sie kleinschrittige Anleitung und Unterstützung vom Pädagogen.

Eine eingeschränkte ToM zeigt sich auch im Bereich des Lernens sozialer Regeln. Wenn ein Kind oder Jugendlicher nicht erkennt, warum sich andere in einer bestimmten Art und Weise verhalten, wie das eigene Verhalten von ihnen interpretiert und bewertet wird und welche Folgen es deshalb für es selbst hat, können Mitschüler kein Verhaltensregulativ sein. Fast alle Schüler verhalten sich so, dass sie von der Gruppe akzeptiert und angenommen werden. Schülern im AS gelingt das oft nicht.

„Es wird dem jungen Menschen [...] bewusst, dass er anders ist als seine Altersgefährten und dass er von diesen gemieden und abgewiesen wird. Es gelingt ihm jedoch meist nicht, die Gründe hierfür zu erkennen und herauszufinden, was er tun müsste, um mehr soziale Anerkennung zu erhalten und dazugehören zu dürfen." (Preißmann 2009, 66)

Das hat in der Schule positive und negative Konsequenzen.

„Meine Biohausaufgaben habe ich mir als Forschungsauftrag umgedeutet. Besondere Freude hatte ich, als wir Sammlungen von Moosen und Flechten anlegen sollten. Ich habe mich wie eine kleine Forscherin gefühlt, Bücher aus der Bücherei ausgeliehen und meiner Sammlung sehr viel Spezialwissen hinzugefügt. Der Lehrer war von meinem Eifer ganz begeistert. Aber ich musste auch eine schmerzhafte Nebenwirkung kennen lernen: Unter den Mitschülern macht man sich mit sorgfältig ausgeführten Hausaufgaben keine Freunde." (Schuster 2007b, 8)

Die Schülergruppe etabliert Verhaltensregeln in der Klasse. Sich diesem Druck nicht auszusetzen, kann bedeuten, aus dem Blickwinkel des Lehrers heraus normgerechter zu agieren, z. B. auf keinen Fall abschreiben zu lassen.

Es kann aber auch bedeuten, dass das Verhalten nach der Beurteilung des Lehrers und der Mitschüler völlig unangemessen ist, der Schüler sitzt vielleicht unter dem Tisch, weil weder Lehrer noch Mitschüler ein Verhaltensregulativ sind. Darüber hinaus gibt es Auswirkungen einer beeinträchtigten *Theory of Mind* auf die

- Kommunikation,
- Fähigkeit, soziales Verhalten zu verstehen,
- Fähigkeit, andere Menschen zu täuschen, also auch zu lügen,
- Fähigkeit, die Gedanken und Annahmen einer anderen Person durch die Informationen, die man ihnen gibt, zu beeinflussen,

- Möglichkeit, die Gefühle anderer Menschen zu verstehen,
- Fähigkeit, Freundschaften zu knüpfen, indem man die Absichten anderer Menschen versteht und auf ihre Absichten eingeht,
- Fähigkeit vorwegzunehmen, was andere von der eigenen Handlung halten könnten,
- Fähigkeit, Missverständnisse zu verstehen,
- Fähigkeit, die ungeschriebenen Sozialregeln zu verstehen und
- Zusammenarbeit mit anderen.

Die ToM entwickelt sich schrittweise (Baron-Cohen 1997, 31 ff). Bestimmte Verhaltensweisen eines Schülers im AS, die als herausfordernd interpretiert werden, können ein Ergebnis der Entwicklungsverzögerung in diesem Bereich sein.

> Ein Gymnasiast im Autismus-Spektrum in der 9. Klasse fällt gerade durch sehr plumpe Lügen in der Schule auf. Die Lehrer sind empört und fühlen sich provoziert, es gibt eine Klassenkonferenz. Bei genauerer Analyse wird deutlich, dass er gerade einen wichtigen Entwicklungsschritt im Erwerb seiner ToM gemeistert hat: Er hat verstanden, dass man andere Menschen täuschen kann. Er tut dies nur noch so ungeschickt, wie es üblicherweise ein 4-Jähriger tun würde. Wenn der mit schokoladenverschmiertem Mund behauptet, dass nicht er, sondern ein Fuchs gerade die Tafel Schokolade aus dem Wohnzimmer gefressen habe, erfüllt das einen Beobachter mit heimlicher Heiterkeit. Eine vergleichbare Geschichte eines 15-Jährigen hingegen wird als Provokation interpretiert. So unverständlich es auf den ersten Blick auch erscheinen mag, man müsste mit diesem Gymnasiasten nun das Schwindeln üben, um ihm zu helfen, sozial kompetenter zu werden.

Einige wichtige Meilensteine im Erwerb der ToM sind:

- die gemeinsame Aufmerksamkeit, die sich in der ungestörten Entwicklung zwischen dem neunten und 15. Lebensmonat entwickelt. Sie erfordert ein Verständnis davon, dass eine andere Person auf manche Dinge aufmerksam und auf andere nicht aufmerksam sein kann. Dabei scheint es drei Entwicklungsphasen zu geben.
Im Alter von neun bis zwölf Monaten schaut das Kind ein Objekt an und vergewissert sich dann, ob die Bezugsperson es auch sieht. Wenn es elf bis 14 Monate alt ist, folgt es der Aufmerksamkeit des anderen, d. h., es schaut auch dahin, wohin dieser schaut. Mit 13 bis 15 Monaten ist es dann in der Lage, seinerseits die Aufmerksamkeit des Erwachsenen auf etwas zu lenken (Tomasello 2002, 80 f). Bereits in diesem Entwicklungsstadium gibt es bei Kindern im AS oft Auffälligkeiten (Klicpera/Innerhofer 2002, 102). Sind sie sehr massiv, wird das Kind erhebliche

Entwicklungsauffälligkeiten zeigen. Es kann z. B. dann auch als Schulkind noch nicht der hinweisenden Bewegung des Pädagogen zur Tafel oder auf ein Objekt folgen.
- das „So-tun-als-ob-Spiel", mit dem das neurotypische Kind im Alter von zehn bis 18 Monaten beginnt (Howlin et al. 1999, 5). Dabei sieht es von der Wirklichkeit ab und tut so, als ob die Spielgegenstände eine andere Funktion hätten (das Kind verwendet z. B. den Stift als Schlüssel) oder in einem anderen Zustand wären (das Kind wäscht die Puppe). Dieses symbolische Spiel gelingt Kindern im AS nicht oder erheblich zeitverzögert (Freitag 2008, 40). Sie bleiben in der konkreten Handlung mit den Gegenständen, die Abstraktionsleistung eines symbolischen Spiels wird nicht, nur eingeschränkt oder erst verspätet geleistet. Vor allem in spontan beobachteten Spielsituationen geben die Kinder Gegenständen oft keine neuen Eigenschaften, die Puppentasse ist also nicht heiß in ihrer Imagination. Sie stellen sich keine Objekte im Spiel vor und binden Puppen oder Stofftiere als Akteure nicht ins Spiel ein (Freitag 2008, 41).
- die Fähigkeit einzuschätzen, was eine andere Person sehen kann und was nicht, die mit ca. zwei Jahren erworben wird (Howling et al. 1999, 3). Ein Kind, das diese Entwicklungsstufe gemeistert hat, bringt dem Pädagogen Dinge in Sichtweite, die es ihm zeigen möchte oder auf die es sich sprachlich bezieht.
- die Fähigkeit einzuschätzen, welche Perspektive eine andere Person von ihrem Standpunkt von einem Objekt hat (z. B. sieht sie ein Bild kopfstehend), die mit drei bis vier Jahren vorhanden ist (Howling et al. 1999, 3).
- das Wissen, dass bestimmte Situationen spezifische Emotionen hervorrufen können (ein anderes Kind ist traurig, wenn man ihm sein liebstes Spielzeug wegnimmt), über das Kinder ungefähr im gleichen Alter verfügen (Howling et al. 1999, 5).
- die Fähigkeit, andere Menschen zu täuschen, die sich ungefähr im Alter von vier Jahren entwickelt. Zur gleichen Zeit haben sie auch ein Verständnis dafür, dass ihre eigenen Gedanken falsch sein, dass sie sich also irren können (Howling et al. 1999, 7).
- das Verständnis, dass emotionale Zustände anderer Personen davon bestimmt werden, was diese annehmen, was passieren wird (sie sind traurig, weil sie glauben, dass der Hamster sterben wird), das Kinder etwa im Alter von fünf Jahren entwickeln (Howling et al. 1999, 7).
- die Fähigkeit, Annahmen über Annahmen zu machen (Anne denkt, dass Sally glaubt…), die sie im Alter von sechs bis sieben Jahren haben.

Mit ca. neun Jahren hat ein Kind mit ungestörter Entwicklung die ToM vollständig erworben. Für Kinder im AS gibt es ein spezielles Training, um die Entwicklung der ToM zu unterstützen (Howlin et al. 1999). Dieses Programm wurde für vier bis 13 Jahre alte Kinder im AS konzipiert, die mindestens die Sprachentwicklung eines fünf Jahre alten Kindes haben. Allerdings kann es auch den Bedürfnissen älterer Kinder angepasst werden.

Es handelt sich um ein verhaltenstherapeutisches, kleinschrittiges und systematisches Vorgehen. Das Kind soll fehlerlos lernen, d. h. es bekommt so viel Unterstützung, dass es immer erfolgreich ist. Die Erfolge werden dann systematisch belohnt.

Es werden dem Kind zur Unterstützung Regeln vermittelt, damit es besser verstehen kann, was andere intuitiv wissen, z. B. „Wenn Dir jemand etwas Schönes gibt, etwas, was Du magst, fühlst Du Dich glücklich." Folgende Fähigkeiten werden systematisch trainiert:

- Emotionen verstehen
- Verstehen, was andere Personen wissen und annehmen
- „So-tun-als-ob" verstehen

Jede dieser drei Komponenten gliedert sich in fünf, an der ungestörten Entwicklung orientierten Entwicklungsstufen, die vom Kind nacheinander absolviert werden müssen.

Das ToM-Training beinhaltet viele verschiedene Übungen und unterschiedliche Techniken. Es lässt sich leicht, z. B. im Rahmen von Einzelförderung oder Kleingruppenarbeit, einsetzen.

In Gruppen von Kindern und Jugendlichen im Alter zwischen 7 und 18 Jahren mit einer kognitiven Leistungsfähigkeit, die mindestens leicht unterdurchschnittlich ist, kann auch das *Freiburger Therapieprogramm TOMTASS (Theory-of-Mind-Training bei Autismusspektrumstörungen)* eingesetzt werden (Paschke-Müller 2013).

Risiken für eine gute Beziehung zwischen Lehrer und Schüler

Jüngere oder Kinder mit stärkerer Beeinträchtigung haben manchmal Schwierigkeiten, sich auf einen unbekannten Lehrer einzustellen. In diesem Fall ist es wichtig, dass er sich mit angenehmen Assoziationen für das Kind verbindet. Es ist für die weitere Entwicklungsförderung notwendig, dass das Kind gern in die Schule und zum Pädagogen kommt (Barbera 2007, 58 ff). Pädagogische Arbeit ist Beziehungsarbeit. Der Lehrer sollte sich viel Zeit nehmen, um mit dem Kind die Dinge gemeinsam zu tun, die es gern mag: Das kann Schaukeln oder Puzzlen sein.

Aber auch bei einem Schüler mit Asperger-Syndrom und seinem Pädagogen kann die Beziehung durch autismusspezifische Besonderheiten im Kommunikations- und Sozialverhalten gefährdet werden. Fehlende soziale Konventionen, wie Smalltalk, Begrüßungen oder Gratulationen können leicht als persönliche Missachtung, Desinteresse oder sogar Feindseligkeit fehlinterpretiert werden.

Erzieher und Lehrer interpretieren auch fehlenden Blickkontakt oft intuitiv und auf dem Hintergrund ihrer bisherigen Erfahrungen bei Kindern im AS vorschnell als Ablehnung des sozialen Kontaktes. Gerade die Auffälligkeiten im Blickkontakt erwecken bei jüngeren Kindern im AS den Eindruck, dass es schwer ist, zu ihnen eine persönliche Beziehung herzustellen (Klicpera / Innerhöfer 2002, 104).

Das wörtliche Sprachverständnis und die eingeschränkte soziale Kompetenz können ebenfalls zu falschen Verhaltensbeurteilungen von Pädagogen führen.

> „Er fliegt aus der Klasse, weil er unaufmerksam war. Wenn der Lehrer Matt fragt, ob er jetzt wieder hereinkommen und aufmerksam sein wird, sagt er: ‚Nein', weil er weiß, dass er sich nicht konzentrieren kann. Diese Antwort führt dazu, dass er noch mehr Ärger bekommt." (Brealy / Davies 2009, 115)

Wahrscheinlich wird sich der Lehrer von Matt provoziert fühlen, doch der Junge beantwortet die Frage so, wie er sie versteht.

Auf der anderen Seite suchen sich einige Schüler aufgrund erlebter Ablehnung von den Gleichaltrigen bevorzugt Erwachsene als Interaktionspartner (Albers et al. 2009, 205).

Schwierigkeiten, altersgerechte Beziehungen zu den Mitschülern aufzubauen und zu gestalten

Die soziale Entwicklung verläuft in verschiedenen Stufen, die in Anlehnung an Gutstein (2003, 98 ff) dargestellt werden.

Auch von Schülern im AS werden diese Entwicklungsstufen durchlaufen, nur oftmals nicht altersgerecht und von einigen nicht vollständig. Es ist notwendig, sie zu kennen, um dem Schüler unabhängig von seinem Lebensalter Angebote auf der Stufe machen zu können, auf der er sich befindet. Gerade die Kontakte zu Gleichaltrigen sind wichtig für die Entwicklung des Schülers im AS, weil er hier die erworbenen Fähigkeiten im Alltag umsetzen kann und sich ein großes Übungsfeld eröffnet. Es gibt Hinweise darauf, dass Interaktionen mit Gleichaltrigen dazu beitragen, autismustypische Verhaltensweisen zu reduzieren (Weinmann et al. 2009, 8).

Stufe 1: Erwachsene als Partner

Die Beziehungsgestaltung zur Mutter und zum Vater ist das erste Übungsfeld für alle weiteren Interaktionen und Beziehungen. Hier übt das kleine Kind, Kommunikations- und Sozialpartner eines anderen zu sein. Es lernt, seine Emotionen mit einem anderen Menschen abzustimmen (Holodynski

2006, 40 ff). Dies ist eine wichtige Voraussetzung für weitere soziale Kontakte zu anderen Menschen.

In dieser Entwicklungsstufe handelt sich nicht um eine partnerschaftliche Beziehung, vielmehr besteht eine klare Abhängigkeit. Der Erwachsene regt die Kommunikation an, geht intuitiv auf die kindlichen Kommunikationsbemühungen ein und unterstützt sie. Das Kind entwickelt so seine ersten Fähigkeiten zum sozialen Spiel, z. B. mit Hilfe von „Guckguck-Spielen" mit den Eltern (Dodd 2007, 279).

Hat das Kind Gelegenheit dazu, spielt es schon parallel zu anderen Kindern. Es nimmt gelegentlich mit ihnen Blickkontakt auf und imitiert sie auch manchmal (Dodd 2007, 277). Dennoch ist das Spiel vor allem unabhängig von den Spielideen des anderen. Diese Phase entspricht einem Entwicklungsniveau eines typischen Kindes bis ungefähr zum Alter von zwei Jahren.

Stufe 2: Freunde sind anwesende Spielkameraden

Ab dem dritten Lebensjahr werden Gleichaltrige in der neurotypischen Entwicklung zunehmend wichtiger. Die Eltern verlieren nicht an Bedeutung, aber das Kind sucht nun verstärkt gleichberechtigte Partner, mit denen es Aktivitäten teilt (Seiffge-Krenke 2009, 28). Die Kinder spielen noch ohne gemeinsame Regeln miteinander. Sie teilen sich Spielzeug und wechseln sich auch ab. Zu diesem Zeitpunkt verfolgen sie aber noch überwiegend ihre eigenen Spielideen, ohne ihre Interessen denen der Gruppe unterzuordnen (Dodd 2007, 277). Der Anteil assoziativer (Zusammenspiel ohne Koordination) und kooperativer Interaktionen (sich gegenseitig helfen, um ein gemeinsames Ziel zu erreichen) wächst in dieser Zeit (Mussen et al. 1996, 53).

Als „Freund" werden die angenehmen Spielkameraden bezeichnet, die gerade anwesend sind. Die Beziehung hat noch keine Zeitdimension. Ob man sich bereits kennt oder jemals wiedersieht, spielt keine Rolle.

Stufe 3: Freunde sind Spielgefährten, mit denen man am häufigsten zusammen ist

Für 5- bis 7-Jährige mit neurotypischer Entwicklung sind Freunde die Spielgefährten, mit denen sie am häufigsten zusammen sind (Mussen et al. 1996, 53). Zusammenarbeit, gemeinsame Problemlösung und gegenseitige Hilfe beginnen nun, stärker eine Rolle zu spielen. Freundschaften orientieren sich am eigenen Vorteil, doch auf eine relativ ausgeglichene Machtbalance wird geachtet (Seiffge-Krenke 2009, 28). Spielideen werden kombiniert und eigene Spiele entwickelt. Kinder teilen Süßigkeiten und Spielzeug. Dabei lernen sie zugleich Normen und Regeln des Miteinanders. Außerdem erfordert es das gemeinsame Spielen, die eigenen Motive zu hierarchisieren, ihre Befriedigung durchzusetzen, aufzuschieben oder sogar zu unterlassen (Holodynski 2006, 85).

Noch immer sind Freundschaften nicht auf Dauer angelegt. Gemeinsamkeiten und Unterschiede zwischen der eigenen Person und Freunden werden als Teil der Identität entdeckt. Gleichaltrige, die sich auf dieser Entwicklungsstufe befinden, können das Kind im AS, das noch auf einer anderen Stufe ist, überfordern:

> „Es war mir in meiner Kindheit auch kaum möglich gewesen, mich auf ein gemeinsames Spiel einzulassen, zumindest dann nicht, wenn die Gefahr bestand, dass es möglicherweise anders hätte verlaufen können, als ich es vorher für mich geplant hatte." (Preißmann 2009, 65)

Stufe 4: Freunde sind Verbündete

> „Spätestens als Zehnjähriger wusste ich, dass das mit den Freundschaften bei mir überhaupt nicht funktionierte." (Seng 2012, 49)

8- bis 11-jährige Kinder mit neurotypischer Entwicklung erleben das Denken und Fühlen des Freundes als unabhängig vom eigenen. Sie erkennen nun, dass man für einen Freund attraktiv sein muss, auch unabhängig von den eigenen Interessen. Es wird wichtig, wie man von den Freunden wahrgenommen wird. Freunde werden immer wichtiger als Verbündete in der eigenen Welt der Vorstellungen und Ideen. Mit ca. neun Jahren gelingt es dem Kind mit neurotypischer Entwicklung, die Welt auch aus der Perspektive einer anderen Person zu sehen (siehe *Theory of Mind*). In welchem Umfang ihm dies möglich ist, ist in dieser Entwicklungsstufe ein wichtiger Indikator dafür, wie gut es Freundschaften aufzubauen und zu halten vermag.

Stufe 5: Ein Freund ist eine Vertrauensperson

Diese Entwicklungsstufe wird von neurotypischen Kindern meist in den mittleren Schuljahren gemeistert. Ein Freund ist nun wichtig für den emotionalen Austausch (Seiffge-Krenke 2009, 28f). Er teilt Ideen und Gefühle, und seine Meinung ist wichtig. Er ist eine Vertrauensperson. Die Freundschaft erhält nun auch eine Zeitdimension. Man hält die Beziehung, z. B. durch Telefonate.

Stufe 6: Ein Freund ist eine Bezugsperson

> „In dieser Zeit (Pubertät) wurde mir bewusst, dass ich keine Freunde hatte. Ich hätte gern auch welche gehabt, aber ich wusste nicht, wie ich das hätte anstellen sollen, wie, wo und nach welchen Kriterien ich sie hätte aus-

wählen, wie ich sie hätte fragen und was ich dann mit ihnen hätte anfangen sollen." (Preißmann 2005, 88)

In der Pubertät erreichen neurotypische Schüler eine neue Entwicklungsstufe ihrer Beziehungsfähigkeit. Freundschaft ist nun gekennzeichnet durch Intimität und ein enges Band von Vertrauen und gegenseitiger Unterstützung. Freunde kennen gegenseitig ihre Ängste, Träume, Verwundbarkeiten und sind Bezugspersonen. Sie behandeln sich meist mit Respekt.

Die enge Beziehung zur Familie wird jetzt stückweise preisgegeben zugunsten einer Beziehung zu Freunden. Das ist wichtig, denn Jugendliche bereiten sich auf ein Leben außerhalb der Familie vor. Dafür brauchen sie ein eigenes, stabiles soziales Netz, von dem die Eltern nur noch ein Teil sind.

Jugendliche im AS haben diese Entwicklungsstufen meist nicht vollständig durchlaufen. Sie sind deshalb noch nicht fähig, Freundschaften von der Qualität zu bilden, wie sie andere Jugendliche eingehen. Es entstehen in der Pubertät kaum Bindungen an Gleichaltrige. Zugleich gibt es aber häufig einen Wunsch nach Gemeinsamkeit mit anderen. Kommunikationsprobleme und Verhaltensbesonderheiten blockieren den Zugang zur Peergroup und verhindern wichtige Lern- und Entwicklungsprozesse. Mode, Film, Technik und Musik sowie Jugendsprache werden meist nicht als gruppenstiftende Zeichen erkannt.

Da sie nicht alle der eben vorgestellten Entwicklungsstufen so wie ihre Altersgenossen durchlaufen haben, haben sie oft auch ein anderes Konzept von Freundschaft als Gleichaltrige. Das Konzept bleibt meist mindestens zwei Jahre hinter dem neurotypischer Kinder zurück (Attwood 2008, 74). Oft ist es noch eines aus einer anderen Entwicklungsstufe:

> „So ist es auffällig, dass Menschen mit Autismus häufig bereits eine andere Definition des Begriffs ‚Freund' bzw. ‚Freundin' haben, als dies üblicherweise der Fall ist. Es werden beispielsweise Personen, die sich gegenüber dem Betroffenen freundlich verhalten, ihn vielleicht lediglich gelegentlich grüßen, manchmal als Freunde angesehen, oder es werden solche Menschen genannt, deren praktische Eigenschaften für den Autisten wichtig sein könnten." (Preißmann 2009, 63)

Alle Menschen haben soziale Kontakte auf unterschiedlichen Stufen. Fast jeder, der Jugendlicher oder älter ist, hat aber jemanden außerhalb seiner Herkunftsfamilie, mit dem er Kontakte in der Qualität der Stufe sechs hat.

Hilfen beim Beziehungsaufbau und der -gestaltung

> „Menschen mit Autismus sollten dazu ermutigt werden, Vereinen, Verbänden oder sonstigen Gruppen beizutreten, die mit ihren speziellen Interes-

sengebieten in Verbindung stehen. Dies ist für sie eine sehr gute Möglichkeit, neue Kontakte zu Gleichgesinnten zu knüpfen." (Preißmann 2009, 72 f)

Kinder im AS haben keine oder weniger Freunde als andere Kinder und spielen kürzer und seltener mit anderen Kindern (Attwood 2008, 74). Was muss man tun, um Kinder und Jugendliche im AS dabei zu unterstützen, zufriedenstellende Beziehungen aufzubauen und aufrecht zu erhalten? Zunächst einmal muss man ihnen soziale Kontakte auf der Stufe anbieten, auf der sie sich befinden, unabhängig von ihrem Lebensalter. Dies ist eine wichtige Voraussetzung dafür, dass der Schüler nicht überfordert wird. Wichtig für ihre Entwicklung ist, dass die Kinder und Jugendlichen in sozialen Situationen angenehme Erfahrungen machen können. So wird die Voraussetzung geschaffen, dass sie sich mit anderen verbunden fühlen können. Dies ist eine Erfahrung, die Kinder und Jugendliche im AS oft nicht machen können. Wer keine Gemeinsamkeit herstellen kann, fühlt sich oft einsam.

> „Meine Mitschülerinnen [...] haben stundenlang über Schmuck, Kleidung oder ein ähnliches Thema gesprochen, oder aber über Musik, Kino und Literatur. An diesen Gesprächen hätte ich mich nie beteiligen können. Ich habe das Gefühl, es verbindet mich nichts mit anderen Leuten. Die Dinge, die mich interessieren, das sind vor allem Weihnachtsmärkte und Flughäfen, die interessieren andere Leute leider nicht so sehr." (Preißmann 2006, 271)

Bei Kindern mit sehr starken Beeinträchtigungen oder jungen Kindern im Schuleintrittsalter kann es deshalb sogar vorkommen, dass sie sich noch in der ersten Stufe befinden und eng an eine erwachsene Person binden. Oftmals wird in Frage gestellt, ob so ein enges Beziehungsangebot eines Pädagogen in der Schule sinnvoll ist. Unter dem Aspekt der Förderung sozialer Fähigkeiten kann es notwendig sein, wenn das Kind noch vollständig auf die Steuerung und Führung eines Erwachsenen in der emotionalen Regulation und bei sozialen Spielaktivitäten angewiesen ist.

Manche Kinder und Jugendliche ziehen aber auch Erwachsene deshalb vor, weil die Gespräche mit ihnen strukturierter und sie geduldiger gegenüber den Monologen und Spezialthemen sind (Attwood 2008, 74) und sie vielfach Ablehnung ihrer Interaktionsbemühungen von der Peergroup erfahren haben (Albers et al. 2009, 205). Dann entgehen den Kindern und Jugendlichen zugleich aber Übungsfelder sozialer Interaktion mit der Peergroup.

Doch in vielen Fällen haben auch Kinder im AS bereits eine der nächsten Stufen erreicht. Hier steht die Erfahrung einer gemeinsamen Aktion, wie mit dem Ball oder im Sand spielen im Vordergrund. Manche Kinder spielen deshalb eher mit Jüngeren (Attwood 2008, 74).

Es ist sinnvoll, an die Spezialinteressen anzuknüpfen und sie zur Basis von Erfahrungen mit anderen zu machen. In München gibt es z. B. den sogenannten U-Bahn-Club. Fünf Menschen mit Asperger-Syndrom, deren Hobby der Nah- und Fernverkehr ist, treffen sich seit 1998 einmal im Monat, um gemeinsam Bahn zu fahren (Miksch 2004, 53 f).

Nun wird man im Rahmen der Schule vielleicht keinen U-Bahn-Club initiieren, man kann aber auch in der Pause oder am Nachmittag Möglichkeiten zu Begegnungen schaffen, die auf den Interessen der Schüler im AS gründen. Dabei sollten diese Situationen so gestaltet werden, dass sie für das Kind oder den Jugendlichen im AS überschaubar und verständlich sind. Das bedeutet also:

- Zuerst müssen andere Kinder gefunden werden, die ein Interesse mit dem Kind im AS teilen (z. B. schnelle Autos, Bahnen, Dinosaurier oder Buddeln im Sand).
- Die gemeinsame Situation muss gut vorbereitet werden (Was soll genau gemacht werden? Wie lange soll es gemacht werden? Mit wem wird es gemacht? Wann ist Schluss?).
- Die Situation sollte dem Kind vorher erklärt werden. Dazu können Bilder, Piktogramme oder Ablaufpläne genutzt werden. Feststehende und dem Kind vertraute Abläufe sind dabei hilfreich.

Kurzfristige Interventionen von Pädagogen, um ein Kind im AS in ein Spielgeschehen zu integrieren, sind wenig sinnvoll. Sie führen meist zum Zusammenbruch des Spielgeschehens und zum Abbruch der Peerinteraktion (Albers et al. 2009, 206 ff). Günstiger ist es, mit dem Kind in einer 1:1-Situation die Pausenspiele und -beschäftigungen (einschließlich der Skripte für die Interaktionen) seiner Mitschüler zu üben.

Über den schulischen Rahmen hinaus gibt es zahlreiche Spieltherapien, die die Interaktion des Kindes im AS mit Gleichaltrigen verbessern sollen. Einen guten Überblick gibt Susan Dodd (Dodd 2007). Auch Sozialtrainingsgruppen, wie es sie u. a. nach dem TEACCH-Ansatz gibt, können eine wertvolle Unterstützung der sozialen Entwicklung sein (Häußler et al. 2008).

„Andere schlimme Erlebnisse waren für mich Aktivitäten, die die gewohnte Routine durchbrachen, wie z. B. Weihnachtsfeiern, Sportfeste und vor allem Karneval. [...] Diese Feiern wurden für mich zur Qual, und wenn ich den Lärm und das Durcheinander nicht mehr ertragen konnte, rannte ich immer wieder weinend hinaus". (Hoppe 2012, 25)

Es ist durchaus sinnvoll, den Schüler von bestimmten Gruppenaktivitäten wie Faschingsfeiern, Sommerfesten usw. zu befreien, wenn diese ihn überfordern würden. Die sensorische Überforderung führt zu einem so gewaltigen Stress, dass diese Situationen als sehr unangenehm erlebt werden. Auf diese Weise lernt ein Kind im AS nicht, das Miteinander mit anderen zu genießen.

Anleitung und Aufklärung der Mitschüler

„Regelmäßig wurde ich von einigen Jungen angegriffen, bespuckt und gejagt. Im Sportunterricht warfen und schossen sie schwere Bälle gegen meinen Kopf. Einmal pinkelte jemand in meinen Fahrradhelm, den ich trotzdem aufsetzte, da ich mich nicht traute, ohne heimzufahren." (Schuster 2007, 142)

Grundsätzlich müssen die Mitschüler von den Pädagogen angeleitet und begleitet werden. Nachgewiesenermaßen profitieren die Kinder im AS sonst nicht oder nur wenig von deren Anwesenheit (Freitag 2008, 91).

Dabei geht es darum, die Mitschüler dabei anzuleiten, wie sie Kontakt zu dem Schüler im AS aufnehmen und halten können. Dazu gehört, auf eine Reaktion länger als üblich zu warten und auch auf ungewöhnliche Kontaktangebote zu reagieren. Man darf nicht vergessen, auch das entwicklungsfördernde Verhalten der Gleichaltrigen zu bestätigen und zu honorieren.

Meist reichen Erklärungen allein nicht aus. Auch das Eingreifen des Pädagogen in eine Spielhandlung, um das Kind im AS zu integrieren, ist nicht sinnvoll. Dies führt oft zum Zusammenbruch des gesamten Spielgeschehens (Albers et al. 2009, 210). Vielmehr ist eine intensive Begleitung über einen längeren Zeitraum sinnvoll, in der den Mitschülern immer wieder Möglichkeiten gemeinsamen Spiels gezeigt und Interpretationshilfen für das oft unerklärbar scheinende Verhalten des Schülers im AS gegeben werden. Zugleich müssen die Schüler im AS ermutigt werden, sich mit den Mitschülern auseinanderzusetzen (Albers et al. 2009, 210).

Darüber hinaus ist es sinnvoll, den Gleichaltrigen die Möglichkeit zu geben, einem Erwachsenen Fragen über das ungewöhnliche Verhalten ihres Mitschülers im AS stellen zu können. Hier bietet sich folgendes Vorgehen an, das natürlich an den Entwicklungsstand des Schülers angepasst werden muss:

Vorbereitung: Erläutern Sie dem Schüler im AS im Vorfeld Ihr Vorhaben. Fragen Sie ihn, ob er in der Unterrichtsstunde anwesend sein möchte. Fragen Sie den Heranwachsenden des Weiteren, ob er einen Teil der Darstellung selbst übernehmen möchte und wenn ja, welchen. Klären Sie mit ihm, ob er möchte, dass Sie seinen Mitschülern etwas Spezielles über ihn erklären.

1. Beginnen Sie in der Klasse damit, dass Sie die Mitschüler fragen, was ihnen an dem Schüler im AS gut gefällt, wofür sie ihn bewundern oder was er besonders gut kann. Notieren Sie das an einer Tafelseite, wenn notwendig, verwenden Sie Zeichnungen oder Piktogramme.
2. Erfragen Sie nun, was die Kinder und Jugendlichen an dem Schüler im AS stört oder verwundert bzw. was sie schon immer über ihn wissen wollten. Notieren Sie auch das.

3. Fragen Sie nun alle Anwesenden, was sie nicht gut können.
4. Nun erklären Sie all das, was die Kinder und Jugendlichen als merkwürdig oder störend beschrieben haben, auf der Grundlage Ihres Wissens über den Autismus. Die Diagnose muss den Kindern und Jugendlichen nicht zwingend mitgeteilt werden. Schließlich sollen sie etwas über ihren Mitschüler erfahren und keine Kenntnisse über psychiatrische Störungsbilder erwerben.
5. Vertiefend kann man mit Kindern der 3.–5. Klasse den Film „Das Pferd auf dem Balkon" (Kinostart 2013) ansehen. Für jüngere Grundschulkinder sind folgende Bücher zu empfehlen:
   - Tschirren, B., Hächler, P., Mambourg, M. (2014): Ich bin Loris. BALANCE buch + medien verlag, Köln
   - Janz, M. (2015): Warum macht Sammy das? Amazon, Leipzig
   - Grätsch, S. (2013): Lina, Matti und Herr Asperger. Kikt-Verlag, Köln
   - Seger, B. (2011): Was ist mit Tom. Iris Kater Verlag & Medien GmbH, Viersen. In diesem Buch finden Lehrer auch Hinweise zum Einsatz im Unterricht.
   - Aufklärungsmaterial „Manuel. Mein Leben mit Autismus" (2014), Iris Kater Verlag, Viersen. Mit Themenkarten zum Ausdrucken, einer Geschichte für Kinder und einer Handreichung für Lehrer.

   Mit Schülern im mittleren Schulalter kann man folgendes Buch lesen:
   - Steinhöfer, A. (2014): Rico, Oskar und die Tieferschatten. 19. Aufl. Carlsen-Verlag, Hamburg

   Für ältere Schüler eignen sich folgende Bücher:
   - Dicks, M. (2014): Der beste Freund, den man sich denken kann. Piper-Verlag, Berlin
   - Simsion, G. (2015): Das Rosie-Projekt. 10. Aufl. Fischer-Verlag, Frankfurt a. M.
   - Haddon, M. (2003): Supergute Tage oder die sonderbare Welt des Christopher Boone. 6. Aufl. Karl Blessing Verlag, München. Dieses Buch ist auch als Theaterstück aufgeführt worden.

Auf diese Weise kann man auch dem Mobbing vorbeugen. Kinder und Jugendliche im AS müssen oftmals im Rahmen der Schule geschützt werden. Ihr Risiko, in der Schule Opfer von Mobbing zu werden, ist viermal größer als bei anderen Schülern (Dodd 2007, 108; Attwood 2008, 125). Oft können sie echte von falscher Freundlichkeit nicht unterscheiden. Manchmal wird auch die Naivität der Kinder ausgenutzt, und sie werden zu sozial unangemessenem Verhalten angestiftet, weil sie die Konsequenzen nicht vorhersehen (Attwood 2008, 124).

Zur Prävention von Mobbing gehört es auch, soziale Regeln für den Umgang miteinander aufzustellen und ihre Einhaltung zu kontrollieren. Manchmal sind die Schüler im AS außerstande, von ihren schlimmen Erfahrungen zu berichten.

> Eine Mutter forderte ihren Sohn mit Asperger-Syndrom auf, ihr unverzüglich zu erzählen, wenn ihn andere Kinder in der Schule schlagen würden. Nun zogen sie ihn in den Pausen regelmäßig schmerzhaft an den Ohren, doch der Junge wusste nicht, dass er seiner Mutter auch davon berichten könnte. Schließlich ist das An-den-Ohren-Ziehen ja nicht Schlagen!

Es ist notwendig, dem Kind Techniken zu vermitteln, mit denen es anderen Kindern Einhalt gebieten kann. Man kann z. B. mit ihm üben, in ihm unangenehmen Situationen zu Gleichaltrigen „Hör auf!" zu sagen. Ein Unterstützersystem sollte aufgebaut werden, vielleicht kann man Mitschüler dafür gewinnen. Zugleich sollten soziale Situationen auch immer wieder von Pädagogen beobachtet werden, um gegebenenfalls eingreifen zu können. Da Kinder im AS Schwierigkeiten haben, sich auf andere Personen einzustellen, sollte die Lerngruppe eine möglichst stabile Zusammensetzung haben.

***Social Stories* und die Einübung des Sozialverhaltens:** Um soziale Regeln und angemessenes Sozialverhalten zu verdeutlichen, kann man auch mit *Social Stories* (Gray/White 2004) oder der *Comic Strip Conversation* arbeiten (Gray 1994). Eine Social Story beschreibt eine soziale Situation, so dass dem Schüler die damit zusammenhängenden Regeln, ihr Ablauf und die Erwartungen an sein Verhalten verständlich werden.

Mit Hilfe von Social Stories kann man schwierige Situation nachbereiten, Kenntnisse festigen oder dem Schüler Informationen geben. Eine Social Story kann aber auch geschrieben werden, um ihm zu vermitteln, dass und warum er in einer bestimmten Situation etwas besonders gut gemacht hat.

Der Aufbau folgt dem *Prinzip der kleinen Schritte*. Sie wird vom Pädagogen aus der Perspektive des Schülers geschrieben. Man wählt also die Ich-Form, erst bei Jugendlichen schreibt man in der dritten Person. Jede Geschichte hat einen Titel. Gegenwart und Zukunft sind die bevorzugten Zeitformen. Der Text kann durch Fotos, Bilder oder Symbole ergänzt werden.

Es gibt vier verschiedene Satztypen, die eine Social Story bestimmen. Deskriptive Sätze sind nicht bewertende Aussagen über Fakten. Sie beschreiben die wichtigsten Fakten einer Situation und werden am häufigsten benutzt, z. B. „Manchmal verspätet sich der Fahrtransport."

Perspektivische Sätze beschreiben die Gedanken, das Wissen, die Gefühle oder Meinungen eines anderen Menschen. Beispiele: „Mein Mathelehrer kennt die Grundrechenarten" (Wissen), „Sabine rechnet gern" (Gefühl), „Manche Kinder glauben nicht, dass ich auch gut rechnen kann" (Glauben), „Manche Kinder geben sich viel Mühe, um eine Eins in der Mathematikarbeit zu schreiben" (Motivation), „Manche Schüler sind enttäuscht, wenn sie für ein Testergebnis nicht gelobt werden" (Befindlichkeit).

Direktive Sätze sollen ein Verhaltensmodell geben: „Ich werde versuchen…" oder „Ich arbeite an…" Bejahende, affirmative Sätze akzentuieren die bestehenden Meinungen oder Werte. Sie beziehen sich auf eine soziale Regel oder ein Gesetz und folgen den anderen Satztypen meist. Beispiele: „Die meisten Kinder erledigen ihre Hausaufgaben nach dem Mittagessen. *Das ist eine gute Idee*" (betont eine Ansicht), „Ich werde versuchen, dienstags mein Sportzeug mit in die Schule zu bringen. *Das ist sehr wichtig*" (bezieht sich auf ein Gesetz), „Nach dem Kaffeetrinken kommt mein Fahrtransport. *Das ist sicher*" (bezieht sich auf eine Regel), „Manchmal unterrichtet Frau Schneider. *Das ist in Ordnung*" (Rückversicherung).

Eine Social Story hat in der Regel zwei bis fünf deskriptive, perspektivische und/oder affirmative Sätze für jeden direktiven Satz. Manchmal sind direktive Sätze gar nicht nötig.

Man kann auch mit halben Sätzen arbeiten. Die Schüler sollen dann einen unfertigen, vorgegebenen Satz selbst beenden. Beispiel: „Meine Lehrerin wird wahrscheinlich…, wenn ich am Dienstag kein Sportzeug in die Schule bringe."

Es können zusätzlich noch kooperative und kontrollierende Sätze eingefügt werden. Kooperative Sätze zeigen an, wer was wie tun wird, um dem Schüler zu helfen. Beispiel: „Meine Eltern werden mir bei der Hausaufgabe helfen."

Kontrollierende Sätze werden vom Schüler selbst verfasst, um persönliche Strategien zu entwickeln bzw. Information anzuwenden. Die Social Story wird zunächst mit ihm gelesen, dann fügt er ein oder zwei weitere Sätze hinzu, die ihm wichtig erscheinen. Die Geschichte wird in einer ruhigen Situation eventuell sogar täglich gelesen, bis die Schüler mit der Geschichte vertraut sind.

Eine besondere Zusammenstellung von Social Stories ist das *Social Story Set*. Dabei handelt es sich um eine Sammlung sehr kurzer Geschichten zu einem Thema, z.B. Hausaufgaben, die sich eine gemeinsame Illustration teilen. Eine Geschichte des Sets könnte das Thema „Warum gibt die Lehrerin Hausaufgaben auf" beinhalten, eine andere „Wann erledige ich meine Hausaufgaben", „Wo erledige ich meine Hausaufgaben", und „Wie gehe ich bei der Erledigung der Hausaufgaben vor." Das Social Story Set wurde speziell für Kinder entwickelt, die eine geringe Aufmerksamkeitsspanne haben. Jede einzelne Geschichte beschreibt einen Teil der Fähigkeit oder des Konzepts.

Comic Strip Conversation: Comic Strips sind vielen Schülern bekannt. Die Vertrautheit mit der Darstellungsart wird bei dieser Methode genutzt.

Eine *Comic-Strip-Conversation* wird wie ein Comic gezeichnet. So kann man ein Gespräch nachvollziehen oder vorausplanen und dabei die Aspekte der inneren Vorgänge der beteiligten Personen sichtbar machen sowie die wechselseitige Kommunikation verdeutlichen. Die Zeichnungen enthalten die Informationen, die Schüler im AS nur mühevoll oder gar nicht identifizieren können, z.B. was andere Menschen denken oder wie sie sich fühlen. Comic Strips können auf Papier, Kreidetafeln, Sand etc. gezeichnet werden.

Wie bei einem echten Comic stehen verschiedene Symbole zur Verfügung. Es gibt Gedanken- und Sprechblasen. Zusätzlich wird Farbe verwendet, um die emotionalen Zustände, Gedanken und Fragen zu betonen. Die Zeichnungen des Schülers können durch Fragen geleitet werden.

Um unklare Zeichnungen und überfüllte Blätter zu verhindern, können, wie in einem „echten" Comic, „Fenster" oder einzelne Karteikarten verwendet werden. Dann ist jeder Handlungsabschnitt einzeln in einem Fenster erkennbar.

Ungewöhnlicher Umgang mit Regeln

Das soziale Miteinander ist durch eine Vielzahl von Regeln bestimmt, die zu großen Teilen zwar nicht ausdrücklich vermittelt, dennoch von den Mitgliedern einer Kultur beherrscht werden. Zu diesen Regeln gehört z. B., welche Kleidung man zu unterschiedlichen Anlässen trägt, wie man in einer Gruppe anzeigt, dass man etwas sagen möchte oder welche Themen man beim Smalltalk auswählt. Einige Regeln, z. B. zum angemessenen körperlichen Abstand im Gespräch mit anderen, lassen sich nur schwer formulieren. Die Mitglieder einer Kultur scheinen ein Gefühl dafür zu entwickeln, wie man sich angemessen verhält (Morris 1978, 131).

Kinder ohne Entwicklungsstörung lernen diese Regeln und entwickeln dieses Gefühl wie nebenbei. Eine Rolle spielen dabei die Nachahmung und die Theory of Mind. Mit beidem haben Kinder im AS Schwierigkeiten.

Ein geringes Verständnis sozialer Regeln führt unweigerlich zu unbeabsichtigten Regelübertretungen. Kleinen Kindern sieht man sie noch nach, doch bei Heranwachsenden im Schulalter unterstellt man ein Verständnis der sozialen Regeln in der eigenen Kultur. Wird eine Regel gebrochen, wird das als „frech" oder sogar „aggressiv" interpretiert.

> „Nach einigen Monaten besucht uns der Onkel Lehrer Bartels, […] und mahnt an, dass ich ihn immer in der Schule mit ‚du' anrede und dass ich lernen müsse, wie die anderen Kinder auch ‚sie' zu sagen.
> ‚Ja, aber du bist doch nicht mehrere!', schießt es aus mir heraus. Du bist doch nur EINE Leut. ‚Sie', das sind doch immer mehrere Leute!'
> ‚Jeden Menschen, der nicht zum privaten Freundeskreis gehört, den spricht man mit Sie an!'
> ‚Dann müssen Sie mich aber auch mit Sie anreden!', stelle ich fest. […]
> Die Diskussion dreht sich im Kreis, da es einfach für mich keinen einsichtigen Grund gibt, den Onkel Bartels auf einmal mehrere Leute sein zu lassen." (Schmidt 2013, 77).

Auch Schüler im AS können Regeln lernen, nur müssen sie ihnen ausdrücklich vermittelt werden. Selbstverständlich gehört dazu Übung. Die meisten neurotypischen Schüler haben mindestens drei verschiedene Regelsysteme:

- Regeln, die niemals gebrochen werden dürfen,
- Regeln, die unter bestimmten Umständen gebrochen werden dürfen und
- Regeln, von denen jeder weiß, dass sie zwar aufgestellt, aber regelmäßig übertreten werden.

Ein Beispiel für die erste Kategorie ist die Regel, dass man seine Mitmenschen nicht töten darf. Nun ist es aber nicht so einfach, aus diesem Beispiel verallgemeinernd den Schluss zu ziehen, dass diese Kategorie all jene Regeln umfasst, die dem Schutz der körperlichen Unversehrtheit dienen. Zu dieser Kategorie gehört auch die Regel, dass man nicht nackt in die Schule gehen darf. Bereits dies ist für einige Schüler im Autismus-Spektrum schwer nachzuvollziehen. Wieso ist es gleichermaßen tabuisiert jemanden zu töten wie nackt in der Schule aufzutreten? Natürlich handelt es sich hier um kulturell bestimmte Regeln, die aber in der ersten Kategorie sehr streng sind.

Zu den Regeln, bei denen es gesellschaftlich akzeptiert ist, wenn sie unter bestimmten Umständen gebrochen werden, gehört die, nicht zu spät zum Unterricht zu kommen. Es kann immer Gründe geben, die eine Verspätung rechtfertigen, wenngleich sie fast alle Schüler nach Möglichkeit vermeiden.

Jeder Lehrer weiß, dass Schüler bei Klassenarbeiten oder ihren Hausaufgaben abschreiben, und er beharrt trotzdem auf der Regel, dass dies nicht getan werden darf. Die meisten Schüler verfügen also über einen flexiblen Regelgebrauch, und sie wägen immer ihre individuellen Kosten und Nutzen ab, wenn sie darüber nachdenken, eine Regel einzuhalten oder zu überschreiten.

Schüler im Autismus-Spektrum verfügen meist hingegen über einen sehr rigiden, unflexiblen Regelgebrauch. Eine Regel gilt, unabhängig von der Situation, entsprechend ihres konkreten Wortlautes (Grandin/Barron 2005, 120 ff).

Ein Jugendlicher im AS aus der 7. Klasse kotet während des Unterrichts ein. Er ist selbst sehr verstört darüber. Danach befragt, wie es dazu kommen konnte, antwortet er mit Hinweis auf eine in der Klasse geltende Regel: „In der kleinen Pause verlassen wir nicht den Unterrichtsraum." Diese Regel war aufgestellt worden, um die Jugendlichen in der Pause leichter beaufsichtigen zu können. Der Junge hatte aber eine MagenDarmGrippe mit Durchfall. Es war ihm nicht möglich, von der Besonderheit seiner Situation auf die Möglichkeit einer Abweichung von der vorgegebenen Regel zu schließen.

Beim Vermitteln sozialer Regeln muss man demzufolge sehr verantwortungsbewusst vorgehen und sie so formulieren, dass nicht in anderen Situationen soziale Schwierigkeiten aus ihrer Einhaltung resultieren können. Insbesondere muss auch das konkretistische Sprachverständnis berücksichtigt werden. Auch hier kann der Einsatz von Social Stories oder einer Comic Strip Conversation sinnvoll sein.

Keine Angst vor Gefahren

> In der Aula findet eine Schulfeier statt. Der Saal ist voll, die Luft schnell verbraucht. Eine Mutter öffnet ein Fenster, um frische Luft hereinzulassen. Blitzschnell klettert ein Junge im Autismus-Spektrum auf die Fensterbank. Es ist nur der Umsicht und Reaktionsschnelligkeit der Umstehenden zu verdanken, dass er nicht aus dem Fenster stürzt.

Einige Schüler, vor allem mit sehr umfangreichem Unterstützungsbedarf, haben keine Angst vor bestimmten Gefahren. Eine 1:1-Betreuung ist notwendig, um ihr Leben und ihre Gesundheit zu garantieren. Darüber hinaus kann durch die Gestaltung ihres Lernumfeldes, wie geschlossene Fenster und Türen oder einen in sich abgeschlossenen Pausenhof die Gefährdung reduziert werden. Außerdem ist es natürlich auch notwendig, ein angemessenes Verhalten zu trainieren.

3.5 Der eingeschränkte Handlungs- und Interessensbereich

Individuelle Motivationssysteme nutzen

> „Und wieder stand die Frage im Raum, warum Benjamin weder Lob noch Beachtung für seine Leistung erwartete." (Maus 2013, 64)

Schüler im AS sind oft nur schwer zur Auseinandersetzung mit Lerninhalten außerhalb ihres Interessensspektrums zu motivieren. Auch übliche Erziehungsmethoden versagen oft.

Wie versucht ein Lehrer in der Schule üblicherweise, das Verhalten der Schüler zu steuern, sie zu ermutigen und unangemessenes Verhalten zu unterbinden? Wie unterstreicht er Lernerfolge? Er setzt soziale Belohnungen ein. Er lächelt und lobt, streichelt auch einmal über das Haar, schimpft, ermuntert und tadelt. Bei vielen Schülern im AS sind diese sozialen Belohnungen, die bei ungestörter Entwicklung hoch wirksam sind, ohne oder nur von geringem Effekt.

Wenn man die Erfahrung macht, dass eine bestimmte Handlung oder eine Situation zu einem guten Gefühl führt, wird man sie wieder ausführen oder aufsuchen. Dieses Belohnungssystem lenkt das Verhalten, indem es hilft zu entscheiden, was getan werden soll.

Man muss für Schüler im AS andere Möglichkeiten der Belohnung und Motivation finden. Vertiefende Literatur zu diesem Thema liegt vor allem auf Englisch vor (Delmolino/Harris 2004).

Gut gemachte „Gummibärchenpädagogik"

> „Musik brachte ihn dazu, Dinge zu tun, die sonst für ihn unmöglich waren." (Lewis 2010, 59)

Das Zurückgreifen auf andere Belohnungssysteme wird in der Pädagogik oft abschätzig „Gummibärchenpädagogik" genannt. Doch diese ist nur dann schlecht, wenn sie nicht als Übergangslösung verstanden wird. Es ist sicherlich nicht erstrebenswert, einen Schüler langfristig mit Gummibärchen oder beliebten Aktivitäten zu belohnen. Wenn man diese aber konsequent mit sozialem Lob verbindet, kann man langfristig soziale Belohnungen auch für Schüler im AS wirksam werden lassen. Man nutzt hier Prinzipien der Klassischen Konditionierung. Der zunächst unbedeutende Reiz (das Lob) wird durch Verknüpfung mit dem bedeutsamen Reiz (die individuelle Belohnung) ebenfalls wirksam.

Außerdem belohnt sich ein Verhalten, zu dem der Schüler zunächst mithilfe seines individuellen Belohnungssystems angehalten wurde, oft nach einiger Zeit selbst. Man spricht auch von „intrinsischer Motivation".

Bei großen Anstrengungen sind auch soziale Belohnungen allein manchmal nicht ausreichend motivierend, und man unterstützt die Motivation noch zusätzlich mit einer anderen Belohnung. Es können verschiedene Formen von Belohnungen – man spricht auch von „Verstärkern" – unterschieden werden. Neben den sozialen Belohnungen, die oft nicht ausreichend wirksam sind, gibt es noch

- materielle Verstärker, wie Süßigkeiten aber auch Spielzeug,
- Handlungsverstärker, wie Beschäftigungen mit den Spezialinteressen,
- symbolische Verstärker, das sind Token, wie Punkte oder Münzen, die gesammelt werden müssen, um sie dann wieder in andere Verstärker umzutauschen. (Freitag 2008, 103)

Alle denkbaren Belohnungen sind als ein Kontinuum zwischen Mangel und Sättigung vorstellbar (Glasberg 2006, 18f). Je rarer etwas ist, was man begehrt, z. B. ein Gummibärchen, umso größer ist die Motivation, es zu erhalten. Das Kind wird sich an Verhaltensweisen erinnern, mit deren Hilfe es in der Vergangenheit das begehrte Objekt bekommen hat. Das Verhalten, das sich als erfolgreich erweist, wird so belohnt (Glasberg 2006, 20).

Wenn es möglich ist, sollten Belohnungen in einer natürlichen Beziehung zum erwünschten Verhalten stehen. Also kann man z. B. Pause machen, wenn der Schüler zügig gearbeitet hat.

An die Spezialinteressen des Schülers anzuknüpfen, kann diesen zur Mitarbeit motivieren. Man sollte nicht versuchen, ihn von seinen speziellen Interessen abzulenken, sondern sie als Anknüpfungspunkt für die Vermittlung von Lerninhalten und als Bestandteil eines Systems von Belohnungen nutzen.

Man kann nun nach dem Zeitpunkt, zu dem belohnt wird, zwischen sofortiger und verspäteter Belohnung unterscheiden. Die sofortige Belohnung erfolgt unmittelbar im Anschluss an eine Leistung oder ein sozial angemessenen Verhalten. Unmittelbar bedeutet, am besten innerhalb einer Sekunde eine Belohnung zu geben, damit das Kind auch wirklich einen Zusammenhang zwischen der Belohnung und dem gezeigten Verhalten herstellen kann.

Eine verspätete Belohnung erfolgt einige Zeit nach dem Verhalten. Eine einfache Möglichkeit besteht darin, für jede korrekte Antwort kleine Teile von Lieblingssüßigkeiten in einem durchsichtigen Becher zu sammeln. So kann man auch zeitverzögert belohnen, aber das Kind sieht dabei, wie die Menge der Belohnung im Becher anwächst. Man unterscheidet darüber hinaus zwei Formen, das Tokensystem und den Verhaltensvertrag.

Das Tokensystem

Token sind Zeichen, die für eine Belohnung stehen und deren Bedeutung vom Kind erst gelernt werden muss. Das bekannteste Tokensystem ist Geld. Geld wird erst durch die Erfahrung zur Belohnung, dass man es gegen etwas Begehrtes eintauschen kann.

„Sparen" kann ein Kind aber erst, wenn es in der Lage ist, einen emotionalen Handlungsimpuls einige Zeit aufzuschieben. Dies beginnt in der ungestörten Entwicklung im Alter von vier Jahren (Holodynski 2006, 135).

Token, die angespart werden, können z. B. Marken, kleine Figuren oder Bilder sein. Das Eintauschen der Token gegen die Belohnung macht es möglich, auch erst einige Zeit nach einem Verhalten zu belohnen. Für den konkreten Einsatz muss man

- zunächst das Zielverhalten festlegen, für das das Kind oder der Jugendliche einen Token bekommen soll,
- die Belohnung für die Token auswählen und dann
- festlegen, für wie viele Token der Schüler eine Belohnung bekommt. Es sollten nicht mehr als zehn sein.

Das Tokensystem ist ein Übergangssystem. Von Anfang an muss man sich darüber im Klaren sein, dass es auch wieder zurückgenommen werden muss.

Am Anfang wird nach jedem Zielverhalten belohnt. Später belohnt man in unregelmäßigen Abständen, um das Verhalten zu stabilisieren. Auch hier geht man systematisch und kleinschrittig vor. Zunächst belohnt man

Abb. 2: Auswahl an potenziellen Belohnungen

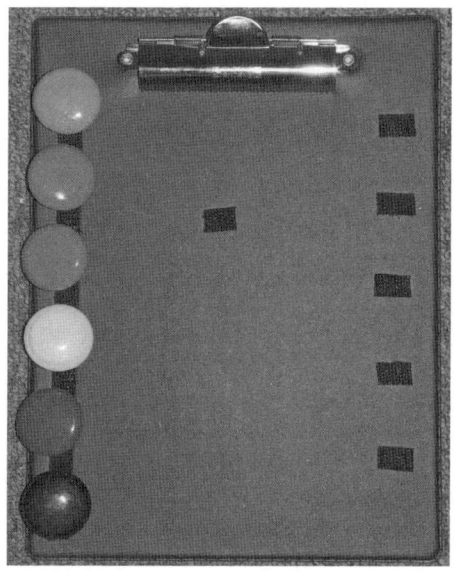

Abb. 3: Belohnungstafel

durchschnittlich jede zweite Leistung, möglicherweise also einmal nach einer korrekten Antwort, einmal nach drei und das nächste Mal nach zwei. Über Tage und Wochen, keinesfalls innerhalb einer Stunde, erhöht man die durchschnittliche Belohnungsfrequenz langsam (Barbera 2007, 68 f). Es darf nicht vergessen werden, dabei die Token immer mit Lob zu verbinden.

Auch die Quantität der Belohnungen sollte schrittweise erweitert werden. Um das Vorgehen aufzulösen, kann man die Token in immer größeren zeitlichen Abständen einlösen lassen und weniger öffentlich vergeben.

Die Belohnung kann der Schüler oft selbst aussuchen. Dazu legt man eine Sammlung verschiedener Fotos oder Schriftkarten mit beliebten Aktivitäten an, aus denen das Kind vor Beginn der Aufgabe aussuchen darf (Abb. 2).

Doch wie bereits erwähnt, muss die Bedeutung der Token erst erlernt werden. Bewährt haben sich anfangs sogenannte „Belohnungstafeln", auf denen die Token von links nach rechts bewegt werden. Sind alle auf der rechten Seite, bekommt das Kind seine Belohnung.

Um dem Kind zu vermitteln, wie eine Belohnungstafel funktioniert, wird sie schrittweise eingeführt. Zuerst bekommt das Kind seine Belohnung schon, nachdem nur ein Token von links nach rechts gewandert ist. Später erhält es seine Belohnung nach zwei, dann nach drei Token usw.

Der Verhaltensvertrag

In einem Verhaltensvertrag wird der Zusammenhang zwischen einer Aufgabe und einer Belohnung beschrieben. Der Erwachsene legt gemeinsam mit dem Schüler fest, was der Schüler machen soll, in welcher Qualität die Aufgabe erledigt werden muss, in welcher Zeit und wo. Der Schüler wählt seine Belohnung aus und bestimmt mit dem Erwachsenen gemeinsam den Umfang, den Zeitpunkt und den Ort der Belohnung. Einige Schüler sind stolz, wenn sowohl Pädagogen als auch sie selbst diesen Kontrakt unterschreiben – wie einen richtigen Vertrag.

Stereotypien, Spezialinteressen und Overload

Stereotype Bewegungen können nicht bei allen, aber bei einigen Schülern im AS beobachtet werden.

Als Stereotypien bezeichnet man sich immer wiederholende Bewegungen, Äußerungen, Wahrnehmungshandlungen (z.B. Beobachtung von zumeist technischen Vorgängen) oder Gedankenabläufe, die ohne erkennbare Funktion vollzogen werden. Häufig beobachtet man z.B. Händeflattern, Kopf- oder Oberkörperschaukeln, Drehen von Objekten oder Wedeln mit Bändern.

Aber auch ein dauerhaft verfolgtes Spezialinteresse kann als eine stereotype Denkhandlung verstanden werden. Sehr unterschiedliche Themen können zu einem Spezialinteresse werden. Am häufigsten findet man Interessen an Tieren und der Natur, angefangen bei Larven und Insekten bis hin zu Dinosauriern. Das zweithäufigste Interesse besteht an Technik und Wissenschaft, gefolgt vom Interesse an öffentlichen Verkehrsmitteln. In vielen Großstädten fahren Jugendliche oder Erwachsene im AS gerne Bus und Bahn und kündigen dabei den nächsten Halt mit allen Anschlussverbindungen an. An vierter Stelle rangieren Zeichnungen zu bestimmten Themen (Attwood 2008, 228). Die Interessen können sich im Laufe der Zeit ändern oder erweitern. Meist geht es um den Erwerb sehr themengebundenen Wissens oder um das Sammeln bestimmter Objekte oder Tiere (Attwood 2008, 250).

Die Grenze zu einem gewöhnlichen Hobby zu ziehen ist nicht einfach. Ein Spezialinteresse zeichnet sich jedoch durch eine ungewöhnliche Intensität aus, mit welcher der Schüler Zeit und Aufmerksamkeit einsetzt.

Stereotype Beschäftigungen sind subjektiv sinnvoll. Sie dienen der Reduzierung eines zu hohen Energieniveaus im Gehirn.

> „Das nächste Problem war das große Durcheinander in der Turnhalle. Mal abgesehen von der enorm lauten Geräuschkulisse, war es verdammt anstrengend, die Bewegungen der einzelnen Schüler geistig unter Kontrolle zu behalten. Das Chaos im Außen verursachte ein unheimliches Chaos in meinem Inneren, das ich in stereotypen Verhaltensweisen wieder abbaute. *Vor, zurück, vor, zurück* – ständig wippte ich mit meinem Oberkörper vor und zurück. […] für mich war es das beruhigendste, was es gab." (Preiß 2014, 27)

Was Menschen im AS selbst beschreiben, wurde durch Untersuchungen an Tieren bestätigt (Symalla 2005, 43). Die Konzentration auf ein mit positiven Gefühlen verbundenes Spezialinteresse gestattet es, die Aufmerksamkeit für die anderen Sinnesdaten der sozialen Umwelt so weit zu reduzieren, dass die Gefahr einer energetischen Überlastung des Gehirns vermieden werden kann.

Menschen im AS erleben viele Situationen als stressvoll. Aufgrund einer anderen Organisation der Daten im Gehirn (siehe auch 3.11) benötigen sie mitunter mehr Energie zur Verarbeitung eingehender Informationen als vorhanden ist. Das Ergebnis ist ein sogenannter *Overload*.

> „Ich erlebe meinen ‚Overload'-Zustand, wenn zu viele Reize auf mich einprasseln. Die Grenze, was zu viel ist, ist nicht immer gleich. […] Ein Zuviel an Reizen ist eine quälende Belastung. […] Jeder, der mit ‚Overload'-Zuständen Erfahrung gemacht hat, weiß, wie furchtbar sie erlebt werden können." (Schuster 2007a, 57)

Mithilfe der Stereotypien reduziert das Gehirn energieschonend die Komplexität der Daten im Gehirn. Die absolute Konzentration auf bestimmte, vertraute Handlungen unter Ausblendung anderer Informationen ermöglicht ein „Abschalten", wie Nicole Schuster es nennt. Dies wird als entlastend erlebt:

> „Nach kurzer Zeit bildete sich aus dieser Begeisterung ein Muster, das Belohnung in sich selbst fand. Hunderte Male hintereinander drückte ich die Klinke nach unten, ließ sie nach oben federn und berauschte mich an dem zweifachen Auf und Ab." (Brauns 2002, 30)

Da als angenehm erlebte Situationen immer wieder gesucht werden, wird das Verhalten schließlich manifest. Es ensteht ein Entwicklungsturbo, wie bei neurotypischen Kindern im Bereich des Sozialverhaltens, nur, dass ein Kind im AS, wie Axel Brauns, z. B. immer und immer wieder Türklinken drückt. Je öfter das Verhalten praktiziert wird, desto öfter trifft ein Muster von Signalen auf bestimmte Neuronen und desto mehr prägt sich dieses Muster ein. Es ist, als würde ein Pfad in den Wald getreten und immer wieder genutzt, bis er zum Weg geworden ist. Dass Stereotypien oder die Beschäftigung mit speziellen Themen als lustvoll erlebt werden, zeigt aber zugleich, dass sie im pädagogischen Prozess als Belohnung eingesetzt werden können.

> Ein Junge hatte als Spezialthema Toiletten. Bereits im Vorschulalter begrüßte er andere, auch unbekannte Personen mit der Frage „Hast du Zugspülung oder Druckspülung?" Viele Jahre später gab es für den Mathematikunterricht einen Verhaltensvertrag. Wenn er 15 Minuten am Platz sitzen blieb und seine Aufgaben rechnete, bekam er einen Punkt. Für jeden Punkt konnte er am Ende der Stunde der Lehrerin eine Frage über ihre Toilette stellen. Die Mathematikaufgaben haben ihn nur wenig interessiert. Eine Frage zu seinem Lieblingsthema stellen zu können, war aber eine hohe Motivation, mit der er auch die Aufgaben zu meistern vermochte. Der gleiche Junge hat im Deutschunterricht bei der „Beschreibung von Gegenständen" mit Begeisterung ein spezielles Toilettenbecken beschrieben. Die anderen Kinder beschrieben ihre Federtasche. Dazu wäre er wohl kaum zu motivieren gewesen. Alle Fähigkeiten, die in der Aufgabe geübt werden sollten, konnte er allerdings nun auch trainieren, in dem man sein spezielles Interesse zum Ausgangspunkt für ein Lernangebot gemacht hat.

Manchmal ist es allerdings auch so, dass eine über einen längeren Zeitraum ausgeführte Stereotypie das Energieniveau wieder ansteigen lässt:

> Ein Schüler beobachtete leidenschaftlich gern einen Fahrstuhl. Tat er dies aber längere Zeit, wurde er deutlich aufgeregter und sein Verhalten immer explosiver. Oft mündete es in Autoaggressionen.

In solchen Fällen ist die Beschäftigung mit diesem Ereignis oder Objekt unbedingt zeitlich eng zu begrenzen. Welche Stereotypie oder welches Spezialinteresse sich entwickelt, ist zufällig. Manchmal ist ein bestimmtes Verhalten zunächst sinnvoll und verwandelt sich in eine Stereotypie:

> „Wenn ich erst einmal einen liebgewonnen Bewegungsablauf aufgenommen hatte, wollte ich ihn über Jahre hinweg nicht ablegen. So war es auch mit dem Rad schlagen. [...] Tag für Tag hatte ich verbissen trainiert und mich über jedes Stückchen gefreut, das ich meine Füße höher in die Luft wirbeln konnte, und über jeden winzigen Moment, den ich es länger auf den Händen aushielt. Das ständige Trainieren ging so sehr in mich über, dass es zur Manie wurde, und ich damit auch nicht mehr aufhören konnte, als ich den Radschlag längst perfekt beherrschte. Mit Vorliebe habe ich im Wohnzimmer und im Flur vor meinem Zimmer meine Räder geschlagen. Aber auch auf der Straße, in Supermärkten, auf Parkplätzen und in Innenstädten habe ich den Radschlag vollzogen." (Schuster 2007a, 271)

Soll man den Schülern im AS also ihre Stereotypien lassen? Die Beantwortung dieser Frage ist nicht einfach. Einerseits, das wurde nun ausführlich dargestellt, sind Stereotypien wichtig zur Reduzierung des Energieniveaus im Gehirn und bringen Wohlgefühl. Allerdings schließen sich Stereotypien auf der einen Seite und das Lernen an anderen Gegenständen oder zu anderen Themen aus. Wenn die Umwelt durch das Verfolgen der Stereotypie ausgeblendet wird, kann der Schüler keine neuen Lernerfahrungen machen.

Es muss also eine Balance gefunden werden zwischen dem Zulassen der Stereotypie als überlebensnotwendiger Energiereduktion und ihrer Begrenzung, um das Lernen anderer Inhalte zu ermöglichen.

Jeder Schüler hat in der Schule nur ein genau definiertes Zeitbudget, das ihm zum Lernen zur Verfügung steht. Er kann sich nicht optimal entwickeln, wenn dieses Zeitbudget lange durch Stereotypien beansprucht wird. Manche Schüler werden durch ihre Stereotypien auch sehr auffällig oder machen anderen Kindern sogar Angst, was ihre soziale Integration erschweren kann.

Wenn man Stereotypien zulässt, dann also in einem beschränkten Umfang. Möglicherweise kann der Lehrer dem Schüler eine Zeit am Tag reservieren, vielleicht vor dem Unterricht oder in der Pause, in der er mit ihm über sein Lieblingsthema spricht.

Die Stereotypie ist eine Notfallmaßnahme des Schülers im AS in Stresssituationen, was Pädagogen dazu veranlassen sollte, kritisch zu untersuchen, welche Möglichkeiten der Stressreduktion für den Schüler gefunden werden können. Das können z. B. zusätzliche Pausen sein, eine reizärmere Lernumgebung oder eine intensivere Vorbereitung auf neue Situationen.

3.6 Besonderheiten beim schulischen Lernen

Schüler im AS eignen sich Lernstoff oft anders an als andere Schüler.

> „Was ich vom schulischen Stoff gelernt habe, musste ich mir fast alles zu Hause im Selbststudium beibringen. Lernen in der Schule war für mich aus verschiedenen Gründen erschwert." (Schuster 2007b, 7)

Es ist darüber hinaus eine häufig gemachte Erfahrung, dass viele Erziehungsmethoden bei diesen Schülern wenig erfolgreich sind. So berichtet ein Vater:

> „Jedes Kind braucht Erziehung, auch das Kind mit Autismus. Ganz egal, wie stark dieser bei dem Kind ausgeprägt ist. […] Man versucht […], das Kind so zu erziehen, als sei es gesund. Das scheitert meist recht früh, denn traditionelle Erziehungsmethoden scheinen bei Kindern mit Autismus total zu versagen." (Greiner 2000, 2)

und beschreibt damit genau, was auch viele Pädagogen erleben. Auch soziale Regeln werden von Schülern im AS nicht so wie von anderen erworben. Neurotypische Schüler lernen u. a. durch

- Imitation,
- Unterweisung und
- Zusammenarbeit mit anderen (Tomasello 2002, 15).

Mit all diesen Formen schulischen Lernens haben Schüler im AS Schwierigkeiten.

Probleme mit dem Nachahmen

Eine wichtige Säule der Pädagogik ist das Vor- und Nachmachen. So vermittelt man in der Schule viele motorische Leistungen, vom Schreiben bis zum Weitsprung, aber über das Modelllernen auch angemessenes Verhalten. Schüler im AS haben Schwierigkeiten zu imitieren.

> „So ist mir heute klar, weshalb ich beispielsweise im Sportunterricht so große Schwierigkeiten hatte. Jemand machte die Übungen vor, meinen Klassenkameraden gelang es danach scheinbar mühelos, sie selbst auszuführen, während ich selbst gar nicht wusste, was ich tun sollte. Ich hätte die Möglichkeit gebraucht, in Ruhe separat und unter Anleitung die Dinge zu erlernen, die verlangt wurden. Dazu wäre ein häufiges Üben notwendig gewesen." (Preißmann 2009a, 34)

Man kann diese Schwierigkeiten mithilfe der entdeckten sogenannten *Spiegelneuronen* erklären. Gleichgültig, ob sie in der Form existieren, wie man es sich derzeit vorstellt oder nicht, sind Schemata motorischer Aktionen anderer Menschen zweifellos im eigenen Gehirn repräsentiert.

Bei den sogenannten Spiegelneuronen handelt sich um spezialisierte Nervenzellen, die an der Universität Parma entdeckt wurden, als im Jahre 1995 in einer Untersuchung mit Makaken-Affen herausgefunden werden sollte, welche Zellen im Gehirn für die Steuerung der Bewegungen des Greifens nach Erdnüssen zuständig sind. Zum Erstaunen der Untersucher kam es bereits zu neuronalen Aktivitäten, wenn die Affen beobachteten, dass andere ihre Hand nach den Nüssen ausstreckten. Allerdings feuerten die Neuronen nur dann, wenn die Bewegung in den Augen der Affen einen Sinn ergab. Die Untersuchungen wurden später bei Menschen wiederholt. Auch hier zeigte sich bereits eine Aktivität bestimmter Nervenzellen, wenn die Person eine sinnvolle Handlung beobachtete. Spiegelneuronen verknüpfen damit ganz offensichtlich Beobachtungen (dies gilt gleichermaßen für optische wie akustische Eindrücke) mit der Durchführung von Handlungen. So wird es möglich zu imitieren (Bauer 2006).

Bei Menschen im AS funktionieren die Spiegelneuronen nicht oder nur eingeschränkt (Rachmachandran/Obermann 2007). Dieses Forschungsergebnis würde erklären, warum Kinder im AS Schwierigkeiten bei der Nachahmung haben.

Wichtig ist auch, dass das Training einzelner neuronaler Netzwerke keinen generalisierten Lerneffekt hat. So kann es also durchaus sein, dass ein Kind stimmlich gut imitieren und die Lautsprache erwerben kann, jedoch mit anderen Handlungen, wie beispielsweise dem Kartoffelschälen, große Probleme hat, wie es z. B. Gunilla Gerland beschreibt (Gerland 1998, 194).

Kinder und Jugendliche im AS imitieren zwar schlecht, können aber Abläufe auch gut erlernen, wenn man ihnen hilft, die Bewegung selbst auszuführen. Man muss ihnen also Hilfestellungen geben, bestimmte Dinge selbst zu tun, wenn Bewegungsabläufe vermittelt werden sollen. Dies kann man erreichen, indem man sie durch Bewegungen führt. Allerdings ist das schwerer, als es klingt. Zu führen wird einfacher, wenn man sich direkt hinter das Kind stellt und wenn es die gleiche Händigkeit hat, wie derjenige, der es führt. Allerdings mögen viele Schüler im AS keinen Körperkontakt.

Eine andere Möglichkeit besteht darin, verschiedene Standbilder des Ablaufs einer Bewegung zu produzieren. Dies sieht dann aus wie die Bauanleitung in einem Überraschungsei. Es ist leichter, diese statischen Bilder nachzuahmen als eine Bewegung.

„Die Lehrer hörte ich nur selten": Lernen durch Unterweisung

Lernen in der Schule ist oft ein Lernen durch verbale Erläuterungen und / oder Instruktion. Schüler im AS haben oftmals Schwierigkeiten, ihre Aufmerksamkeit auf den Lerngegenstand zu richten. Ein Wechsel der Aufmerksamkeit wird dann besonders schwierig, wenn von einem Sinneskanal zum anderen gewechselt werden muss, also wenn das Kind z. B. erst der Lehrerin zuhören und später an der Tafel lesen soll (Dodd 2007, 64). Schüler im AS haben darüber hinaus eine Vielzahl weiterer Besonderheiten in der Wahrnehmungsverarbeitung, die das schulische Lernen beeinflussen (Schirmer 2006, 42 ff). Schon neurotypische Kinder können in ruhigen Klassenräumen wesentlich besser Laute unterscheiden und damit den Lehrer besser verstehen, als in geräuschvollen. Es zeigte sich in einer Feldstudie im Jahre 2010 zudem, dass ein Sitzplatz in der Nähe des Lehrers das Sprachverständnis positiv beeinflusst (Hellbrück et al. 2011, 44f). Für Kinder im Autismus-Spektrum dürfte das in besonderem Maße gelten, wie auch Marco Hoppe bestätigt, ein nunmehr junger Mann im Autismus-Spektrum:

> „Es erwies sich als vorteilhaft für mich, wenn ich im Unterricht in der Klasse möglichst weit vorne saß. Dann konnte ich eher mitbekommen, was der Lehrer erzählte und die Nebengeräusche im Raum lenkten mich nicht so sehr ab". (Hoppe 2012, 27)

Die Filterschwäche

> „Die Lehrer hörte ich nur selten, meistens nur die ersten Worte, bevor alles im allgemeinen Hintergrundgetöse unterging." (Schäfer 1997, 37)

Zu den Wahrnehmungsverarbeitungsschwierigkeiten gehört bei vielen Schülern im AS eine sogenannte Filterschwäche. Es handelt sich dabei um eine zentrale Hörstörung, also ein Problem der Verarbeitung der Hörreize im Gehirn. Dabei können wesentliche Geräusche nicht von unwesentlichen unterschieden werden.

Vom sensorischen Input, der ständig auf das Hirn einstürmt, ist nur ein Teil relevant. Nur wichtige Informationen wecken die Aufmerksamkeit. Es gibt Schätzungen, nach denen bis zu 99 % der einlaufenden Informationen ausgefiltert werden (Busse 1999, 26).

Wenn die Informationen nicht gefiltert werden, entsteht ein Informationsüberschuss, der zu energetischer Überlastung des Gehirns und zugleich zu einem Mangel an strukturierten Informationen führt, denen Bedeutung entnommen werden kann. Doch wie kann man den Schülern im AS helfen, dieses Problem zu bewältigen?

Kinder, denen diese subjektive Reduzierung an Informationen nicht oder nur schwer gelingt, können durch eine äußere Reduzierung von Reizen bei der Identifikation wichtiger Informationen unterstützt werden. Dies hat Konsequenzen für die Gestaltung der Rahmenbedingungen in der Schule (siehe 3.9).

Zeitverzögerungen bei der Verarbeitung akustischer Informationen

> „Der Lehrer gibt mir nicht genug Zeit, um meine Sachen fertig zu bekommen. Wenn sie mir eine Frage stellen, geben sie mir nicht genug Zeit um zu antworten." (Brealy/Davies 2009, 113)

Einige Schüler im AS benötigen viel Zeit, um akustische Informationen zu verstehen. Donna Williams, eine Australierin im AS, hat in einem Interview darüber berichtet, dass sie sieben Sekunden braucht, um eine verbale Aussage zu interpretieren.

Nun begnügt man sich im schulischen Alltag meist nicht nur mit einer Aussage, sondern reiht eine an die andere. Bei Donna Williams entsteht auf diese Weise ein unverständliches Durcheinander von Informationen, das sie nicht mehr entschlüsseln kann. Diese Schilderungen werden gestützt von neurologischen Forschungsergebnissen. So wurden in Untersuchungen der Gehirne verstorbener Menschen im AS neurologische Veränderungen gefunden. Es fehlte bspw. der Olivenkern, eine Schaltstelle für Hörinformationen (Rodier 2000, 60).

Die Konsequenzen aus diesen Wahrnehmungsbesonderheiten sind naheliegend. Es muss länger als gewöhnlich auf eine Reaktion gewartet und es dürfen nicht zu viele Informationen auf einmal gegeben werden. Eine andere kompensatorische Möglichkeit besteht darin, mit Medien zu arbeiten, die die Informationsverarbeitung in einem ganz eigenen Tempo ermöglichen. Schrift, Bilder oder Piktogramme etwa kann man auch dann noch entziffern, wenn man dazu sieben Sekunden benötigt. Auf ein gesprochenes Wort kann man nach dieser Zeit nicht mehr zurückgreifen.

Strukturiert Visualisieren

> „Lesen ist nicht nur einfacher als Hören, sondern überhaupt eine der komfortabelsten Sachen für die Wahrnehmung, weil es einfach, eindeutig und geordnet ist." (Nieß 1999, 10)

Da Schüler im AS aufgrund ihrer veränderten Wahrnehmung Schwierigkeiten haben, verbalen Anweisungen und Instruktionen zu folgen, sollte man stattdessen visuelle Hilfen einsetzen. Zudem denken viele Schüler im AS eher in Bildern als in Worten (Attwood 2008, 302). Visuelle Darstellungen, wie Diagramme, unterstützen das Verständnis von Sachverhalten bei Schülern mit einem visuellen Lernstil (Attwood 2008, 302).

Vermieden werden müssen z. B. kurze Hinweise in der oberen Ecke der Tafel, wo vielleicht gerade noch etwas Platz ist. Berücksichtigt man die Filterschwäche eines Schülers im AS, dann wird klar, dass ein unübersichtliches Tafelbild für ihn wie ein Wimmelbild ist, in dem nach einer wichtigen Information gesucht werden soll. Aber auch ein aus unserer Sicht übersichtliches Tafelbild kann für einen Schüler im AS noch ein undurchdringliches Chaos darstellen, weil er eventuell nicht nur die Schrift und die Zeichnungen, sondern auch die Schlieren der abgewischten Kreide, Kreidestaub usw. auf der Tafel wahrnimmt.

Unter diesem Gesichtspunkt muss man auch das Lehrbuch oder das Arbeitsblatt betrachten. Kann der Schüler sich konzentriert der für ihn wichtigen Information zuwenden? Oder wird er überfordert von zu vielen Aufgaben, Erläuterungen und Zusatzinformationen ohne Bezug zum Lerngegenstand? Kann er erkennen, woran er arbeiten soll? Ist vielleicht eine bunte Schnecke am oberen Rand des Übungsblattes abgedruckt, die für den Schüler im AS eher ein Störfaktor ist und keinen Informationswert hat, für neurotypische Kinder aber emotional bedeutsam ist?

Das „Frank-Sinatra-Syndrom"

Tony Attwood beschreibt darüber hinaus bei Menschen im Autismus-Spektrum eine weitere spezifische Besonderheit im Lernen durch Unterweisung, die er nach dem Song „I did it my way" das *Frank-Sinatra-Syndrom* genannt hat. Sie besteht darin, dass Schüler nicht auf vermittelte Lösungsstrategien zurückgreifen, sondern ihre eigenen bevorzugen. Ratschläge des Lehrers oder Lösungswege anderer Schüler werden nicht berücksichtigt (Attwood 2008, 287) und können aufgrund der spezifischen Wahrnehmungsstörungen, die den sozialen Bereich betreffen, auch nicht berücksichtigt werden (Tomasello 2002, 45).

Auf der einen Seite ist das natürlich eine ideale Voraussetzung für die Entwicklung kreativer Ideen und Lösungen, auf der anderen Seite ist genau diese Fähigkeit oftmals in der Schule nur wenig gefragt und wird nicht ausreichend honoriert. Der Kodirektor des Max-Planck-Institutes für Evolutionäre Anthropologie in Leipzig, Michael Tomasello, geht sogar davon aus, dass sich hier genau eine der zentralen Schwierigkeiten von Menschen im AS offenbart (Tomasello 2002, 112). Sie haben Schwierigkeiten damit, das Ziel des Lehrenden und zugleich seine Strategie zu verstehen, die er bei der Verfolgung seines Ziels einsetzt, sowie beides mit den eigenen Ziele und Strategien abzustimmen (Tomasello 2002, 45).

Diese Schwierigkeiten treten auch in der Zusammenarbeit mit anderen zutage. Sie zeigen sich auch beim Erwerb sozialer Regeln. Schüler mit neurotypischer Entwicklung lernen u. a., in dem sie das Verhalten ihrer Mitschüler und die dem Verhalten folgenden Ereignisse beobachten und aus den Beobachtungen Konsequenzen für ihr eigenes Handeln ziehen. Wenn also ein Schüler im Unterricht mit dem Stuhl kippelt und dafür vom Lehrer ermahnt wird, kann ein anderer Schüler daraus lernen, dass Kippeln sanktioniert wird, ohne dass er diese Erfahrung selbst machen muss. Eine Voraussetzung für diese auch im Unterricht verwendete Form des Lernens ist, dass das Kind eine sogenannte *Theory of Mind* (siehe 3.4) hat. Nur so kann es nicht nur *von* einer anderen Person, sondern auch *durch* sie lernen.

Das Lernen aus den Handlungskonsequenzen eines anderen ist bei Schülern im Autismus-Spektrum erschwert. Pädagogen müssen hier ein Vermittlerrolle einnehmen und dem Kind viele Dinge erklären, die andere Kinder durch das Beobachten des Verhaltens anderer Menschen und dessen Folgen wie von alleine lernen.

Den Wald vor lauter Bäumen nicht sehen:
Die Theorie der verminderten zentralen Kohärenz

> Dann wurden immer mehr Aufsätze verlangt, die aus Interpretationen, dem Nacherzählen von Geschichten oder gar anspruchsvollen Verhaltensanalysen bestanden. Das alles konnte ich nicht […]. Meine Schwierigkeiten bestanden einmal darin, dass ich den Zusammenhang eines gelesenen Textes nicht verstehen konnte, da meine Wahrnehmung zu sehr auf Details ausgelegt war." (Preißmann 2013, 20)

Ein weiteres Phänomen erschwert Schülern im AS das Lernen, weil es von den Pädagogen meist nicht berücksichtigt wird: die verminderte *zentrale Kohärenz*.

Die These von der zentralen Kohärenz besagt, dass es einen kognitiven Stil der Informationsverarbeitung gibt, der als ein Kontinuum zwischen den Polen schwacher und starker zentraler Kohärenz aufgefasst werden kann. Menschen im AS befinden sich mit einer schwachen zentralen Kohärenz an dem einen Ende dieses Spektrums. Am anderen Ende befinden sich Menschen mit starker zentraler Kohärenz, die sich bei der Verarbeitung von Informationen stärker auf die globale Form konzentrieren, und zwar auf Kosten von Aufmerksamkeits- und Gedächtnisprozessen für Einzelheiten.

Grundsätzlich ist die menschliche Wahrnehmung darauf ausgerichtet, eher das Ganze zu erfassen als isolierte Einzelteile. Bei Menschen im AS ist diese Tendenz erheblich abgeschwächt, dagegen die Tendenz, Informationen kontextfrei und partikular zu verarbeiten, stark ausgeprägt. Damit werden Details nicht als Teil eines größeren Ganzen wahrgenommen. Schüler im AS verbinden Einzelmerkmale zu wenig zu einer Struktur und können so Sinnzusammenhänge oftmals nur schwer erkennen. Sie nehmen viele Details einer Situation wahr, das Verständnis des „großen Ganzen" wird aber erschwert.

Untersuchungen belegen diese Theorie. So untersuchte Uta Frith bereits 1970 Kinder im AS und Kinder ohne Entwicklungsstörung im Intelligenzalter von fünf bis sechs Jahren. Ihnen wurden Reihen aus verschiedenfarbigen Blättern vorgelegt, die sie aus dem Gedächtnis reproduzieren sollten. Es gab nur zwei Farben, und deren Sequenz folgte entweder einer einfachen Regel oder war willkürlich. Die Kinder ohne Entwicklungsstörung reproduzierten regelhafte Sequenzen besser als unregelmäßige. Bei den Kindern im AS gibt es diesen Unterschied nicht. Ihre Leistungen blieben davon unbeeinflusst, ob die Sequenzen regelhaft waren oder nicht. Uta Frith schließt daraus, dass sie die Regelhaftigkeit nicht erfassten und aus diesem Grunde auch nicht nutzten (Wendeler 1992, 316). Die Regeln zu erfassen bedeutet aber, die einzelnen Daten in Kontexten wahrzunehmen und zu interpretieren, was Menschen im AS in der Regel nicht oder nur sehr schwer gelingt.

Die schwache zentrale Kohärenz hat gegenüber der starken zentralen Kohärenz sowohl Vorteile als auch Nachteile. Menschen, die Informationen auf diese Weise verarbeiten, können z. B. Formen besser erkennen, die in einer Zeichnung versteckt sind oder den Mosaik-Test schneller lösen. Sie sind auch besser im Korrekturlesen. Sie konzentrieren sich zunächst auf Details und Einzelsegmente und sind mithilfe dieser Strategie am Ende zu außergewöhnlichen Leistungen in der Lage.

Oftmals wird das Konzept einer Situation aber nicht verstanden. Dies zeigt sich beispielsweise im Unterricht, wenn sie Geschichten oder Filme nacherzählen sollen.

> „Meine Klassenkameraden freuten sich auf die Filme, mir dagegen waren sie zuwider. Es war mir nicht möglich gewesen, Wichtiges von Unwichtigem zu unterscheiden. Ich hätte problemlos beschreiben können, welche Tasse die Hauptperson benutzte, was sie zum Frühstück aß und an welcher Stelle das Buch, das sie las, ein Eselsohr hatte. Aber das war leider nicht gefragt. Gefragt waren zusammenfassende Analysen, die Beziehungen der Darsteller zueinander, ihre Ziele und Absichten, aber dies zu erkennen war mir nicht möglich gewesen." (Preißmann 2009, 19)

Auch bei Textaufgaben haben sie Mühe, die wichtigen von den unwichtigen Daten zu unterscheiden. Da diese Schwierigkeiten autismusspezifisch sind, benötigen sie hier besondere Hilfen oder – im Sinne eines Nachteilsausgleichs – einen anderen Aufgabentyp, wie z. B. eine Sachaufgabe, in der die gleichen Rechenoperationen vollzogen werden können.

Schüler im AS können häufig besser als andere Informationen reproduzieren, wenn es bei den Inhalten keine innere Struktur oder Regel gibt. Sie sind aber weniger leistungsfähig als die neurotypischen Schüler, wenn es um das Erkennen dieser inneren Regeln oder Zusammenhänge geht.

Einige pädagogische Hilfen sind deshalb bei diesen Schülern nicht oder nur wenig wirksam. Sogenannte Eselsbrücken oder Regeln helfen ihnen also nicht, sich Lerninhalte besser einzuprägen.

3.7 Das unausgewogene Leistungsprofil

> „Für den Lehrer kann es recht verwirrend sein, wenn der Schüler mit Autismus in den verschiedenen Fächern völlig unterschiedliche Zensuren erreicht und auch in denselben Fächern an verschiedenen Tagen unterschiedliche Leistungen zeigt." (Preißmann 2009, 103)

Die besondere pädagogische Herausforderung besteht bei Schülern im AS oftmals darin, dass ihr Leistungsprofil sehr unausgewogen ist. Es stehen den Leistungsinseln große Förderbedürfnisse in anderen Bereichen gegenüber. Ein Schüler kann möglicherweise mit sechs Jahren bereits fließend lesen, aber die Toilette noch nicht allein benutzen. Dies stimmt nicht mit den auf Erfahrung gegründeten Erwartungen der Pädagogen überein, nach denen Kinder und Jugendliche ein im Wesentlichen ausgewogenes Leistungsniveau haben. Tatsächlich müssen wir von einem spezifischen, ganz inkohärenten, weil zumeist nicht systematisch aufeinander aufbauenden und sich entwickelnden Niveau im kognitiven und praktischen Bereich ausgehen und dies zum Ausgangspunkt pädagogischer Überlegungen und Konzepte nehmen.

Nun gibt es zwei Fehler, die aus der Vernachlässigung dieses Aspekts resultieren können: Der eine besteht darin, ausgehend von den Leistungsinseln zu unterstellen, der Schüler würde sich in anderen Bereichen nur nicht genug anstrengen bzw. die Leistung verweigern. Einen anderen Fehler macht man, wenn man von den Förderbedürfnissen ausgeht und vermutet, dass es Überforderung sei, einem Schüler weitergehende Lernangebote in anderen Bereichen zu machen. Um beim Beispiel zu bleiben: wenn man also mit dem Kind anspruchsvolle Texte liest, obwohl es noch nicht allein die Toilette benutzen kann.

Untersuchungen zeigen auch, dass die Entwicklung bei Kindern und Jugendlichen im AS weniger kontinuierlich verläuft als bei anderen. Sie beinhaltet mehr Verzögerungen, Plateaus und Entwicklungsspurts (Ritvo 2006, 27 ff).

Um weder den einen noch den anderen Fehler zu begehen, ist es notwendig, die Lernangebote möglichst gut auf das Entwicklungsniveau des Kindes oder Jugendlichen in unterschiedlichen Bereichen abzustimmen. Vor allem bei Schülern mit umfangreicherem Unterstützungsbedarf ist in der dazu notwendigen Förderdiagnostik der Einsatz der autismusspezifischen Verfahren PEP-R (Schopler et al. 2013) bzw. AAPEP (Mesibov et al. 2016) aus dem TEACCH-Programm (siehe 3.8) sinnvoll.

PEP-R ist die überarbeitete Version des *Psychoeducational Profile* und ein Instrument zur differenzierten Bestimmung des Entwicklungsstandes und, für die Förderung besonders wichtig, von Entwicklungsansätzen eines Kindes in sieben verschiedenen Bereichen. Außerdem bietet es die Möglichkeit, Entwicklungsverläufe zu dokumentieren. Es eignet sich am besten für ein Kind, dessen Entwicklungsstand maximal dem eines Vorschulkindes entspricht und das zwischen sechs Monaten und sieben Jahren alt ist. Bis zum Alter von höchstens zwölf Jahren lassen sich aus dem PEP-R Hinweise für die Förderung ableiten.

Diese ergeben sich aus den Bereichen, in denen das Kind bereits Ansätze zur Beherrschung einer bestimmten Fähigkeit hat. Die zeigen jeweils die „Zone der nächsten Entwicklung" an (Wygotski 1987, 83). Hier setzen Fördermaßnahmen an, die es weder unter-, noch überfordern. Die systematisch aufgebaute Sammlung von Schopler, Lansing und Waters (Schopler et al. 2011) schlägt Übungen auf den einzelnen Entwicklungsstufen vor und gibt zugleich Anregungen für die Entwicklung weiterer Spiele und Übungen.

Das Testmaterial des PEP-R besteht aus Spielen, Materialien und einfachen Übungen, die dem Kind in strukturierten Situationen präsentiert werden. Man benötigt ca. 45 bis 90 Minuten zur Durchführung, wobei jede einzelne Aufgabe keinem Zeitlimit unterliegt. Viele Aufgaben sind unabhängig von den verbalen Fähigkeiten des Kindes. Der Bewertungsmodus ist einfach und besteht aus drei Zeichen. Mögliche Hilfen sind genau vorgegeben.

An das PEP-R schließt sich ein Entwicklungs- und Verhaltensprofil für Jugendliche und Erwachsene an, das *Adolescent and Adult Psychoeducational Profil* (AAPEP). Man kann es einsetzen, wenn der Schüler etwa 13 Jahre alt ist. Erfasst werden, wie beim PEP-R, vorhandene, in Ansätzen vorhandene und noch fehlende Fähigkeiten in sechs verschiedenen Entwicklungsbereichen, hier aber unter besonderer Berücksichtigung der Voraussetzungen für die nachschulische Eingliederung in Beruf und Gesellschaft.

Das AAPEP beinhaltet einen Test sowie zwei strukturierte Interviews mit häuslichen und schulischen bzw. beruflichen Bezugspersonen. Die meisten Aufgaben können auch mithilfe nonverbaler Anweisungen dargeboten werden (Mesibov et al. 2016). Eine überarbeitete Version existiert bisher nur für den englischen Sprachraum (Mesibov et al. 2007).

3.8 Abläufe und Aufgaben organisieren – die beeinträchtigten exekutiven Funktionen

„Ohne angemessene Unterstützung fühlt sich das Kind, als würde es von einer Million Unteraufgaben erdrückt. Viele von uns haben Schwierigkeiten damit, Prioritäten zu setzen und Aufgaben zu organisieren." (Attwood 2008, 285 f)

Schüler im AS haben oft Probleme damit, ihre Aufgaben und schulischen Arbeitsabläufe so zu strukturieren, dass sie den Erwartungen ihrer sozialen Umwelt gerecht werden. Sie benötigen Hilfe dabei, Prioritäten zu setzen und die Reihenfolge der zu erledigenden Aufgaben zu erkennen, sowie einzuschätzen, wieviel Zeit sie dafür aufwenden dürfen. Dies gilt natürlich auch für die Hausaufgaben.

Diese Probleme werden mit der *Theorie von den beeinträchtigten exekutiven Funktionen* bei Menschen im AS erklärt (Attwood 2008, 284). Zu den exekutiven Funktionen gehören u. a. die Fähigkeiten, Prioritäten zu setzen, die Zeit einzuteilen, Impulse zu kontrollieren und die Aufmerksamkeit zu steuern, aber auch alternative Strategien zur Lösung eines Problems zu suchen. Sind diese Funktionen beeinträchtigt, kann das Denken unflexibel erscheinen.

> Auch ein leistungsstarker Schüler im Autismus-Spektrum kann möglicherweise ein Tafelbild nicht abschreiben, weil er nicht auf die Idee kommt, sein Heft so zu drehen, dass er die Seite im Querformat vor sich hat.

Oft zeigen sich die Probleme in größerem Umfang, wenn die Schüler älter werden und in der Schule höhere Anforderungen an ihre Selbstorganisation gestellt werden. Sie können sich auch in solchen Anforderungen wie dem Schreiben eines Aufsatzes zeigen, bei dem der Schüler nicht weiß, wie und womit er beginnen soll. Hilfreich kann hier eine „To-Do-Liste" sein, die alle zu erledigenden Aufgaben mit der dazu zur Verfügung stehenden Zeit beinhaltet (Attwood 2008, 295).

Aktivitätspläne und Arbeitsstationen

Als einfache Form der „To-Do-Liste" für jüngere oder schwerer beeinträchtigte Schüler empfehlen sich sogenannte *Aktivitätspläne*. Hier handelt es sich um Ordner mit laminierten Einlageblättern, in deren Mitte sich ein Klettpunkt befindet. Auf diesen Klettpunkt wird vom Lehrer ein Kärtchen mit einem Symbol aufgebracht.

Ein Kästchen mit einer entsprechenden Aufgabe befindet sich im Regal. Der Schüler nimmt es mit an seinen Arbeitsplatz, um die darin befindliche Aufgabe zu lösen. Nach Beendigung der Aufgabe kommt das Kästchen an einen vorher bestimmten Platz (Abb. 4).

Gerade für ältere Schüler können die Aufgaben im Aktivitätsplan auch mithilfe von Symbolen, wie z. B. Buchstaben, beschrieben werden. Das Kind nimmt das kleine „m" aus dem Plan (Abb. 5), sucht im Regal einen Kasten mit einem großen „M" und heftet sein kleines daneben. Es übt so zugleich das Zuordnen von Groß- und Kleinbuchstaben (Abb. 6).

Dann nimmt es den Kasten mit an den Platz, um die Aufgabe zu bearbeiten. Die Selbständigkeit der Schüler kann mithilfe von Handlungsplänen

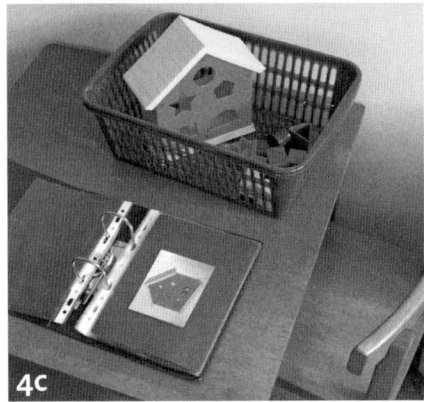

Abb. 4: Aktivitätsplan (4a), Aufgabenkästchen im Regal (4b) und Aufgabe aus dem Aktivitätsplan am Arbeitsplatz (4c)

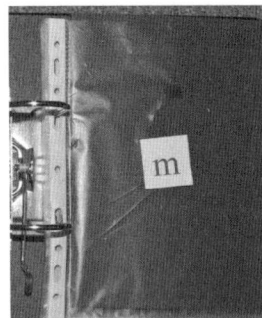

Abb. 5: Aktivitätsplan mit Buchstaben

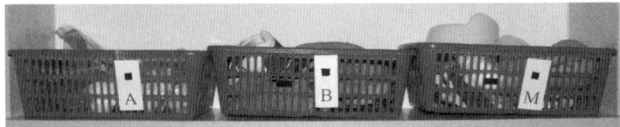
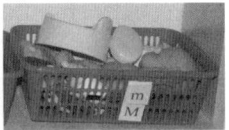

Abb. 6: Aufgaben im Regal, angehefteter Buchstabe aus dem Aktivitätsplan

Abläufe und Aufgaben organisieren – die beeinträchtigten exekutiven Funktionen 83

Abb. 7: Arbeitsstation

erhöht werden (MacDuff et al. 1993). Weiterführende Literatur zu dem Thema findet man vor allem auf Englisch (McClannahan / Krantz 1999). Ähnlich wie Aktivitätspläne sind auch *Arbeitsstationen* eine Strukturierungshilfe.

Der Schüler hat links auf seinem Platz untereinander die Ziffern 1 bis 5 sowie ein Sternchen für eine spezielle Belohnung angeheftet (Abb. 7). Er nimmt von oben die Karte mit der 1, heftet sie neben das Schubfach mit der 1 und öffnet es. Die darin befindliche Aufgabe wird bearbeitet. Er verfährt mit allen weiteren Aufgaben so, bis er an das Kärtchen mit der Belohnung kommt, die sich in der untersten Lade befindet.

Wichtig ist, dass mit dem Schüler gemeinsam die Routine erarbeitet wird, in dieser Weise mit einer Arbeitsstation zu verfahren. Sie wird grundsätzlich vollständig bearbeitet. Die Aufgaben werden so gewählt, dass die Arbeitsresultate ausreichende Informationen über die Qualität der Arbeit geben, ohne dass der Pädagoge bei der Erledigung zugegen gewesen sein muss. Es können z. B. Puzzle, Ausschneidearbeiten, aber auch Matheaufgaben oder Kreuzworträtsel sein.

Handlungsabläufe automatisieren

„Für mich ist es sehr schwer, mehrere Dinge auf einmal zu tun und Bewegungsteile miteinander in einem Fluss zu verbinden. Gleichzeitig jemandem die Hand geben, Blickkontakt suchen und dann noch ‚Guten Tag' zu sagen, sind für mich zu viele verschiedene Dinge auf einmal, die ich nicht miteinander zu einer Einheit verbinden kann. Für Normale ist der Ablauf der Begrüßung eine einzige, automatische Bewegung. Sie müssen nicht bei jeder neuen Begrüßung überlegen, wie sie diese fließende Geste neu zusammensetzen müssen. Ich habe dies alles nie richtig automatisiert. Deshalb bin ich viel, viel langsamer als mein Gegenüber." (Empt 1996, 27)

Jede scheinbar einfache Handlung besteht aus mehreren aufeinanderfolgenden Bewegungen. Im Falle des Auspackens der Tasche muss der Arm zum Verschluss geführt, der Verschluss gedrückt und die Tasche geöffnet werden, dann muss die Federtasche gegriffen und auf den Tisch gelegt werden usw.

Die Teilhandlungen verschmelzen im Laufe der Zeit, so dass eine „einheitliche, fließende Melodie" (Lurija 2001, 32) entsteht. Es wird in der Forschung davon ausgegangen, dass verfestigt vorliegende Handlungen ohne Aufmerksamkeitszuwendung ablaufen (Mehl 1993, 18).

Es gelingt aber einigen Menschen im AS nicht, einen routinierten Fluss im Ablauf von einzelnen Handlungen zu bilden, der gleichsam automatisch abläuft. Dies betrifft nicht alle Handlungen, kann aber durchaus solche betreffen, die Pädagogen für elementar und einfach halten, wie das schon erwähnte Auspacken der Tasche oder das Ausziehen, das Schreiben oder auch sportliche Aktivitäten.

Für das Verknüpfen von Handlungen benötigen diese Schüler dann gezielte Impulse. Dies hat verschiedene Folgen:

- Sie sind langsamer als andere, denn jede Teilhandlung und ihre Verknüpfung müssen sie gedanklich begleiten.
- Sie benötigen volle Konzentration bei der Ausführung der Handlungen, deshalb sind sie schnell erschöpft.
- Sie können nicht zugleich andere Dinge tun, auch nicht noch zuhören, was der Lehrer sagt („Öffnet dann das Mathematikbuch").
- Es unterlaufen ihnen häufiger Fehler, und sie unterbrechen die Handlung, weil sie die nächste Teilhandlung nicht im Kopf haben.

Wie kann man den Schülern helfen, die Handlungen dennoch korrekt auszuführen und gleichzeitig ihre Stressbelastung zu reduzieren? Eine Frau im Autismus-Spektrum empfiehlt Folgendes:

„Einmal war ich zu Besuch in einer Fördereinrichtung für behinderte Erwachsene. Sie galten alle als autistisch. Ein junger Mann wurde in der

Küche angewiesen, den Zucker vom Tisch in den Schrank zu stellen. [...] An diesem Punkt hätte er eine zerlegbare Anweisung gebraucht, um ihn aus seiner Erstarrung zu wecken.

‚Trag den Zucker mit beiden Händen weiter zur Spüle.'
‚Stell die Dose auf der Spüle ab.'
‚Lass die Dose mit beiden Händen los, wenn sie die Spüle berührt. Leg danach eine Hand auf den Türgriff.'
‚Zieh jetzt dran.'
‚Lass die Tür los.'
‚Heb mit beiden Händen die Dose wieder an.'
‚Heb sie hoch bis an das Brett mit den Tassen.'
‚Tu sie dorthin, wo das freie Loch zwischen den Tassen ist.' ‚Lass los, wenn die Dose fest auf dem Brett steht.'
‚Fass den Schrankgriff wieder an.'
‚Mach die Tür zu.'
‚Dreh dich um und komm dann her.'" (Empt 1996, 27)

Die junge Frau empfiehlt also aufgrund ihrer eigenen Erfahrung, die Handlung in kleinste Teilhandlungen zu unterteilen. Sie strukturiert damit die Handlung.

Alle Menschen nutzen solche Hilfen bei Handlungen, die sie noch nicht automatisch ausführen können. Bekannte Strukturierungshilfen im Alltag sind Bedienungsanleitungen oder Rezepte.

Bei Schülern im AS empfiehlt es sich, auf eine visuelle Darbietung zurück zu greifen. Wenn man sich die Probleme bei der Wahrnehmung von gesprochener Sprache vergegenwärtigt (siehe 3.6), dann wird verständlich, dass so die Information in einem individuellen Tempo verarbeitet werden kann. Auf diese Weise ist der Schüler unabhängig von der steten Anwesenheit eines Erwachsenen. Wenn ein Pädagoge eine Handlung viele Male souffliert hat, lässt es sich fast nicht vermeiden, dass leiser Unmut seine Stimme färbt und er ungeduldig wird. Wie muss dies aber auf einen Schüler wirken, der sich redliche Mühe gibt und die folgende Teilhandlung trotzdem nicht erinnert? Schüler und Lehrer werden frustriert. Dies kann man mithilfe visueller Ablaufpläne umgehen. Der Schüler hat Erfolgserlebnisse.

Dieses Vorgehen entspricht auch der Strukturierung von Handlungsabläufen im TEACCH-Ansatz. Die Abkürzung TEACCH steht für *Treatment and Education of Autistic and related Communication handicaped Children* und ist die Bezeichnung für das staatliche Autismusprogramm in North Carolina (USA), das dort seit 1971 gesetzlich verankert ist.

Es handelt sich um ein Netzwerk aller Einrichtungen, das in Kooperation mit den Familien eine lebenslange Förderung und Begleitung von Menschen im AS zur Verfügung stellt. Bedauerlicherweise gibt es vergleichbare gesetzlich geregelte und flächendeckend wirksame Organisationsstrukturen im deutschsprachigen Raum nicht, so dass sich das Vorgehen auch nur in Teilen übertragen lässt.

Das TEACCH-Programm stellt u. a. Materialien zur Leistungsdiagnostik (siehe 3.7) und zur Kommunikationsförderung (siehe 3.3) zur Verfügung. Es ist außerdem gekennzeichnet durch Prinzipien, die die Arbeit mit Menschen im AS in allen Bereichen grundsätzlich prägen und die durchaus übernommen werden können. Eines dieser Prinzipien ist die Strukturierung.

Strukturierung im pädagogischen Sinne ist die Herstellung einer inneren Gliederung oder Ordnung im Prozess des Lehrens und Lernens. Dabei muss darauf geachtet werden, dass der Lernprozess so gegliedert wird, dass er unter Berücksichtigung der spezifischen kognitiven Beeinträchtigungen den erwünschten Erkenntnisschritten entspricht und durch beständige Wiederholung eingeübt und routinisiert werden kann. Der TEACCH-Ansatz konzentriert sich dabei insbesondere auf drei Bereiche: den Raum, die Zeit und die Ausführung von Handlungen.

Handlungen werden in ihre einzelnen Teilhandlungen aufgebrochen und mit visuellen Mitteln (Fotos, Zeichnungen, Symbolen, Schrift) in Plänen dargestellt. Weiterführende Informationen dazu findet man bei Anne Häußler (2008). Wie kann man einen solchen Ablaufplan erstellen?

- Zuerst sollte überlegt werden, aus welchen Schritten eine Handlung besteht und in welcher Reihenfolge sie ausgeführt werden. Die meisten, auch ganz einfachen Handlungen, kann man auf sehr unterschiedliche Weise ausführen. Um den Schüler nicht zu verwirren, muss der Ablauf der Teilhandlungen festgelegt werden. Es empfiehlt sich, alle Teilschritte einmal aufzuschreiben und zur Kontrolle einen Kollegen anzuweisen, das zu tun, was man notiert hat. So stellt man sicher, dass man keinen Schritt vergessen hat.
- Dann sollte man den Schüler genau beobachten, um festzustellen, an welcher Stelle er unsicher ist, welche Teilhandlungen er nicht automatisch miteinander verknüpft und wo er Hilfe braucht.
- Von diesen Teilhandlungen fertigt man eine Karte an. Empfehlenswert ist es, diese zu laminieren.
- Auf der Rückseite beklebt man sie mit Klettband.
- Die Bilder kann man nebeneinander oder untereinander an ein Klettband heften oder auch auf die Seiten eines Ringordners aufbringen.
- Die Karte mit dem Handlungsschritt, der erledigt wurde, wird vom Kind abgenommen, das Bild an einen festgelegten Platz gelegt oder im Ordner umgeblättert.

Dieses Arbeitsverfahren muss man dem Schüler erklären und mit ihm üben. Es lässt sich dann aber auf viele andere Situationen übertragen. Später muss man immer wieder überlegen, ob man schon mehrere Bilder zu einem zusammenfassen kann. Man kann einen Plan aber auch mithilfe einer Anordnung von Mini-Mes erstellen (siehe 3.3).

3.9 Die beeinträchtigte räumliche Orientierung

> „Auch die Beschaffenheit des Klassenzimmers kann eine große Rolle spielen. Größere Räume, in denen möglicherweise gar mehrere Klassen gleichzeitig unterrichtet werden, sind für Schüler mit Autismus wegen der ungünstigen Akustik und der vielen Ablenkungen eher nicht geeignet, es sollten vielmehr kleine, übersichtliche Klassenräume in ruhiger Umgebung mit einer geeigneten Akustik bevorzugt und diese möglichst über einen längeren Zeitraum hinweg auch für unterschiedliche Fächer beibehalten werden" (Preißmann 2009, 109 f),

schreibt eine Frau im Autismus-Spektrum aus eigener Erfahrung.

Kinder und Jugendliche im AS erleben ihre Welt als chaotisch und Ereignisse als unvorhersehbar und oft zufällig. Sie versuchen angestrengt, Hypothesen darüber anzustellen, was bestimmte Abläufe oder Zeichen bedeuten. Wer Chaos erlebt, muss all seine Kraft aufwenden, um ein wenig Ordnung zu finden und kann nicht lernen.

Im Folgenden soll dargestellt werden, welche Bedingungen es ihnen erleichtern, trotz der bestehenden Probleme möglichst stressfrei und selbstständig zu sein. Sie sind teilweise am TEACCH-Programm (siehe 3.8) orientiert.

Für einen Schüler im AS bietet ein gewöhnlicher Klassenraum häufig eine Überfülle an Informationen. Davon ist er überfordert und abgelenkt, und dies macht ihn orientierungslos und unsicher. Oft führt die sensorische Überlastung zu sozial unangepassten Verhaltensweisen. Grundsätzlich können im Rahmen der räumlichen Bedingungen Schwierigkeiten auf drei verschiedene Ebenen auftreten:

- Orientierung im Haus (dazu gehört u. a., dass das Kind oder der Jugendliche die Sanitärräume und seinen Klassenraum findet).
- Orientierung in einem Raum (dazu gehört u. a., den eigenen Platz und verschiedene Arbeitsmaterialien zu finden).
- Orientierung am Platz (dazu gehört u. a. zu wissen, wo Hefte und Stifte abgelegt werden).

Aufgrund der autismusspezifischen Schwierigkeiten in der Wahrnehmungsverarbeitung müssen bei der Gestaltung der räumlichen Lernbedingungen auf jeder Ebene zwei wichtige Grundsätze beachtet werden:

- Eine Reizreduktion dient der Entlastung des Schülers und der Reduktion seines Stresses. Sie ist damit eine Voraussetzung dafür, dass er seine Energie auf das konzentrieren kann, was von ihm verlangt wird, nämlich das Lernen und die Orientierung im Raum.
- Die besondere Betonung von wichtigen Hinweisreizen ist notwendig, um seine Orientierung und das Verständnis von Aufgaben zu verbessern.

Die Orientierung im Haus

> Daniel ist ein Jugendlicher im Autismus-Spektrum, der seit sieben Jahren ein und dieselbe Schule besucht. In seinem Schulhaus gibt es pro Etage eine Toilette. Sie ist einige Meter von seinem Klassenraum entfernt. Daniel kann die Toilette zwar selbstständig benutzen, doch es geschah immer wieder, dass er vom Toilettengang nicht in den Klassenraum zurückkehrte. Ging man Daniel dann suchen, fand man ihn oft verzweifelt an unterschiedlichen Orten im Schulhaus. Er hatte die Toilette oder den Klassenraum offensichtlich nicht finden können.

Zunächst wurden mit einem Teppichband ein Weg vom Klassenraum zur Toilette und die Tür von außen mit dem Foto der Toilettenschüssel gekennzeichnet. Daniel nahm dieses Unterstützungssystem gut an und er verlief sich nicht mehr. Er konnte den Weg nun sicher allein bewältigen. Nach einiger Zeit wurden einige kleine Stücke des Teppichbandes abgelöst, die entstandenen Lücken wurden sukzessive vergrößert. Schließlich reichte Daniel allein die Kennzeichnung der Toilettentür für seine Orientierung.

Dies ist übrigens nicht nur ein Phänomen von schwerer beeinträchtigten Schülern, auch Menschen mit geringerem Unterstützungsbedarf berichten von vergleichbaren Problemen:

> „In der Grundschule hatte ich […] massive Probleme, mich in der Schule zu orientieren und mit ihren Strukturen und den anderen Kindern zurecht zu kommen. So fand ich öfter mal das richtige Klassenzimmer nicht, oder verstand auch nicht immer, wann der Unterricht begann und wann er endete." (Seng 2013, 84)

Wenn man feststellt, dass ein Schüler Schwierigkeiten damit hat, sich im Schulhaus zu orientieren, muss man sich u. a. folgende Fragen beantworten:

- Braucht der Schüler Hilfen, um einen bestimmten Raum zu finden?
- Wenn ja, an welcher Stelle benötigt er Hilfen?
- Welche Art der Hilfe ist sinnvoll (z. B. Kennzeichnung von Räumen, Begleitung oder Kennzeichnung von Wegen)

Abb. 8: Kennzeichnung: Welcher Raum ist hinter dieser Tür?

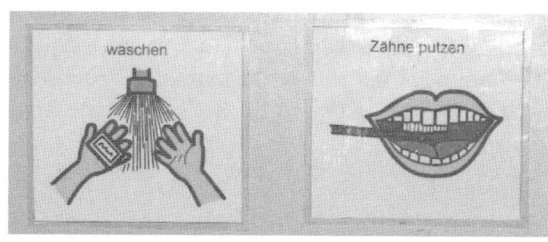

Abb. 9: Kennzeichnung: Was soll ich in diesem Raum tun?

- Was soll er an diesem Ort tun?
- Woran muss er erinnert werden?

Eine mögliche Hilfe kann darin bestehen, die Räume von außen so zu kennzeichnen, dass der Schüler zweifelsfrei erkennen kann, was sich hinter der Tür befindet. Hierzu ein Beispiel:

Einige Schüler haben auf dem Weg zu einem Raum vergessen, was sie in ihm tun wollten. Auch in diesem Fall kann man das Problem durch visuelle Hilfen kompensieren.

Es kann bei älteren Schülern mit Fachraumwechsel, z.B. am Gymnasium manchmal hilfreich sein, ein Unterstützersystem zu etablieren, das aus Mitschülern besteht, die die Begleitung des Schülers übernehmen.

Orientierung im Raum

Clemens ist ein 8jähriger Junge im Autismus-Spektrum. „Holt euer Zeichenzeug", fordert die Lehrerin alle Kinder auf. Clemens steht von seinem Platz auf und irrt ratlos durch den Raum. Er hat offensichtlich keine Vorstellung davon, wo sein Zeichenzeug ist.

Oftmals fällt es Schülern im AS auch schwer, sich im Raum zu orientieren. Klare Strukturen und feste Plätze für die Materialien erleichtern ihnen, ihren Platz und ihre Arbeitsmaterialien zu finden. Ihr Stuhl kann an der Lehne z. B. mit ihrem Namen oder einem Foto gekennzeichnet sein.

Schwerer beeinträchtigten oder jungen Schülern im AS kann es manchmal auch helfen, wenn man ihnen eine Farbe zuweist: Der rote Stuhl ist ihr Platz, an den roten Haken gehört ihre Jacke. Im roten Fach liegen ihre Arbeitsmaterialien und in der roten Frühstücksbox befindet sich ihr Frühstück.

Schubfächer und Schranktüren können beschriftet werden, so dass ihr Inhalt schon von außen erkennbar ist.

Manchmal kann man mithilfe bestimmter optischer Hinweise im Raum schwierige Situationen entschärfen. Oft gibt man als Pädagoge Anweisungen, wie „Stellt euch an der Tür an." Versetzt man sich aber in die Lage eines Schülers im AS, der ein sehr konkretes Sprachverständnis hat, taucht sofort eine Frage auf: „Wo ist ‚an der Tür'?" Ein Junge im Autismus-Spektrum war z. B. immer der Auffassung, man müsse unbedingt Körperkontakt mit der Tür haben, um „an der Tür" zu sein. Er stieß alle seine Mitschüler zur Seite, um der Aufforderung gerecht zu werden. Eine farbige

Abb. 10: Kennzeichnung der Schrankinhalte in einer Schulküche

Markierung konnte dies für ihn genauer definieren und die Situation in der Klasse entspannen. „Stell Dich auf den grünen Punkt", solche konkreten Aufforderungen führen zu mehr Sicherheit bei dem Kind. Aber auch andere Verhaltensprobleme lassen sich manchmal durch Raummarkierungen reduzieren.

> Einer Schülergruppe musste täglich beim Schuhwechsel assistiert werden. Wenn Sebastian warten musste, streckte er regelmäßig seine Beine hoch in die Luft, so dass die Pädagogen entweder blaue Flecken an den Schienbeinen davontrugen oder sogar stürzten. Die Umkleidesituation endete für die Pädagogen und den Schüler oft unangenehm.
> Später legten die Lehrer dem Jungen eine Matte mit aufgezeichneten Fußspuren an seinen Platz und wiesen ihn an, seine Füße genau darauf zu stellen. Das Problem verschwand von dieser Zeit an fast vollständig.

Viele schmückende Details im Lernraum, die ihn dekorieren und seine Atmosphäre verbessern sollen, wie Bilder, Deckchen, Kerzen usw. führen bei Schülern im AS schnell zu einer sensorischen Überforderung und belasten ihre Konzentrationsfähigkeit. Sie geben keine zusätzlichen Hilfen für die Erfassung des jeweiligen Lerngegenstandes. Durch eine Reduzierung überflüssiger Reize wird es dem Schüler leichter möglich, das Wesentliche einer Situation zu verstehen. Das Kind sollte seinen Sitzplatz im Klassenzimmer an einer Stelle haben, in der es möglichst wenig abgelenkt wird, zugleich aber den Lehrer gut sehen und hören kann. In einer Untersuchung wurde gezeigt, dass sich so das aufgabenbezogene Verhalten von Schülern verbessern lässt (Degner 2008, 133).

Abb. 11: Matte mit Fußspuren

Es konnte nachgewiesen werden, dass sich eine Strukturierung des Raumes positiv auf das Verhalten von Kindern im AS auswirkt. In einer Untersuchung von fünf Kindern im Alter von vier bis acht Jahren nahmen alle unter strukturierten räumlichen Bedingungen mehr Kontakt zu den Betreuern auf und ließen ihrerseits mehr Kontakt zu (Degner 2008, 133).

Viele Kinder und Jugendliche im AS sind blendungsempfindlich. Notwendig sind deshalb bei der Klassenraumausstattung eine blendungsarme Gesamtausleuchtung und Fenstervorhänge. Neonlampen produzieren zusätzlich nahezu unhörbare Geräusche, die jedoch von vielen Kindern und Jugendlichen im AS wahrgenommen werden und sie beeinträchtigen.

Da bei 80 % aller Menschen im AS eine auditive Hypersensibilität, auch verbunden mit einer abnormen Hörschärfe gegenüber extrem leisen Tönen und Geräuschen, festgestellt wurde, müssen sie vor einer Geräuschbelastung geschützt werden (Rosenkötter 1999/2000, 30). Holz- statt Metallschränke tragen zu einer Reduzierung der Geräuschbelastung bei. Der Unterrichtsraum sollte auch mit einem Teppich ausgelegt werden. Dabei sollte darauf geachtet werden, dass der Teppich nicht zu stark gemustert ist, damit das Kind oder der Jugendliche im AS nicht durch die Muster abgelenkt wird oder durch seine Probleme bei der Wahrnehmung Schwierigkeiten beim Gehen bekommt. Tatsächlich fällt es manchen Kindern im AS schwer zu entscheiden, ob die Linie auf dem Teppich eine Stufe ist oder nicht, wie hoch sie ist usw.

Der Unterrichtsraum sollte sich unbedingt an einer ruhigen Stelle der Schule befinden. Kinder im AS benötigen außerdem in der Schule einen Raum, in den sie sich bei Bedarf, vielleicht auch in der Pause, zurückziehen können. Auch dieser Raum sollte reizarm sein.

Der Arbeitsplatz

Oft sind Schüler im AS so ablenkbar, dass sie einen stark reizreduzierten Arbeitsplatz benötigen, um sich auf ihre Aufgaben konzentrieren zu können. Sichtblenden oder Fensterrollos können in diesem Fall Gestaltungshilfen sein.

Manchmal äußert sich die Reizüberflutung eines Kindes im AS nicht in Unaufmerksamkeit, sondern in auffälligem Verhalten.

> Simone ist ein 7jähriges Mädchen im Autismus-Spektrum. Sie zeichnet und malt im Zeichenunterricht ungebeten auch auf den Zeichenblättern anderer Kinder. Ihr Verhalten führt zu Protest und Aufregung bei ihren Mitschülern. „Arbeite auf deinem Blatt", ist für sie keine ausreichende Hilfestellung. Erst als ihr ein großes, rotes Platzdeckchen auf ihren Teil des Tisches gelegt wird und die Aufforderung heißt: „Arbeite nur auf dem Blatt, das auf dem roten Deckchen liegt" ist die Anforderung für sie eindeutig. Die Zeichenblätter der anderen Kinder werden nun von ihr nicht mehr bemalt.

Die beeinträchtigte räumliche Orientierung 93

Für einen Schüler im AS ist oft z. B. nicht klar, was „mein Arbeitsplatz" ist, wo er beginnt und wo er endet. Dies kann vor allem dann zutreffen, wenn er nicht an einem separat stehenden Tisch arbeitet. „Arbeite auf deinem Platz!" wäre damit eine Anforderung, die er nicht bewältigen kann.

> Ein Schüler warf seine Schere nach dem Ausschneiden oft durch den Raum. Als auf seinen Arbeitsplatz ein Schälchen mit der Silhouette einer Schere gestellt wurde und man ihn bat, die Schere immer darin abzulegen, trat dieses Verhalten nicht mehr auf. Es hatte ihm augenscheinlich an einem Konzept davon gefehlt, wo die Schere ihren Platz haben könnte.

Schüler im AS benötigen für die Unterbringung ihrer Arbeitsmaterialien oft einen eindeutig gekennzeichneten und festen Platz. Wo gehört die Federtasche hin, wo das Heft, wo das Buch? Wo soll der Stift nach dem Schreiben ablegt werden? Wohin kommt die Schere nach dem Schneiden? Platzdeckchen mit entsprechenden Markierungen, Markierungen auf dem Tisch oder Schälchen helfen ihnen bei der Orientierung. Materialien, die aktuell nicht benötigt werden, sollten sich nicht auf dem Tisch befinden. Sie lenken unnötig vom Lerngegenstand ab.

Abb. 12: Zwei Arbeitsplätze, die durch eine Stellwand voneinander getrennt sind

3.10 Die beeinträchtigte zeitliche Orientierung

„So verstand ich lange Zeit nicht, wann der Unterricht begann und wann er endete, wie es sich mit den Hausaufgaben verhielt, von denen ich sehr viel aber oft die falschen machte, oder wo der Unterricht überhaupt stattfand und wer meine Lehrer waren." (Seng 2011, 17)

Schüler im AS benötigen in ihrer zeitlichen Orientierung besondere Unterstützung, denn:

- Ihr Zeitverständnis ist oft beeinträchtigt.
- Sie haben oft kein Verständnis von ungenauen Zeitangaben.
- Sie haben oft Schwierigkeiten damit, „Leerzeiten" zu füllen.

Diese Probleme führen dazu, dass sie zeitliche Abläufe nicht vorhersehen können. „Vorhersehbarkeit" ist deshalb einer der wichtigen Begriffe in der Gestaltung von Abläufen für Schüler im AS. Dabei müssen ihre speziellen Voraussetzungen für das Verständnis der Zeit berücksichtigt werden. Das Zeitverständnis kann in dreierlei Hinsicht auffällig sein:

- Sie können größere Zeiträume schlecht überblicken. Es ist ihnen nicht klar, wie lange z. B. die Klassenfahrt dauert, wann die Musiktherapeutin wieder kommt oder wann sie wieder zum Schwimmen gehen.
- Der Tag kann in seiner zeitlichen Struktur nicht überblickt werden. Auch regelmäßig wiederkehrende Ereignisse, wie die große Pause oder das Händewaschen nach dem Essen, kommen immer wieder überraschend.
- Kurze Zeitabschnitte, wie die Dauer einer Pause oder einer Unterrichtsstunde, können nicht eingeschätzt werden.

Größere Zeiträume überblicken

Beim Überblicken größerer Zeitabschnitte hilft es, nach dem „Adventskalenderprinzip" vorzugehen, um das Verstreichen der Tage visuell zu verdeutlichen. Man kann also Tage auf einem entsprechend vorbereiteten Plan durchstreichen, abhaken, ausmalen, von einem Band mit einer der Dauer des Zeitabschnitts gemäßen Unterteilung abschneiden oder umknicken, o. ä.

Die Tagesstruktur verstehen

Für viele Menschen im AS bringt es großen Stress, wenn sie den von anderen bestimmten Ablauf ihres Tages nicht vorhersehen können. Kinder haben in der Schule einen Stundenplan, der ihnen sagt, was sie an jedem Tag erwartet. Dabei prägen sie sich aber viele Abläufe, die sich regelmäßig wiederholen, schnell ein.

Kindern und Jugendlichen im AS fällt dies viel schwerer. Sie können sich oft die Abläufe nicht einprägen, die andere Kinder ganz selbstverständlich verinnerlichen. Auch Ereignisse, die sich regelmäßig wiederholen, wie das tägliche Schulfrühstück oder der Turnunterricht, kommen für einige immer wieder überraschend und unerwartet. Sie können sich nicht darauf einstellen und reagieren entsprechend oft mit Abwehr.

> Ein Schüler benötigt grundsätzlich eine kurze Vorbereitungszeit, um sich auf die nächste Aktion einstellen zu können. Es reicht, ihm anzukündigen: „Mathias, wir werden in fünf Minuten auf den Hof zur Pause gehen." Unterlässt man dies und nimmt ihn nur an die Hand, weigert er sich und wird wütend. Er ist orientierungslos, das Vorgehen und die Erwartungen sind ihm unverständlich, und er reagiert mit Angst und Abwehr.

Um zeitliche Abläufe für den Schüler vorherseh- und durchschaubar zu machen, muss man Möglichkeiten suchen, ihm die Folge der Ereignisse verständlich zu machen. Man muss ihm deshalb oft mehr und andere Informationen geben als anderen Kindern. Welche Informationen er braucht, ist davon abhängig, was das Kind oder der Jugendliche noch nicht weiß. Es können Informationen darüber sein, welches Unterrichtsfach an diesem Tag auf dem Plan steht, aber auch, wann Hofpause ist, wann die Toilette aufgesucht werden soll oder der Fahrtransport kommt.

Wichtig ist, dass der Schüler orientiert ist über das, was ihn erwartet. Es geht also nicht darum, ihm eine bis ins Kleinste vollständige Abfolge aller Ereignisse zu präsentieren, sondern ihm die Informationen zu geben, über die er ohne Hilfe nicht verfügt und die er für sich braucht. Man muss den Schüler gut beobachten und wenn möglich befragen, an welchen Stellen er orientierungslos ist, um festzulegen, welche Hinweise man ihm geben sollte.

Manchmal müssen auch Informationen über eine Aktion gegeben werden, weil danach etwas stattfindet, was der Schüler wissen muss, z. B. nach dem Kaffeetrinken kommt der Fahrdienst. Selbst wenn ihm augenscheinlich klar ist, dass das Kaffeetrinken nach den Hausaufgaben stattfindet, gibt man ihm diese Information, um deutlich zu machen, wann der Fahrdienst erwartet wird. So hat jeder Schüler einen individuellen Plan hinsichtlich seiner Differenziertheit und der Auswahl an Informationen, die er benötigt. In Abbildung 13 sieht man deshalb auch zwei unterschiedlich lange Pläne für Kinder einer Klasse.

Aufgrund der Störungen bei der Verarbeitung von Wahrnehmungen hat es sich bewährt, bei diesen Schülern mit solchen Plänen zu arbeiten, die visuelle Informationen geben. Zum Einsatz von Zeitplänen bei Menschen im AS gibt es eine größere Anzahl von Einzelfallstudien, die durchgängig bestätigten, dass ihr Einsatz sinnvoll ist (Degner 2008, 136). Um das Ver-

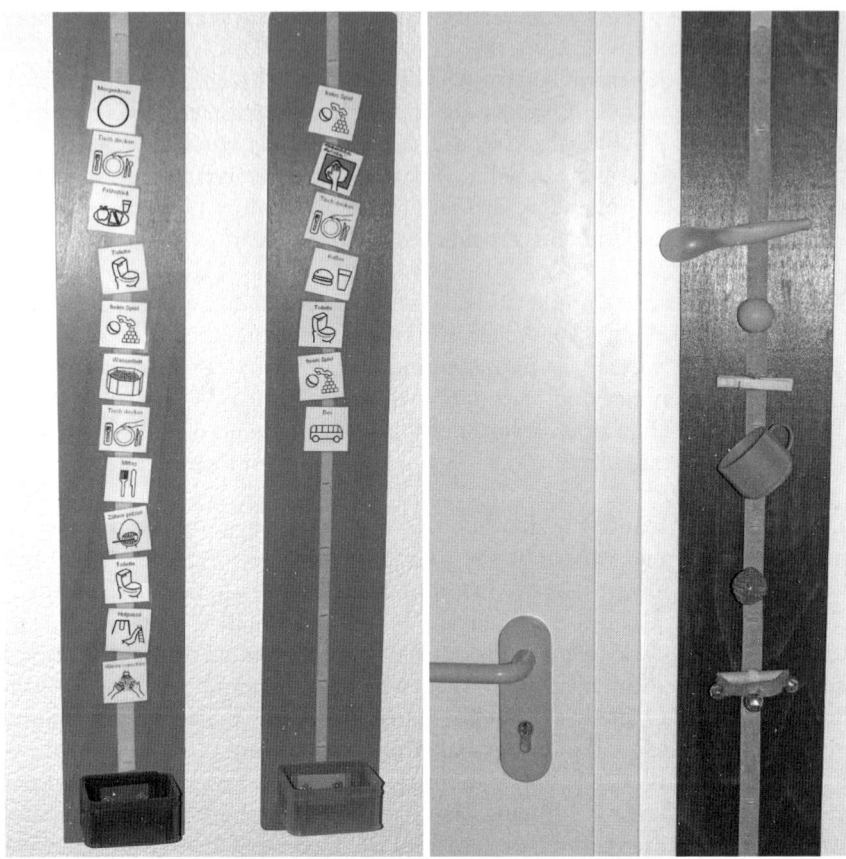

Abb. 13: Tagesplan mit Zeichnungen, Symbolen und Schrift

Abb. 14: Tagesplan mit stellvertretenden Objekten

ständnis zu erleichtern, müssen sie auf dem Abstraktionsniveau gegeben werden, das der Schüler verarbeiten kann. Dies kann z. B. für das Umziehen in Vorbereitung auf den Sportunterricht sein. Visuelle Hilfestellung kann gegeben werden

- mit realen Objekten (Sportkleidung),
- mit stellvertretenden Objekten (z. B. nur die Hose),
- mit Miniaturen (Puppenkleidung),
- mit konkreten Fotos (die Sportkleidung des Schülers),
- mit Fotos der Kategorie (allgemein Sportkleidung),
- mit Zeichnungen (eines Kleidungsstückes),
- mit Symbolen (für Umziehen),
- mit Schrift („Umziehen").

Innerhalb eines Tages können Hinweise durchaus auf unterschiedlichen Abstraktionsebenen gegeben werden. Man wählt immer die höchste Abstraktionsebene, die sicher verstanden wird. Selbst junge oder schwerer beeinträchtige Kinder kennen z. B. das Schriftbild ihrer Lieblingsschokoladencreme, obwohl sie nicht analytisch-synthetisch lesen können. Es kann also bei diesen Kindern auch mit dem Schriftbild als Symbol für das Frühstück gearbeitet werden, auch wenn andere Hinweise auf anderen Abstraktionsebenen gegeben werden.

Die Hinweisreize sind in Abb. 15 in einem Regal angeordnet und bestehen aus stellvertretenden Objekten, wie z. B. der Zahnbürste, dem Löffel oder der Tasse, aber auch aus Miniaturen, wie dem Pferd. Der Ablauf wird von links nach rechts dargestellt. Jedes Symbol, das eine beendete Aktivität darstellt, wird aus dem Regal entfernt und in einen bereit stehenden Korb gelegt.

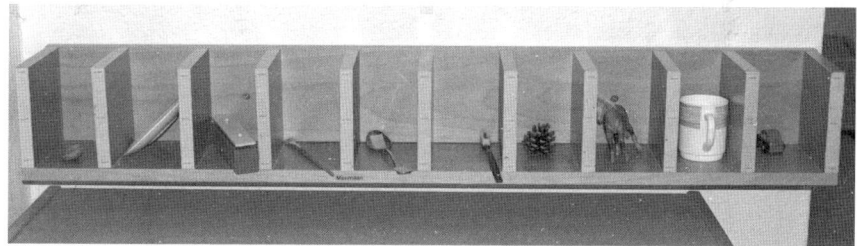

Abb. 15: Tagesplan mit unterschiedlichen Abstraktionsebenen

Im Sinne der Entwicklungsförderung sollten langfristig höhere Abstraktionsebenen eingeführt werden. Dies kann geschehen, in dem man ein eingeführtes Symbol mit einem neuen verbindet. In Abbildung 16 wird deshalb die Badeente mit einer Karte mit Schrift und Bild kombiniert. Nach einiger Zeit kann man die Ente entfernen und das Kind versteht auch das neue Symbol.

Wieder einige Zeit später – wie lange, hängt von der Entwicklung des Schülers ab – kann man millimeterweise das Bild kürzen, bis schließlich allein die Schrift übrig geblieben ist.

Für einige Kinder ist es von großer Bedeutung zu wissen, was es in der Schule zum Mittagessen gibt. Auch hier kann ihnen ein Plan Orientierung geben und möglicherweise ständiges Nachfragen verhindern (Abb. 17).

Älteren Schülern im AS und solchen, die ein hohes Entwicklungsniveau haben, kann man die Funktionsweise eines Tagesplans erklären. Bei jüngeren bzw. solchen mit geringerem Entwicklungsalter empfiehlt es sich, zuerst mit einer „Erst-dann-Routine" zu beginnen, die es gestattet, kausal und temporal miteinander verbundene Abfolgen von Handlungen zu erlernen.

Zunächst beginnt man, ihnen vor einer beliebten Tätigkeit, z. B. dem Essen, immer einen Löffel als stellvertretendes Objekt in die Hand zu geben.

Abb. 16: Eine höhere Abstraktionsebene einführen

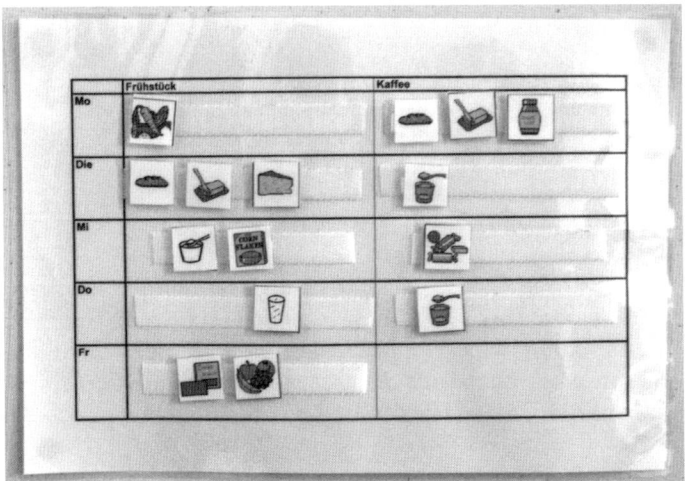

Abb. 17: Was gibt es in dieser Woche zu essen

Dann geht man mit ihnen an den Esstisch und beginnt die Mahlzeit. Wenn man den Eindruck hat, sie haben verstanden, dass der Löffel die Mahlzeit anzeigt, legt man ihn in ein Regalfach oder heftet ihn an ein Klettband, wie bei Abbildung 14. Nun nimmt man den Löffel vor der Mahlzeit vom Plan. Das Kind im AS erlernt damit den Gebrauch von Zeichen und kann dieses Wissen ggf. auch auf andere Felder übertragen.

Wenn dies verinnerlicht ist, setzt man eine kurze Aktivität vor das Essen und auf dem Plan vor den Löffel, z. B. das Händewaschen, und als Symbol dafür die Seife. Nun zeigt man dem Kind „erst waschen – dann essen." Ein Tagesplan muss sukzessive aufgebaut werden, damit sich ein Schüler daran wirklich orientieren kann. Viele darüber hinausgehende, gute und von einer Mutter praxiserprobte Anregungen, wie man Pläne gestalten könnte, findet man bei Dyrbjerg und Vedel (Dyrbjerg / Vedel 2007, 50 ff).

Kürzere Zeitabschnitte einschätzen

Wenn die Kinder und Jugendlichen kein Gefühl für eine kurze Zeitdauer haben, z. B. die Länge der kleinen Pause oder des üblichen 45-Minuten-Rhythmus' einer Unterrichtsstunde, kann das Verstreichen der Zeit optisch dargestellt werden. Hilfreich hierfür können bspw. ein Kurzzeitwecker, eine Sanduhr, eine Ampel oder ein *Timetimer* sein.

Timetimer sind Geräte ähnlich einem Kurzzeitwecker, bei denen ein auf maximal 60 Minuten einzustellender roter Streifen mit dem Fortschreiten der Zeit immer schmaler wird, bis er schließlich verschwindet. Auch für Schüler, die eine gewöhnliche Uhr lesen können, wird das Verstreichen der Zeit deutlicher sichtbar. Es gibt sie in unterschiedlicher Größe.

Ampeln kann man folgendermaßen nutzen: Das grüne Licht sagt z. B. „Du darfst spielen", das gelbe Licht bedeutet „kein neues Spiel mehr beginnen" und Rot heißt „aufräumen". Ampeln kann man aus Papier einfach herstellen, in Geschäften für Modelleisenbahnen oder Spielzeugläden oder auch in einigen Fachgeschäften für didaktische Materialien kaufen.

Wichtig ist nicht, welches Hilfsmittel gewählt wird, sondern dass es dem Schüler möglich macht einzuschätzen, wieviel Zeit noch für eine bestimmte Aktivität oder bis zu einem Ereignis verbleibt.

> Für einen jungen Mann im Autismus-Spektrum ist es der Höhepunkt des Tages, wenn er den Essenswagen mit dem Mittagessen für die Klasse aus der Küche holen darf. Lange Zeit fragte er bereits kurz nach seiner Ankunft seine Lehrerinnen, wann es endlich soweit sei. Diese Frage wiederholte er hunderte Male, jeden Tag. Die Pädagoginnen legten ihm schließlich zehn Eicheln auf seinen Platz und versprachen ihm, dass er sofort losgehen dürfe, wenn sie die letzte Eichel wieder entfernt hätten. Dann nahmen sie in regelmäßigen Abständen eine Eichel und legten sie auf den Lehrertisch. Wenn die zehnte Eichel von seinem Tisch genommen wurde, lief der Schüler sofort los in die Küche. Seine Nachfragen unterblieben schließlich.

Leerzeiten füllen: Pausen und Wartezeiten

„Noch schlimmer waren jedoch die täglichen Pausen zwischen den einzelnen Unterrichtsstunden. Während meine Mitschüler sich natürlich immer sehr darauf freuten und offensichtlich nur von Pause zu Pause lebten, hätte ich sehr gut darauf verzichten können, denn hier wurde das soziale

Zusammensein gefordert, das jedoch völlig chaotisch und unstrukturiert und ohne jede Regel abzulaufen schien. Dies überforderte mich, und so saß ich daher in den Pausen oft auf der Schultoilette im Hof, wo ich es ruhig und friedlich hatte, wo es im Winter allerdings kalt war, und wartete dort auf den Gong, der das Pausenende anzeigte, oder aber ich lief mehrmals mit schnellen Schritten quer über den Schulhof, sodass es aussah, als sei ich beschäftigt." (Preißmann 2009, 107)

Pausen sind für viele Kinder mit neurotypischer Entwicklung das Schönste in der Schule. Nicht so für die meisten Schüler im AS. Ganz wie es Christine Preißmann beschreibt, fehlt ihnen das Konzept davon, was sie in der Pause tun können.

Ihre unstrukturierte Zeit füllen sie oft mit selbststimulativem oder herausforderndem Verhalten. Für Kinder im AS ist das „gesunde Chaos" einer Schülergruppe oftmals eine Überforderung. Die Geräusche, die viele Kinder machen, ihre schnellen und wenig berechenbaren Bewegungen, mögliche Berührungen und die Unvorhersagbarkeit der entstehenden Situationen sind für sie eine große Belastung. Aus diesem Grund stellen Hofpausen eine Anstrengung dar, statt eine Erholung zu sein.

Man muss ungewöhnliche Wege gehen, um diesen Schülern und ihrem Bedarf nach Erholung gerecht zu werden. Man sollte deshalb überlegen, ob für den Schüler andere Formen der Entspannung gefunden werden können. Kann er die Pause an einem anderen Ort verbringen? Kann er zu einer anderen Zeit Pause machen als die anderen?

> In einer Schule ging der Jugendliche im AS in jeder Pause ins Sekretariat und beschäftigte sich dort mit Materialien, die speziell für ihn bereitlagen. In einer anderen blieb das Kind bei geöffneter Tür im Klassenraum, und der Lehrer, der Aufsicht auf dem Flur führte, schaute nach ihm. In einer nächsten holte sich der Jugendliche in der Pause eine Zange und einen Eimer im Sekretariat und sammelte dann in den Grünanlagen des Schulhofes das Papier auf. Er hatte eine konkrete Aufgabe und arbeitete in einer relativ ruhigen Umgebung. Zudem bekam er viel Anerkennung für seinen Fleiß – eine für alle Beteiligten sehr zufriedenstellende Lösung.

„Es hätte mir sehr geholfen, wenn ich die Pausen im Klassenzimmer hätte verbringen dürfen, wo ich mich auskannte und mich zumindest ansatzweise sicher fühlen konnte. Noch besser wäre ein separater, ruhiger Raum gewesen, in dem ich mich hätte aufhalten und mich ein bisschen hätte erholen können und wo ich gleichzeitig vor den Klassenkameraden geschützt gewesen wäre." (Preißmann 2009, 107)

Auch warten zu können, d.h. die eigenen Bedürfnisse aufzuschieben, ist für viele Schüler im AS eine schwierige Aufgabe. Das hat ebenfalls damit zu tun, dass sie keine Idee haben, wie sie die Wartezeit füllen können. Doch im Schulalltag gibt es immer wieder Zeiten, in denen ein Kind oder ein Jugendlicher warten muss, z. B. darauf, dass alle Kinder angezogen sind, dass der Fahrtransport kommt oder beim Ausflug auf den Linienbus.

Eine Möglichkeit, das Warten zu erleichtern, besteht darin, einen Karton oder eine Tasche mit Dingen vorzubereiten, die der Schüler gern mag. Das können ein MP3-Player mit der Lieblingsmusik sein, blinkende Stifte, Perlen zum Auffädeln, ein Lieblingsbuch o. ä. Diesen Karton oder diese Tasche bekommt er in Wartesituationen. Der Schüler kann sich mit den darin befindlichen Objekten beschäftigen, wenn er warten soll. Ansonsten sollten diese Dinge für den Schüler nicht verfügbar sein, damit die Attraktivität der Dinge, sich damit zu beschäftigen, erhalten bleibt.

Dem Schüler muss bei der Übergabe zugleich mitgeteilt werden, wann die Beschäftigung mit den Inhalten beendet wird, z. B. wenn der Bus kommt. Damit wird der Karton oder die Tasche zum Symbol für das Warten. Wartetaschen findet man beim Verlag Kleine Wege in der „Fundgrube" (http://www.verlag-kleine-wege.de.

Manchmal geht es aber auch darum, nur eine sehr kurze Zeitspanne zu überbrücken, weil man bspw. nur kurz einem anderen Kind helfen muss. Einige Kinder können auch solch kurze Zeitspannen nicht ohne Hilfe überbrücken. Für solche Fälle kann ein anderes Wartesymbol eingeführt werden, z. B. ein Wartestab. Man könnte dafür ein Klangholz verwenden.

Man führt diesen Wartestab ein, indem man ihn dem Kind in die Hand gibt und es sofort, noch bevor es ihn werfen oder mit ihm manipulieren kann, dafür belohnt, dass es „gewartet" hat. Nach vielen Übungen, die Anzahl ist abhängig vom Kind, kann man die Wartezeit sukzessive ausdehnen. Der Stab ist ein Symbol für das Versprechen: „Ich werde zu Dir kommen, muss nur zuvor etwas erledigen."

3.11 Motorische Ungeschicklichkeit

„Der Sportunterricht, der immer besonders belastend gewesen war, wurde in den oberen Klassen noch demütigender [...]. Von dem, was von mir erwartet wurde, konnte ich eigentlich überhaupt nichts. Und vieles wagte ich gar nicht erst zu versuchen. Da ich weder wusste, wie mein Körper zusammengefügt war, noch, wie er sich im Raum verhielt, war es mir einfach zu gefährlich." (Gerland 1998, 195)

Viele Menschen im AS berichten, so wie Gunilla Gerland, von einem beeinträchtigten Körpergefühl. Bei einer leichteren Ausprägung entstehen Probleme beim Schreiben und Schneiden, die von Pädagogen beobachtet werden können (Attwood 2008, 309), oder Schwierigkeiten im Sportunterricht, wie sie Gunilla Gerland oben beschreibt. In Untersuchungen konnte festgestellt werden, dass nahezu alle Kinder mit geringerem Unterstützungsbedarf motorische Schwierigkeiten haben (Attwood 2008, 310). Zu einer schlechten Körperkoordination und mangelhaftem Gleichgewichtssinn kommt oft noch ein ungenügendes Rhythmusgefühl (Schuster 2007a, 319).

Schon die Geruchs- und Geräuschüberempfindlichkeit führt oft dazu, dass Schüler im AS in Schwimm- und Turnhallen überfordert sind (Schirmer 2003a). Oftmals sind sie infolge ihrer Stressbelastung unfähig, sich an- oder auszuziehen, einige schreien anhaltend oder weigern sich hartnäckig, dorthin zu gehen. Hinzu kommen aber noch die Anforderungen eines Sportunterrichts, der sie oft überfordert.

Einen Ball zu fangen oder an Geräten zu turnen, ist auch vielen Schülern mit geringerem Unterstützungsbedarf kaum möglich. Oft kommen Probleme mit den Mitschülern hinzu, wenn sie z. B. keinen Ehrgeiz entwickeln, bei Mannschaftswettkämpfen gewinnen zu wollen.

Individuelle Übungen zur Fitness sind eher zu empfehlen, auch Sportarten, die man allein ausüben kann, wie Joggen oder Radfahren. Es kann sinnvoll sein, die Schüler von der Benotung, vielleicht sogar vom gesamten Sportunterricht zu befreien. Auch die Teilnahme an Mannschaftswettkämpfen kann man ihnen ersparen, wenn sie zu einer sich ständig wiederholenden Erfahrung von Demütigung werden.

Schüler mit schweren Beeinträchtigungen haben u. U. noch gravierendere Probleme, wie sie Dietmar Zöller beschreibt:

> „Wenn ich keinen Boden unter den Füßen habe, dann bewegt sich mein Körper unaufhörlich. Ich rutsche auf dem Stuhl herum und kreise dabei um meine Mitte, die ich so schwer finden kann. Mein Zappeln erfüllt eine wichtige Funktion, ist aber nicht gesteuert, wie man vermuten könnte. Bewußt zappeln kann ich nicht. Ich wäre das Problem gern los, weil ich viel kaputt mache mit meiner Zappelei, Stühle, Sessel, Bett und anderes. Das Grundübel sehe ich in meinem schlechten Körpergefühl und damit verbundenen Gleichgewichtsstörungen. Denn wenn ich meine Mitte nicht finden kann, hat das etwas mit dem Gleichgewicht zu tun. Auch um die Hände benutzen zu können, braucht man das Gleichgewicht. Die sich bewegende Hand muss immer wieder ins Gleichgewicht gebracht werden, in seine Ausgangsposition." (Zöller 1999, 16)

Die Schwierigkeiten können bis zur Unfähigkeit führen, gezielt zu handeln. Manchen Schülern im AS kann man helfen, indem man ihre Körperwahrnehmung durch Massagen verbessert. Andere profitieren von Manschetten an den Handgelenken oder schweren Gürteln. Man kann sandgefüllte Gürtel oder Westen nähen; diese werden von einigen Schülern als angenehm empfunden. „Schwere Westen" sind auch kommerziell erhältlich.

3.12 Übergänge und unerwartete Ereignisse meistern, Flexibilität erhöhen

„Die Realität ist für einen autistischen Menschen eine verwirrende, wechselwirkende Ansammlung von Ereignissen, Menschen, Orten, Geräuschen und Anblicken. Es scheint keine klaren Grenzen zu geben, keine Ordnung und nichts scheint eine Bedeutung zu besitzen. Ich habe die meiste Zeit meines Lebens damit verbracht, die Muster hinter den Dingen zu erkennen. Feste Routinen, Zeiten, bestimmte Routen und Rituale helfen einem, Ordnung in ein unerträglich chaotisches Leben zu bringen. Der Versuch, die Dinge möglichst so zu lassen, wie sie sind, verringert die schreckliche Angst ein wenig." (Attwood 2008, 222)

So wichtig es ist, dem Schüler den Tag oder Teile davon mithilfe von Plänen vorhersehbar zu machen, muss man doch zugleich langfristig daran arbeiten, ihn flexibler zu machen, denn er soll Veränderungen besser ertragen lernen. Abweichungen vom Plan und auch Übergänge zwischen einzelnen Phasen gehören zum schulischen Alltag und sind unvermeidlich.

Veränderungen transparent machen

„Schwierig war es auch für mich, wenn der Klassenlehrer uns ständig umsetzte und ich mich an einen neuen Nachbarn gewöhnen musste". (Dietsch 2012, 22)

Es empfiehlt sich, das Kind sofort über eine anstehende Veränderung zu informieren. Man sollte ihm mitteilen, worin die Veränderung besteht und warum sie unvermeidlich ist. „Muster hinter den Dingen" will die junge Frau im Autismus-Spektrum erkennen (Attwood 2008, 222), dabei müssen die Schüler unterstützt werden. Trotz Flexibilität und Überraschung muss ein Maximum an Transparenz und Vorhersehbarkeit gewahrt werden.

Auch Übergänge sind in der Bildungsbiographie nicht zu vermeiden. Für Schüler im AS sind sie oft schwer zu ertragen. Sie zeigen dies sehr deutlich in ihrem Verhalten: durch Schreien oder verstärkte Stereotypien, Auto- und Fremdaggressionen. Übergänge zu gestalten, vom Kindergarten in die Schule, von einer Schule in die nächste oder in die Berufsausbildung, aber auch im Schulalltag ist deshalb eine besondere Aufgabe. Ihre Bewältigung, d.h. die Organisation des Prozesses, nicht die Umsetzung jedes einzelnen Aufgabenteils, liegt im Rahmen der Schule vor allem in der Hand eines Schulleiters. Eine tabellarische Übersicht über die verschiedenen Aspekte der Vorbereitung der Schulaufnahme eines Kindes im AS in seine Schule steht zum Download unter www.reinhardt-verlag.de bereit.

Um zu verstehen, warum diese Situationen für Schüler im AS so schwierig sind, muss man wissen, was dabei in ihrem Gehirn geschieht.

Unerwartete Ereignisse und der Energiehaushalt des Gehirns

Das Gewicht des menschlichen Gehirns entspricht zwar nur ca. 2 % des gesamten Körpergewichts, es verbraucht aber 20 % der Energie des gesamten Organismus (O'Shea 2008, 49). Es wird vermutet, dass das Gehirn aufgrund seines gewaltigen Energiestoffwechsels immer an seiner Kapazitätsgrenze arbeitet und deshalb auch besonders störungsanfällig ist (o. A. 2008, 58).

Für das Gehirn eines Schülers im AS spielt der Energiehaushalt eine besondere Rolle, da es grundsätzlich anderes strukturiert ist als das der neurotypischen Menschen und deshalb auch einen besonders hohen Energiebedarf hat. Die abweichende Strukturierung zeigt sich bereits in der frühen kindlichen Entwicklung in einem Prozess, der bei Kindern im Autismus-Spektrum nicht so wie bei anderen Kindern stattzufinden scheint. Man nennt ihn *Pruning*.

Ein Neugeborenes verfügt über eine große Anzahl potenzieller Nervenverbindungen, die es in die Lage versetzen, sich an die Lebensbedingungen in den unterschiedlichsten Regionen der Welt anzupassen und jede denkbare Sprache und alle möglichen, kulturell verschiedenen sozialen Codes zu lernen. Nach ca. acht bis neun Lebensmonaten werden Nervenverbindungen deaktiviert, die der Säugling nicht mehr benötigt. Dieser Vorgang wird als Pruning bezeichnet. Es dient der Spezialisierung des Individuums auf soziale Kommunikation und der optimalen Anpassung an seine ganz eigenen sozialen Lebens- und Umweltbedingungen (Tomasello 2002, 23). Diese Spezialisierung bedeutet zugleich eine Reduktion neuronaler Komplexität und folglich eine Energieeinsparung im Gehirn, damit die Energien für andere Prozesse zur Verfügung stehen. In der ungestörten Entwicklung ist dieser Prozess bereits am Ende des ersten Lebensjahres deutlich zu beobachten. Nicht so bei Kindern im AS.

Folgerichtig wachsen Kopfumfang und Hirnvolumen von Kleinkindern im AS ab dem zweiten Lebensjahr auch überdurchschnittlich schnell (Hazlett et al. 2005, 1366 ff). Je stärker das Wachstum des Gehirns, desto stärker scheint später das autistische Verhalten ausgeprägt zu sein. Man kann das Phänomen auf einen reduzierten Prozess des Pruning zurückführen (Müller 2007, 22). Das Pruning kann nämlich dann nicht einsetzen, wenn die Daten weiter gebraucht werden, weil sie auf eine andere Art und Weise abgespeichert werden als dies bei der neurotypischen Entwicklung der Fall ist. Dadurch ist eine größere Zahl von aktiven neuronalen Verbindungen erforderlich, was mit einem höheren Energieaufwand verbunden ist.

Die eingehenden Daten werden im neurotypischen Gehirn vorwiegend hierarchisch gegliedert, beispielsweise im Sinne der Bedeutungshierarchie von Lebewesen → Mensch → Mann → Vater. Zum Schluss ist wahrscheinlich nur ein einziges Neuron dafür zuständig, den Vater in der Frontalansicht zu identifizieren. In seiner Nachbarschaft befinden sich andere Neuronen, die für andere Ansichten des Vaters zuständig sind. Zusammen bilden sie eine Neuronenpopulation, die z. B. für das Erkennen des Vaters erforderlich ist, während andere Neuronenpopulationen für das Wiedererkennen jedes anderen Gegenstands in vielfältiger Ansicht zuständig sind. Wenige Neuronen werden nach diesem Modell also für Zuordnungen, wie „belebt vs. unbelebt", „Mensch vs. Tier", „Mann vs. Frau" benötigt. Die Vielzahl der Neuronen ist aber für die Repräsentation der Details zuständig.

Bei Kindern im AS bildet sich das hierarchische System der Datenverarbeitung nicht so heraus wie in der ungestörten Entwicklung. Details werden nicht in das hierarchische System eingespeist, vielmehr werden immer neue Verknüpfungen für die Repräsentation von Details gebildet, ohne dass Generalisierungen stattfinden (Krüger 2007/08, 4 ff). Es entstehen mehr neuronale Verknüpfungen bei zugleich reduzierter hierarchischer Gliederung. So schreibt eine amerikanische Tierpsychologin im AS:

> „Beispielsweise ist meine Vorstellung von Hunden unauflösbar mit jedem einzelnen Hund verbunden, dem ich je begegnet bin. Es ist, als besäße ich einen Karteikasten mit Abbildungen aller Hunde, die ich je gesehen habe; dieser Katalog wird ständig umfangreicher, wenn ich meiner Bibliothek weitere Beispiele hinzufüge. Wenn ich an Deutsche Doggen denke, kommt mir als erstes Dansk in den Sinn, die Deutsche Dogge des Direktors meiner High-School. Die nächste Deutsche Dogge, die ich visualisiere, ist Helga, die Nachfolgerin von Dansk. Die nächste ist der Hund meiner Tante in Arizona, und das abschließende Bild stammt aus einer Werbung für Fitwell-Sitzbezüge, in der ein solcher Hund zu sehen war. Normalerweise erscheinen meine Erinnerungen in strikter chronologischer Reihenfolge, und die Bilder, die ich visualisiere, sind stets spezifisch. Es gibt für mich keine allgemeine, generalisierte Deutsche Dogge." (Grandin 1997, 30f)

Diese Art der Datenspeicherung ist nicht ausschließlich defizitär. Sie kostet zwar wesentlich mehr Energie und erschwert bestimmte Generalisierungen, auf der anderen Seite macht sie kreative Lösungen leichter.

In dem Maße, wie die Datenmenge zunimmt, wird die Möglichkeit, diese ungegliedert zu speichern, immer geringer. Dazu würden immer größere Mengen des körpereigenen Zellbrennstoffes Adenosintriphosphat (ATP) benötigt, die aber nicht in diesem Maße nachgeliefert werden können. Dieser Stoff kann nach Verbrennung nur zum Teil aus den Verbrennungsprodukten regeneriert und im Gehirn auch nur in einem sehr geringen Umfang bevorratet werden. Es droht daher bei zu hoher Aktivierung der Neuronen, die für die Details zuständig sind, die datenmäßige Überladung des Gehirns mit einem anschließenden Zusammenbruch seiner Energiezufuhr. Von Menschen im AS selbst wird dieser Zustand als Overload bezeichnet (siehe auch Kapitel 3.5).

Veränderungen kosten mehr Energie, weil man mehr Aufmerksamkeit auf Umgebungsreize richten muss, um sich orientieren zu können (was passiert wann, mit wem usw.). Mehr Informationen zu verarbeiten kostet mehr Energie. Sollte aber der Energieverbrauch bereits ein bedenkliches Niveau erreicht haben, muss jede Veränderung abgewehrt werden, weil sie zum Overload führen könnte. Dies ist allein schon bei der Alltagsbewältigung bei Schülern im AS oft der Fall.

Routinen hingegen geben Sicherheit, weil ihre Ausführung nur einen geringen ATP-Verbrauch im Gehirn zur Folge hat, was schließlich zu Wohlbefinden führt und erneut die Ausführung der routinierten Handlung stimuliert. Die Aufmerksamkeit muss dabei letztlich auf viel weniger Umgebungsreize gerichtet werden, was deutlich weniger energieintensiv ist. So schreibt eine junge Frau im Autismus-Spektrum:

> „Ich merke an mir selbst, wie sehr ich zu Zeiten großer Anspannung auf meine Routinen angewiesen bin. Sie dienen zur Entspannung und steigern mein Wohlbefinden. Routinen sind ein Heilmittel für mich." (Schuster 2007a, 274)

Übergänge oder Veränderungen gestalten

Muss also ein Übergang bzw. eine Veränderung vorbereitet werden, sollte der Energieaufwand des Schülers für andere Aktivitäten und in anderen Lebensbereichen möglichst gering gehalten werden, damit er ausreichende Energiereserven zur kognitiven Verarbeitung der Veränderung zur Verfügung hat. Jeder Mensch hat nur ein genau bestimmtes, für ihn spezifisches Energiepotenzial. Je mehr die Bewältigung des Alltags davon erfordert, desto weniger bleibt für besonders energieintensive Aktivitäten, wie Veränderungen oder Planänderungen übrig. Es ist angebracht, die Tage, an denen Veränderungen anstehen, für das Kind im AS so stressarm wie möglich zu gestalten. Zudem ist es sinnvoll, die Veränderungen so gering wie möglich zu halten.

Eine vertraute Person sollte z. B. mit dem Kind im AS, das in eine neue Lernsituation kommt, zunächst einmal ohne Anwesenheit anderer Kinder so lange den unbekannten, zukünftigen Unterrichtsraum ansehen und erkunden, bis ihm dieser vertraut ist. Zugleich könnte man von den Räumlichkeiten und den zukünftigen Mitschülern und Pädagogen Fotos anfertigen, die es immer wieder anschauen kann.

Es kann schon seinen Platz einnehmen und auch alle Nebenräume, wie beispielsweise die Toilette, kennen lernen. Routinen des späteren Unterrichtsalltags, wie das Auspacken der Tasche, das Melden, oder das Anstellen an der Tür können erfragt und im Kindergarten oder zu Hause als Rollenspiele bereits geübt werden. Auch der Schulweg kann sukzessive trainiert werden. Siehe Checkliste Aufnahme eines Schülers im AS unter www.reinhardt-verlag.de.

Daneben ist es möglich, Planänderungen soweit zur Routine werden zu lassen, dass sie nicht mehr so viel Energie kosten. Man könnte z. B. in den Tagesplan des Kindes ein Symbol einfügen, das eine Überraschung anzeigt. Dies könnte vielleicht ein Schild mit einem Fragezeichen sein. Es wird dem Kind erst in dem Moment verraten, was sich hinter dem Symbol verbirgt, in dem dieser Tagesordnungspunkt erreicht ist. Anfänglich sollte es eine Aktion zu Beginn des Tages sein, damit das Kind nicht zu lange darauf warten muss und unnötige Erregung aufbaut. Es muss zu Beginn zudem etwas sein, das das Kind mag, damit es die Überraschung mit etwas Angenehmem assoziiert. Zusätzlich sollte noch eine andere Belohnung damit verbunden werden. Erst später können es weniger schöne und zunächst sehr kurze Aktivitäten sein, die sich hinter dem Fragezeichen verbergen. Die Belohnung erhält das Kind aber weiterhin. Noch später kann die Überraschung zu anderen Zeiten im Tagesplan verankert werden.

Das Ziel ist, das Kind systematisch an Planänderungen oder unvorhergesehene Ereignisse zu gewöhnen, so dass es dabei weniger Stress oder sogar Angst erleben muss. Auch bei der Gewöhnung an nicht vorherzusehende Aktivitäten gelten Grundsätze einer *Pädagogik der kleinen Schritte*. Die zu vermittelnden Lerninhalte müssen in ihre kleinsten Bestandteile unterteilt werden, die nacheinander vermittelt werden.

Ein vergleichbares Vorgehen empfiehlt sich, wenn der Tagesablauf nicht genau vorhergesehen werden kann. Dies könnte der Fall sein, wenn die Klasse bei Sonnenschein baden, bei Regen aber ins Kino gehen möchte. Hier kann langfristig eine „Entweder-oder-Karte" eingeführt werden, die zwei Alternativen beinhaltet.

Um es noch einmal zu betonen: Es geht mit diesen Überlegungen nicht darum, „Launen" und „Marotten" eines Kindes Vorschub zu leisten, sondern es ihm zu ermöglichen, mit seinen Energieressourcen so zu haushalten, dass es handlungs- und lernfähig bleibt.

3.13 Allgemeine Grundsätze der pädagogischen Arbeit

Um den Bedürfnissen und besonderen Fähigkeiten von Schülern im AS gerecht werden zu können, müssen Pädagogen flexibel sein. Oftmals müssen sie Wege außerhalb der traditionellen pädagogischen Lehr- und Lernpfade suchen und unkonventionelle Entscheidungen treffen. Aussagen, wie „Das wird bei uns immer so gemacht", oder „Ausnahmen sind nicht möglich", dürfen sie nicht gelten lassen. Die ungewöhnlichen Entscheidungen können reizarme Arbeitsplätze genauso betreffen wie Ausnahmeregelungen für die Hofpause. Manchmal kostet es viel Mut und Kraft, dies gegenüber Kollegen und Vorgesetzten zu vertreten, aber es ist der einzige Weg, damit Schüler ihre Schulzeit nicht mehr als die schlimmste ihres Lebens erleben, wie es Christine Preißmann beschrieben hat (2009, 102).

Einzelfallbezogene Hilfen im Unterricht

> „Sinnvoll kann zumindest anfangs die Anwesenheit eines Schulassistenten sein, der sowohl im Unterricht als auch in den Pausen unterstützend tätig sein und somit dem Schüler helfen könnte, die Anforderungen zu bewältigen, ihm gleichzeitig aber auch einen gewissen Schutz vor den Hänseleien seiner Mitschüler bieten sollte." (Preißmann 2009, 109)

Viele Schüler im AS profitieren von einem einzelfallbezogenen Helfer im Unterricht (siehe 2.2), der als „Dolmetscher" gegenüber den Anforderungen des Pädagogen und der Interaktion mit den Mitschülern fungiert, Hilfen gibt und Entlastungen organisiert. Er kann den Schüler auch vor Mobbing und Übergriffen anderer Kinder und Jugendlicher schützen. Er sollte Aufgaben übernehmen, die nicht in den Bereich des Lehrers gehören. In der Zusammenarbeit mit den anderen Pädagogen müssen seine Aufgaben und Kompetenzen klar abgesprochen werden, um Unstimmigkeiten und Missverständnisse zu vermeiden.

Interdisziplinäre Zusammenarbeit

> „Als ich den Raum verlassen hatte, traf mich die Wahrheit wie ein Schlag ins Gesicht, und sie war nur schwer zu ertragen: Das Gesetz konnte auf dem Papier einem Kind eine bestimmte Art von Unterricht garantieren, die Qualität dieses Unterrichts jedoch nicht. Das bedeutet, dass das Gesetz nur so effektiv war wie die Menschen, die es umsetzten – die Lehrer, Therapeuten und die Art, wie sie zusammenarbeiteten und Ideen austauschten. Effektives Teamwork ist bei einem Kind, dass so komplex war wie Rex, unbedingt nötig und daher eine Art Joker in dem Kartenspiel". (Lewis 2010, 183 f)

Üblicherweise sind in die Förderung von Kindern im AS viele verschiedene Personen involviert. Neben der Familie und den schulischen Fachkräften arbeiten oft noch Therapeuten und Einzelfallhelfer mit dem Kind. Leider ist es oft so, dass sich die kurz- und langfristigen Förderziele dieser Personen stark unterscheiden, ihre Ziele sind aber oft nicht transparent. Auf diese Weise geht für das Kind ein großes Potenzial für Entwicklungsförderung verloren.

> In einer Helferrunde, an der neben den Eltern eines Jugendlichen im Autismus-Spektrum die Lehrerin und der Einzelfallhelfer teilnahmen, berichtete die Lehrerin von ihren derzeitigen Förderzielen. Es war ihr gelungen, so berichtete sie stolz, dass der 17-Jährige nun die Tretbewegung auf einem Therapiefahrrad allein ausführen konnte. Ein Therapierad ist mit einem großen Dreirad vergleichbar. Dazu hatte sie viele Einzelunterrichtsstunden genutzt und unermüdlich den Bewegungsablauf unterstützt. Der Einzelfallhelfer war erstaunt. Er hatte am Wochenende zuvor mit dem jungen Mann eine Fahrradtour unternommen. Dieser war ganz allein mit einem gewöhnlichen Herrenrad gefahren.

Viele Stunden intensiver Förderung waren also in ein Ziel investiert worden, das der Jugendliche bereits erreicht hatte. Werden Förderziele aber transparent, werden solche Fehler vermieden.

Es kann oftmals auch in anderen Lebensbereichen an Zielen gearbeitet werden. Soll ein Kind in der Schule bspw. lernen, seinen Namen als Ganzwort zu erkennen, kann dies neben den Eltern auch von Therapeuten und Einzelfallhelfern geübt werden. Für den Schüler ergeben sich viel mehr Übungsanlässe.

Strukturierte Lernangebote

Da Schüler im Autismus-Spektrum ihre Welt oft als chaotisch erleben, brauchen sie Klarheit und Ordnung in ihren Lernangeboten. Strukturierung im pädagogischen Sinne ist die Herstellung einer inneren Gliederung oder Ordnung im Prozess des Lehrens und Lernens. Im strukturierten Unterricht wird die Aufgabe der Strukturierung vom Pädagogen wahrgenommen. Strukturierte Angebote sind überschaubar, motivierend und haben einen Bezug zur Lebenswirklichkeit des Schülers (Bernard-Opitz 2005, 43 f). Es ist zu beachten, dass die Vorstellungen von Ordnung und Struktur eines neurotypischen Pädagogen mit der Wahrnehmung und den Ordnungsbedürfnissen eines Schülers im AS nicht übereinstimmen müssen. Daher muss der Entwicklung eines strukturierten Angebots die Analyse der kognitiven Besonderheiten des Schülers im AS vorangehen und diese mit dem pädagogischen Angebot und den vorgesehenen Lernzielen abgeglichen werden.

Zeit lassen und Pausen geben

> „Wenn der Lehrer etwas erklärte bin ich oft an einem Satz hängen geblieben und habe so den Faden verloren. Oder ich habe die einzelnen Wörter verstanden, konnte aber den Sinn des ganzen Satzes oder des Gespräches

nicht verstehen. […] Es waren oft nicht die Inhalte, sondern das Tempo, das mich verunsicherte."(Sommerhalder 2014, 7)

Die veränderte Wahrnehmungsverarbeitung führt dazu, dass viele Schüler im AS mehr Zeit zum Reagieren brauchen. Schwerer beeinträchtigte Schüler reagieren auf einfache Anforderungen („Zieh deine Jacke aus!") mitunter mit erheblicher Zeitverzögerung. Manche Kinder und Jugendliche mit benötigen mehr Zeit für Tests in der Schule. Es kann im Sinne eines Nachteilsausgleiches verstanden werden, wenn ihnen diese Zeit zugestanden wird.

Da sie von einer unglaublichen Fülle von Informationen überflutet werden und Probleme haben, einfache motorische Abläufe zu automatisieren, sind sie oft schneller erschöpft als andere Kinder und Jugendliche. So brauchen viele der Schüler im AS zusätzliche Erholungspausen.

4 Die „richtige" Schule

Die Entscheidung über den Lernort eines Kindes muss sich an seinen Fähigkeiten und spezifischen Bedürfnissen orientieren. Dies steht auch nicht im Widerspruch zum *Übereinkommen über die Rechte von Menschen mit Behinderungen* (siehe 2.1), denn darin wird in Art. 7 Abs. 2 bestimmt, dass bei allen Maßnahmen, die Kinder mit Behinderungen betreffen, das Kindeswohl ein vorrangig zu berücksichtigender Gesichtspunkt ist. Die Möglichkeit, ein Kind auch segregativ zu unterrichten, wird nicht völlig ausgeschlossen. So ist die Frage, in welcher Schule das Kind die besten Entwicklungsmöglichkeiten findet, unter Berücksichtigung der bestehenden Schulangebote nur individuell zu entscheiden.

4.1 Schulische Inklusion und Integration

Derzeit wird viel über Inklusion diskutiert. Doch Inklusion darf nicht verwechselt werden mit struktureller Eingliederung. Allein dadurch, dass ein Kind im AS im gleichen Raum mit Kindern ohne Behinderung ist, macht es noch nicht automatisch Entwicklungsfortschritte. Eine bedürfnisgerechte schulische Umgebung für Kinder im AS kann weder durch schulpolitischen Aktionismus noch kostenneutral geschaffen werden.

Für den Pädagogen ergeben sich aus der Inklusion zwangsläufig neue Aufgabenfelder. Es wird im Rahmen einer inklusiven Pädagogik notwendig werden, jeden einzelnen Schüler im Spannungsfeld seiner individuellen „Barrieren für das Lernen" (Hinz 2009, 179) und des Systems seiner schulischen Lernumwelt zu betrachten. Fragen nach einem möglichen sonderpädagogischen Förderbedarf werden damit überflüssig.

Ob es sich bei der schulischen Integration und Inklusion um gänzlich verschiedene pädagogische Konzepte handelt, wie z. B. Andreas Hinz es behauptet, oder eher um graduelle Abstufungen bei der Erreichung eines Ziels, wie von Christian Liesen und Franziska Felder erklärt wird (Liesen/Felder 2004), und einige Konzepte integrativer Unterrichtung die Kriterien der Inklusion im Sinne der Behindertenrechtskonvention bereits erfüllen (Poscher et al. 2008, 47), kann hier nicht diskutiert werden.

Argumente für Inklusion und Integration

Folgende Argumente werden für Schüler im AS sowohl für die Inklusion als auch für die Integration gebracht:

- fehlende Stigmatisierungsprozesse,
- die Möglichkeit der Begegnung zwischen Kindern mit und ohne sonderpädagogischen Förderbedarf,

- positive Modelle von anderen Kindern und
- soziale Beziehungen zu Kindern mit neurotypischer Entwicklung.

Es gibt ohne jeden Zweifel Kinder, die von integrativer Beschulung sehr profitieren, wie es aber auch Kinder und Jugendliche gibt, die von den Bedingungen, unter denen schulische Integration derzeit meist erfolgt, erheblich überfordert werden.

Wie Inklusion bzw. Integration gelingen kann

Menschen suchen die Situationen immer wieder auf, die sich für sie als besser erwiesen haben, als sie es erwarteten. Dies ist neurologisch bedingt und hat damit zu tun, dass in solchen Situationen Glücksbotenstoffe ausgeschüttet werden. Sie führen zu einem Glücksgefühl, das einem sagt, dass diese Situationen wieder erlebt werden sollen. Es ist also notwendig, auch soziale Situationen für Kinder im AS so vorzubereiten und zu gestalten, dass sie sie besser erleben, als sie es erwartet hatten.

In Poznań, Polen, werden Kinder im Therapiezentrum sorgfältig auf Gruppenerlebnisse vorbereitet. Zunächst üben sie im 1:1-Setting mit einem Erwachsenen, was sie in der Kindergruppe können müssen, z.B. ein bestimmtes Rollenspiel. Dies geschieht anfänglich im Therapiezentrum, später dann in einem eigenen Raum im Kindergarten.

Beherrscht ein Kind bestimmte Spiele oder Aktionen in der Situation mit dem Erwachsenen, werden einzelne Kinder aus seiner Kindergartengruppe dazugeholt. Nun hat das Kind weitere Übungs- und Lernmöglichkeiten, wobei der Erwachsene dafür sorgt, dass sich diese für alle beteiligten Kinder angenehm gestalten.

In der Gruppensituation braucht das Kind auch neue Fähigkeiten zur Interaktion. „Ein Zweiergespräch ist dabei einem Tennisspiel vergleichbar, der Austausch in einer Gruppe einem Fußballspiel", schreibt Tony Attwood (Attwood 2008, 72). Es sind viel mehr Informationen zu berücksichtigen. Auch diese Fähigkeiten muss das Kind im AS in kleinen Schritten erwerben.

Erst wenn das Kind in der kleinen Gruppe besteht, geht es nun unter Begleitung des Erwachsenen in seine Kindergartengruppe, um dort die vielfach geübte Situation zu erleben. Der Therapeut ist der Garant dafür, dass es wieder für alle Kinder eine angenehme Situation ist und alle Beteiligten „Besser-als-erwartet-Gefühle" haben. In der Folge sucht das Kind die Gruppensituationen immer wieder und hat Lernmöglichkeiten. Die Möglichkeiten, sich mit anderen verbunden zu fühlen, wachsen. Die Zeiten, in denen das Kind mit dem Erwachsenen in der 1:1-Situation ist, werden zugunsten der Gruppensituationen immer weiter eingeschränkt, bis das Kind endlich ausschließlich in der großen Kindergruppe ist (Urbaniak/Schirmer 2012).

In verschiedenen Spieltherapien für Kinder im AS wird genau nach diesem Prinzip vorgegangen. Ziel ist es, die soziale Interaktion und Kommunikation mit neurotypischen Gleichaltrigen zu unterstützen. Sie kann in Kindergärten, Schulen oder an anderen Orten stattfinden. Grundsätzlich müssen die Gleichaltrigen von Erwachsenen angeleitet und begleitet werden. Sonst profitieren die Kinder im AS nicht oder nur wenig von den Gleichaltrigen (Freitag 2008, 91).

Wie sieht aber das herkömmliche Integrationsmodell aus? Ohne Rücksicht darauf, welche sozialen Lernvoraussetzungen Kinder im AS haben, nehmen sie am Unterricht einer großen Kindergruppe teil. Immer dann, wenn das Kind von sensorischen Reizen überflutet und von der sozialen Situation überfordert ist, darf es sich in eine Einzelsituation zurückziehen. Dieses Vorgehen garantiert „Besser-als-erwartet-Gefühle" für alle Beteiligten, wenn das Kind in der Einzelsituation ist. Dies ist dann auch die Situation, die es immer wieder suchen wird.

Man sollte also besser den umgekehrten als den bisher gegangenen Weg wählen und aus der Einzel- oder Kleingruppensituation die Teilnahme am Unterricht einer größeren Gruppe schrittweise und sorgfältig entwickeln.

4.2 Schulen mit Förderschwerpunkt oder spezielle Klassen

Genausowenig, wie man generell davon ausgehen sollte, dass für alle Schüler im AS eine inklusive oder integrative Beschulung die besten Entwicklungsmöglichkeiten bietet, kann man allgemein sagen, dass segregative Beschulungsformen deren Entwicklung am besten unterstützen (Poscher et al. 2008, 33). Pauschale Einschätzungen berücksichtigen die individuellen Lernvoraussetzungen der einzelnen Schüler nicht.

Kinder im Autismus-Spektrum haben eine derart große Palette unterschiedlicher Lernvoraussetzungen und Förderbedürfnisse, dass eine individuelle Entscheidung über den Lernort wichtig ist. Als Argumente für eine segregative Beschulung in einer Schule mit einem Förderschwerpunkt oder einer speziellen Klasse gelten:

- die geringere Klassengröße,
- der bessere Betreuungsschlüssel,
- sonderpädagogische Kompetenz vor Ort,
- oft eine bessere Raumausstattung,
- oft in den Unterrichtsalltag integrierte Therapieangebote.

4.3 Gastschüler in einer anderen Schule

Entsprechend der Empfehlungen der Kultusminister kann in der Bundesrepublik Deutschland ein Schüler im AS eine Schule mit Förderschwerpunkt besuchen und in einigen Fächern Gast in einer Klasse mit Schülern ohne sonderpädagogischen Förderbedarf sein. Ausgangspunkt der Überlegungen, welche Schule, welche Klassenstufe und welches Unterrichtsfach sich für den einzelnen Schüler zur Hospitation eignen, muss die Annahme sein, dass der betreffende Schüler von der Teilnahme am Unterricht in einer Klasse eines anderen Schultyps profitiert.

Zur Vorbereitung einer Gastschülerschaft sind folgende Schritte notwendig:

- Gemeinsam mit der Schulleitung müssen die Fragen der Begleitung und der in Frage kommenden Schulen geklärt werden.
- Die Kinder und Pädagogen der aufnehmenden Schule und der Schüler selbst mit seinen Eltern sollten gründlich auf die neue Situation vorbereitet werden.
- Sinnvoll ist die Hospitation in einem Fach, das den Interessen des Schülers entspricht und ihn fachlich nicht überfordert.
- Nach einigen Wochen der Gastschülerschaft sollte eine Helferkonferenz tagen, in der geklärt wird, ob die Maßnahme entwicklungsfördernd ist, bzw. wie sie verändert werden soll.

4.4 Fragen, die die Entscheidung erleichtern können

Die Beantwortung folgender Fragen ist bei der Suche nach einer für das Kind geeigneten Schule hilfreich:

- Wie viele Kinder kann das Kind in einer Gruppe aushalten? Fast alle Schüler im Autismus-Spektrum sind mit einer Klassenfrequenz von mehr als 20 Schülern überfordert. Viele Mitschüler im gleichen Raum bedeuten viele Informationen auf allen Sinneskanälen, die zu verarbeiten sind. Dies kostet das Kind im AS mehr Energie als andere Kinder, die es aber dringend für das Lernen bräuchte. Um erfolgreich lernen zu können, benötigt es deshalb oft eine kleine Gruppengröße.
- Welche Stärken hat es? Kann es ein Regel-Curriculum erfüllen?
- Welche Bereiche seiner Persönlichkeit müssen besonders gefördert werden? Sind in der in Frage kommenden Schule geeignete Möglichkeiten, diese Bereiche zu fördern?
- Welche Schule ist mit akzeptablen Anfahrtswegen erreichbar?
- Gibt es engagierte Lehrer, die das Kind gern unterrichten?
- Sind die Pädagogen der Schule auch zu ungewöhnlichen Maßnahmen und Entscheidungen bereit, wenn sie dem Wohl des Kindes dienen?

5 Besondere Probleme im pädagogischen Alltag

5.1 Der Umgang mit Fremd- und Autoaggressionen

Aggressionen sind zwar kein Symptom von Menschen im Autismus-Spektrum, treten aber bei ungefähr der Hälfte aller Kinder und Jugendlichen (Busse 2001, 17). Das ist weit häufiger als bei anderen Schülern. Einige Lehrer fühlen dem Verhalten gegenüber hilflos, weil sie es auf eine Psychopathologie zurückführen und davon ausgehen, dass sich das Verhalten nicht mit pädagogischen Mitteln beeinflussen lässt. Dass dies durchaus nicht der Fall ist, wird in diesem Kapitel gezeigt.

Das häufige Auftreten von Aggressionen bei diesen Schülern lässt sich zum einen damit erklären, dass Kinder und Jugendliche im AS aufgrund ihrer eingeschränkten kommunikativen Möglichkeiten Schwierigkeiten damit haben, ihre Bedürfnisse zu artikulieren und durchzusetzen. Zum anderen erleben sie ihre Welt oft als chaotisch und wenig vorhersehbar, was ihnen Angst macht und zu Frustrationen führt, die wiederum in Aggressionen münden können. Es gibt noch eine dritte, entwicklungspsychologische Erklärung für das besonders häufige Auftreten von Aggressionen bei Menschen im AS. Sie ist allerdings für den pädagogischen Umgang weniger wichtig (siehe aber Schirmer 2005, 27 ff).

Folgen von Aggressionen bei anderen Personen

In einer Untersuchung über die Arbeitsbelastung von Lehrern wurde festgestellt, dass insbesondere aggressives Verhalten zu einer hohen Belastung führt (Leppert 1997, 54). Oft ist es für die Pädagogen besonders schwierig, das aggressive Verhalten zu ertragen, weil sie den Grund dafür nicht verstehen können. Sie erleben Aggressionen als weniger belastend, wenn sie ihre Ursache kennen (Delacato 1985, 107). Einige mögliche Erklärungen sollen nun im Folgenden gegeben werden.

Folgen für den aggressiven Schüler im AS

Oft führen seine Aggressionen für das Kind im AS zu Selbstgefährdungen, Beeinträchtigungen bei der Möglichkeit zu lernen sowie zu sozialer Isolation. Die anderen Kinder haben Angst vor ihm und wollen nicht mit ihm spielen, neben ihm sitzen oder gehen. Manchmal beschweren sich Eltern von Mitschülern über das aggressive Verhalten. Oft folgen Überlegungen, ob der Schüler überhaupt in einer Gruppe unterrichtet werden kann.

Nicht selten werden Kinder und Jugendliche im AS und aggressivem Verhalten zur Krisenintervention in psychiatrische Kliniken aufgenommen, wenn die Bezugspersonen die Verhaltensweisen nicht mehr bewältigen können und Gefahren für den Schüler oder Mitschüler auftreten.

Was sind Aggressionen?

Manchmal sind sich Pädagogen untereinander oder auch Eltern und Pädagogen bei der Einschätzung eines Verhaltens nicht einig. Man kann sich folgende Situation vorstellen:

> Der nicht sprechende Thomas stößt seine Mitschüler jeden Morgen heftig gegen die Brust. „Das ist seine Art, sie zu begrüßen", meint eine Lehrerin. „Er will sie wegstoßen, weil er sich von ihnen gestört fühlt", meint eine andere.

Ein Verhalten muss von einem Beobachter erst als Aggression bewertet werden. Eine Handlung kann nämlich als Aggression interpretiert werden – oder auch nicht. Gegenwärtig fasst man unter der Bezeichnung Aggression unterschiedlichste Verhaltensweisen zusammen. Häufig wird der Begriff der Aggression mit der Schädigung einer Person oder eines Gegenstandes verbunden.

Eine Schädigungsabsicht kann man Schülern im AS nicht grundsätzlich unterstellen. Indem man dem Schüler eine Intention unterstellt, geht man zudem davon aus, dass er Alternativen und Kontrollmöglichkeiten zur Verfügung hat und sein Verhalten auch unterlassen könnte. Im Weiteren werden aber Beispiele aufgezeigt werden, in denen die Kontrolle des Verhaltens aus unterschiedlichen Gründen außer Kraft gesetzt ist, der Pädagoge aber trotzdem Aggressionen erlebt.

In der vorliegenden Darstellung werden unter dem Begriff Aggression alle Handlungen zusammengefasst, die eine Beleidigung, Bedrohung, Herabsetzung oder die Demütigung eines oder mehrerer anderer Menschen bzw. Beschädigung oder Verletzung von Lebewesen oder Gegenständen zur Folge haben.

Bewertung von Verhalten

Manchmal hilft es, den vom eigenen abweichenden Standpunkt eines anderen besser nachzuvollziehen, wenn man versteht, wovon die Bewertung eines Verhaltens abhängig ist. Zum einen ist der Kontext wichtig, in den es eingebettet ist. Ein Beispiel:

> Ein Stift fällt auf die Erde. Sieht der Lehrer einen wütenden Schüler, der vielleicht noch sein Heft auf den Boden wirft, wird er die Situation anders bewerten als wenn er einen erblickt, dem bei der Arbeit die Materialien zu nahe an die Tischkante geraten sind.

Wie die Entscheidung ausfällt, hängt aber auch davon ab, welche Vorerfahrungen der Pädagoge hat. Wer einmal von einem Schüler angegriffen wurde, wird bei dem nächsten Zusammentreffen eine schnelle Bewegung von ihm vielleicht schon als Angriff interpretieren und anders reagieren, als wenn er diese Erfahrung nicht gemacht hätte. Schließlich kann bereits der Anblick des Kindes oder Jugendlichen Stress bei ihm auslösen. Seine Gegenwart erinnert den Pädagogen an vorangegangene negative Erlebnisse und lässt ihn weitere Aggressionen erwarten. Dadurch entsteht Spannung, die den Schüler u. U. zu weiterem Problemverhalten veranlassen kann. In einer derartigen Situation kann eine Supervision eine sinnvolle Hilfe sein, um wieder eine Distanz zu dem Schüler und seinem Verhalten zu bekommen.

Auch unterschiedliche kulturelle Normen führen zu verschiedenen Verhaltensbewertungen. Ist das Boxen gegen die Brust eines anderen ein Begrüßungsritual oder eine Aggression?

Erlernt oder angeboren?

Verhaltensforscher verweisen darauf, dass alle Kinder von sich aus Aggressionen zeigen (Eibl-Eibesfeldt 2000, 212). Sie versuchen so, ihre Interessen durchzusetzen. Grundsätzlich nutzen Menschen langfristig dabei immer die Verhaltensstrategien, die sich als die erfolgreichsten erwiesen haben. Für einige Schüler im AS sind dies aufgrund ihrer kommunikativen Beeinträchtigungen eben Aggressionen, während für die meisten Kinder mit ungestörter Entwicklung verbale Äußerungen bereits im Vorschulalter erfolgreicher werden. Hieraus ergeben sich Schlussfolgerungen für den Umgang: Schülern im AS müssen neue Strategien zur Durchsetzung ihrer Interessen vermittelt werden, die sich als erfolgreicher erweisen als Aggressionen. Dies können verschiedene Formen der Kommunikation sein.

„Normale" und „besondere" Aggression

Aggressionen sind zwar ein Alltagsphänomen, denn jeder Mensch verhält sich irgendwann aggressiv, dennoch fällt ca. die Hälfte der Schüler im AS durch ihre besondere Aggressivität auf. Doch wie unterscheidet man dann „normale" von der „besonderen" Aggression? Diese Unterscheidung ist nicht ohne Weiteres möglich. In welchem Rahmen und welchem Umfang eine Gesellschaft Aggression toleriert, ist kulturell bestimmt und wird über

Lernprozesse vermittelt. Die Aggressionen, von denen hier die Rede ist, stellen eine übersteigerte, kulturell nicht akzeptierte Form eines alltäglichen Phänomens dar.

Als Pädagoge bestimmt man in einem gewissen Rahmen selbst, welche Verhaltensweisen akzeptiert werden und welche nicht. Man sollte am besten im Team und mit den Eltern gemeinsam überlegen, welche Wörter oder Sätze z. B. in der Klasse nicht erwünscht sind und welche Verhaltensweisen nicht zugelassen werden können. Darüber hinaus darf nicht vergessen werden, dass Pädagogen selbst eine Modellfunktion haben.

Aggressivem Verhalten vorbeugen

Grundsätzlich sollte das Lernumfeld so gestaltet werden, dass aggressives Verhalten erschwert wird. Schließlich gilt es ja auch, einen Schüler mit autoaggressivem Verhalten selbst bzw. andere Menschen vor Übergriffen zu schützen.

Bereits die Gestaltung des Raumes kann dazu beitragen, Übergriffe zu erschweren, z. B. wenn der Schüler, der beim Frühstück oft andere Kinder schlägt, an der Stirnseite des Tisches frühstückt und niemand innerhalb seines unmittelbaren Aktionsradius sitzt.

Auch eine Veränderung in der Zeitstruktur des Tages kann manchmal das Auftreten von Aggressionen erschweren. Unstrukturierte Situationen sind gerade für Schüler im AS schwer zu ertragen, weil sie zu viele Informationen enthalten, die ihn überfordern. Wenn alle Kinder zur gleichen Zeit mit dem Transport vor der Schule ankommen, viele Menschen zur gleichen Zeit reden und sich in unterschiedliche Richtungen bewegen, kann dies eine so starke Überforderung darstellen, dass Aggressionen entstehen. Vielleicht kann das Kind etwas später kommen, wenn alle anderen schon in ihren Räumen sind. Das Kind wird in der reizintensiven Ankommenssituation nicht überfordert und möglicherweise auch anders reagieren.

Mimik und Körpersprache verstehen

Kinder und Jugendliche im AS sind beeinträchtigt in ihrer Fähigkeit, die Körpersprache anderer Menschen zu verstehen (siehe 3.3). Das stellt einen Risikofaktor für das Auftreten von Aggressionen dar. Einerseits fühlen sich einige schnell bedroht, weil sie die Mimik und Gestik anderer nicht verstehen. Andererseits führt Angst anderer Menschen nicht dazu, dass sie das aggressive Verhalten beenden, weil sie die körpersprachlichen Zeichen der Angst nicht erkennen können. Übungen im Verständnis von körpersprachlichen Signalen können also der Aggressionsprophylaxe dienen.

Kommunikationsförderung

Es gibt einen Zusammenhang zwischen dem Auftreten von Aggressionen und der Fähigkeit zur differenzierten verbalen Kommunikation (Rohmann/Hartmann 1988, 38). Einige Schüler im AS nutzen Aggressionen als sehr wirkungsvolle Kommunikationsmittel. Kommunikationsförderung ist also zugleich Aggressionsprophylaxe.

Ernährung

Darüber hinaus gibt es einen nachgewiesenen Zusammenhang zwischen unausgewogener Ernährung und dem Auftreten von Aggressionen (Thorbrietz 2003, 128). Gerade Kinder und Jugendliche im AS ernähren sich aber oft sehr einseitig. Eine Ernährungsumstellung kann deshalb möglicherweise aggressionsmindernd wirken. Sie sollte immer in Zusammenarbeit mit den Eltern begonnen werden und ist aufgrund der Veränderungsängste vieler Schüler im AS schwierig. Hinweise, wie man versuchen kann, die Ernährung umzustellen, findet man bei Schirmer (2006).

Das aggressive Verhalten nicht belohnen

Es besteht die Möglichkeit, dass aggressives Verhalten bei einem Kind im AS geradezu trainiert wird. Dies geschieht, wenn der Aggression positive Konsequenzen für den Schüler folgen. Sie können z.B. aus Aufmerksamkeit, aber auch aus Entlastung von unangenehmen Anforderungen bestehen.

Ein häufiger Fehler in der pädagogischen Praxis ist, einem Schüler im AS besondere Aufmerksamkeit gerade bei aggressivem Verhalten zu geben. In anderen Situationen, in denen er sich nicht aggressiv verhält, wird er hingegen nur wenig beachtet, weil der Pädagoge froh ist, sich endlich einmal anderen Schülern intensiver zuwenden zu können. Was folgt aber nun das Kind? Es lohnt sich, aggressives Verhalten zu zeigen. Und auch ausgeschimpft und bestraft zu werden, ist besser als gar nicht beachtet zu werden. Es ist also sinnvoll, die eigene Reaktion auf die Aggression des Schülers zu reflektieren.

Manchmal hingegen, z.B. wenn der Schüler selbst oder Mitschüler geschützt werden müssen, ist es am Wichtigsten, die Aggression von vornherein zu verhindern. Kann man ein Bedürfnis erkennen, dass das Kind zu seinem problematischen Verhalten motiviert, kann man versuchen, es schon vor dem Auftreten der Aggression zu befriedigen.

> Wenn z.B. ein Schüler bei jeder Geburtstagsfeier beginnt, die Dekoration zu demontieren und das Geburtstagskind zu bedrängen, weil er unbedingt einen Luftballon haben möchte, kann man ihm schon einen geben, bevor die Party beginnt.

Die Raumgröße

Kinder und Jugendliche im AS, die leicht durch die Vielzahl der auf sie einströmenden Reize überfordert werden, brauchen in der Schule einen Raum oder eine ruhige, abgeschirmte Ecke, wo sie sich entspannen und erholen können. Es gibt einen Zusammenhang zwischen der Größe des über einen längeren Zeitraum zur Verfügung stehenden Raumes und der Wahrscheinlichkeit des Auftretens von Aggressionen (Essau / Conradt 2004, 98).

Die Gruppenzusammensetzung

Noch stärker aggressionsfördernd wirkt aber die Aufnahme neuer Schüler in die Lerngruppe (Fromm 2003, 124). In allen Gruppen bilden sich Hierarchien, jedes Mitglied hat seinen Platz in der Gruppe. Ein neues Gruppenmitglied muss diesen Platz erst finden, die anderen wollen ihren bewahren, und dazu werden möglicherweise Aggressionen eingesetzt. Unter dem Gesichtspunkt einer Aggressionsprophylaxe sollten Lerngruppen also stabil bleiben – einschließlich der Pädagogen.

Der Umgang mit Aggressionen

Spontan beginnen Pädagogen bei aggressivem Verhalten zu schimpfen oder zu strafen. Doch oftmals erweisen sich die Formen des Umgangs mit dem Verhalten als nicht angemessen – es tritt immer wieder auf. Trotzdem erscheint den Pädagogen dieser Umgang mit dem problematischen Verhalten als der einzig mögliche.

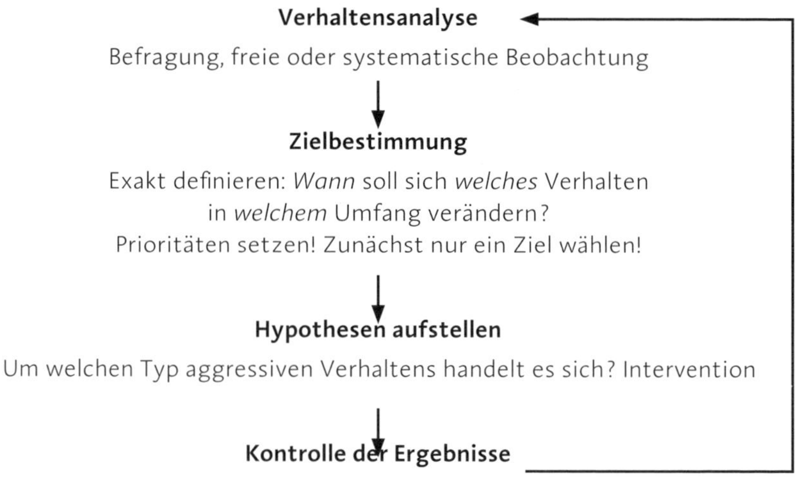

Verhaltensanalyse
Befragung, freie oder systematische Beobachtung

↓

Zielbestimmung
Exakt definieren: *Wann* soll sich *welches* Verhalten
in *welchem* Umfang verändern?
Prioritäten setzen! Zunächst nur ein Ziel wählen!

↓

Hypothesen aufstellen
Um welchen Typ aggressiven Verhaltens handelt es sich? Intervention

↓

Kontrolle der Ergebnisse

Abb. 18: Ablaufschema zur Verhaltensänderung

Mitunter halten sie an alten Verhaltensmustern fest, weil sie keine Alternativen kennen. Es ist jedoch sinnvoll, auf problematisches Verhalten anders als mit dem bisherigen, eingeschliffenen Verhaltensmuster zu reagieren, um aus der Spirale von Aggression, Strafe, mehr Aggression, mehr Strafe usw. auszubrechen. Wenn man das Verhalten eines Kindes im AS verändern will, muss sich für das Kind etwas ändern: wie es angesprochen wird oder wo es sitzt, wie auf sein Verhalten reagiert wird oder was ihm angeboten wird. Im Folgenden sollen einige Handlungsalternativen vorgestellt werden.

Die Verhaltensanalyse

Um herauszufinden, was sich für den Schüler ändern sollte, damit er zu anderem Verhalten veranlasst wird, muss das aggressive Verhalten mit seinen Begleitumständen genauer untersucht werden. Man kann davon ausgehen, dass die Maßnahmen, denen eine Verhaltensanalyse vorausgeht, im Allgemeinen einen länger anhaltenden Erfolg haben (Mühl et al. 1996, 50 f). Eine gründliche Vorbereitung kostet also den Pädagogen zunächst zusätzliche Kraft, spart sie aber langfristig.

Das Verhalten genau beschreiben

Damit Einigkeit darüber herrscht, mit welchem Verhalten man sich im Team beschäftigt, muss es zunächst für alle klar beschrieben werden. Dabei ist es wichtig, nicht zu erklären, wie jemand ist, sondern was er tut!

Pädagogen schildern Aggressionen gelegentlich auch zu allgemein für die Wahl von konkreten Maßnahmen, etwa „Er schlägt den ganzen Tag." Zu einer sehr exakten Beschreibung kommt man, wenn man sich vorstellt, man würde eine Person, die das Verhalten noch nie gesehen hat, verbal anleiten, so dass sie es vorspielen kann (Glasberg 2006, 47).

Es ist in jedem Fall sinnvoll, bei der Verhaltensanalyse nicht nur den Blick auf das aggressive Verhalten zu beschränken, sondern zugleich das Kommunikationsvermögen des Kindes zu berücksichtigen. Des Weiteren gehört zur Verhaltensbeobachtung auch die Beobachtung, was dem Problemverhalten vorausging und wie darauf reagiert wird. Wenn auf das aggressive Verhalten immer bestimmte Reaktionen folgen, kann man davon ausgehen, dass das Kind mit seiner Aggression genau dies bezweckt. Es hat eine Möglichkeit gefunden, ein Ziel zu erreichen. Ein Beispiel:

> Julian ist ein Kind im Autismus-Spektrum und neun Jahre alt. Er kündigte beim gemeinsamen Frühstück mit der ganzen Klasse regelmäßig an: „Nasenbluten machen, ja, Nasenbluten machen" und stieß sich dann den Zeigefinger tief in das Nasenloch, so dass es heftig zu bluten begann. Julian wurde daraufhin schnell von seinen Lehrerinnen ins Bad gebracht, um dort

> die Blutung zu stillen und ihn zu säubern. Er hatte eine Möglichkeit gefunden, die ihn sehr anstrengende Frühstückssituation zu beenden.

Eine Hilfe bei der Beobachtung des Verhaltens kann die Checkliste zur Verhaltensbeobachtung geben. Diese steht unter www.reinhardt-verlag.de zum Download bereit. Nicht immer lassen sich alle Spalten ausfüllen. Das ist auch nicht notwendig. Jede Spalte allerdings (mit Ausnahme der Beschreibung des Verhaltens), in die etwas eingetragen wurde, zeigt, dass man an dieser Stelle u. U. etwas verändern kann.

Viele Informationen kann man durch eine Befragung der anderen Bezugspersonen, also der Eltern, aber auch der Einzelfallhelfer oder Therapeuten, vielleicht sogar der Mitschüler oder des Kindes selbst, erhalten. Diese kann in Form eines strukturierten oder unstrukturierten Gesprächs, eines Interviews, mithilfe von Checklisten oder Fragebögen durchgeführt werden. Einen Überblick über verschiedene Interviews und Checklisten findet man bei Mühl, Neukäter und Schulz (1996). Manchmal haben Eltern, Einzelfallhelfer oder Therapeuten schon Erfahrungen im Umgang mit dem Verhalten gemacht, auf die man zurückgreifen kann.

Mitschüler werden oft unterschätzt in ihrer Beobachtungsgabe. Wenn man sie fragt: „Sicher hast Du auch schon gesehen, dass Stephan manchmal andere Kinder beißt. Weißt Du, in welchen Situationen er das tut? Was glaubst Du kann man machen, um das Beißen zu verhindern?", bekommt man mitunter ganz neue Anregungen für den Umgang mit dem aggressiven Verhalten. Verfügt er über ausreichende kommunikative Fähigkeiten, kann man auch den Schüler selbst nach den Gründen seines Verhaltens befragen:

> Ein Gymnasiast im Autismus-Spektrum wurde zu einer Aussprache gebeten, weil er mehrfach und trotz Ermahnungen auf dem Schulhof Fahrrad gefahren war. Die Hausordnung untersagte dies, und es wurde von den Lehrern als aggressive Regelverletzung interpretiert. Gefragt, warum er es tue, antwortete er, dass es ihm manchmal so laut erschien in seinem Klassenraum, dass er befürchtete, die Kontrolle zu verlieren. Dann verließe er lieber den Klassenraum und führe drei Runden auf dem leeren Schulhof mit seinem Rad, um sich abzureagieren. Anschließend könne er dann in den Unterricht zurückkehren.

Der junge Mann hatte also versucht, sein Verhalten zu kontrollieren. Anstatt ihn zu bestrafen, wurde für ihn eine Ausnahme von der Hausordnung zugelassen.

Eine gründliche Analyse des Verhaltens ist noch aus einem weiteren Grund sinnvoll. Wenn sich Pädagogen oder Eltern über das Verhalten eines Kindes austauschen, stellt möglicherweise jemand fest: „Bei mir macht er das nicht!" Bei einer solchen Feststellung ist Vorsicht geboten, denn implizit disqualifiziert sie den Gesprächspartner. Obgleich die Aussage an sich völlig wertfrei ist, wird doch zugleich unterstellt, dass das Vorgehen des anderen nicht angemessen ist. Dieser gerät in eine Position, in der er das eigene Verhalten rechtfertigen und zugleich erschwerende Umstände benennen muss. Es wird dann mehr über die Qualifikation des Pädagogen oder Elternteils gesprochen als über das problematische Verhalten des Schülers. Für eine konstruktive Suche nach geeigneten Strategien, mit dem Verhalten umzugehen, sind diese Situationen nicht sinnvoll.

Sollte das aggressive Verhalten tatsächlich nur in einem Lebensbereich auftreten, muss versucht werden, genau zu beschreiben, was dort anders ist. Wird anders auf die Aggression des Kindes reagiert oder erhält es präzisere Aufforderungen? Sind mehr Personen im Raum anwesend?

Manchmal ist es nicht möglich herauszufinden, warum sich das Kind bei einer bestimmten Person besonders aggressiv verhält. Doch Schuldzuweisungen helfen dann auch nicht, um die Situation zu verändern.

Die Zielbestimmung

Grundsätzlich beginnt man mit der Arbeit an gefährlichem, z. B. selbstverletzendem Verhalten. Danach berücksichtigt man solche Verhaltensweisen, die das Kind oder seine Mitmenschen stark beeinträchtigen, z. B. lautes Schreien in öffentlichen Verkehrsmitteln (Glasberg 2006, 45).

Für die Zielbestimmung ist es wichtig, ein wirklich zu bewältigendes Ziel auszuwählen. Man muss berücksichtigen, dass man als Pädagoge auf das Verhalten eines Schülers nur in begrenztem Maße Einfluss hat, das eigene hingegen kann man steuern. Eine wichtige Frage ist also, welche Rahmenbedingungen man selbst wie lange so gestalten kann, sodass der Schüler zu einer Verhaltensänderung veranlasst wird.

Dazu sollten Prioritäten gesetzt werden. Am besten, man beschränkt sich zunächst auf ein einziges Verhalten (z. B. Thomas beißt andere Kinder nicht mehr) und auf eine bestimmte Zeit (im Morgenkreis). Das Ziel einer Intervention kann die Reduktion
1. der Häufigkeit,
2. der Dauer oder
3. der Schwere einer Aggression sein oder aber
4. die Aggression gänzlich zu unterbinden.

Oft stellen Pädagogen die Frage, ob andere Aggressionen oder das Beißen in anderen Situationen hingenommen werden soll. Nein, natürlich nicht! Aber es soll gezielt eine Verhaltensveränderung herbeigeführt werden. Die muss der Pädagoge vorbereiten, alle Maßnahmen verinnerlichen und längere Zeit konsequent verfolgen.

Gelingt es, auch nur eine einzige aggressive Verhaltensweise zu verändern, fühlt sich der Lehrer dem Verhalten nicht mehr so ausgeliefert. Er gewinnt den Eindruck, dass er auf die Aggressionen seines Schülers Einfluss nehmen kann. Seine eigene Belastung sinkt. Dadurch verhält er sich anders dem Schüler gegenüber und setzt möglicherweise wiederum eine Veränderung im Verhalten des Kindes in Gang. Das Ziel sollte in jedem Fall so klar und überprüfbar formuliert werden, dass es bei der Bewertung der Ergebnisse der Maßnahmen eindeutig möglich ist zu entscheiden, ob es erreicht wurde oder nicht.

Doch wie soll man nun ganz konkret mit dem aggressiven Verhalten umgehen? Um diese Frage zu beantworten, muss man sich vergegenwärtigen, dass Aggressionen unterschiedlich motiviert sein können. Man kann von verschiedenen Typen der Aggression sprechen, die zugleich verschiedene Formen der Intervention notwendig machen.

Formen aggressiven Verhaltens und Regeln zum Umgang

Bevor mit pädagogischen Maßnahmen begonnen wird, sollten alle räumlichen und zeitlichen Veränderungen ausgeschöpft werden. Manches Problemverhalten wird reduziert, wenn der Schüler z. B. nach dem morgendlichen Gedränge im Schulfoyer das Gebäude betritt oder er im Klassenraum einen anderen Arbeitsplatz bekommt. Fruchten diese Maßnahmen nicht, muss das Pädagogenteam eine Vermutung anstellen, wie das aggressive Verhalten eines Schülers im AS motiviert ist. Vermutungen beinhalten die Möglichkeit eines Irrtums. Dieses Fehlerrisiko muss eingegangen werden.

Instrumentell-aggressives Verhalten

> Susanne ist neun Jahre alt und im Autismus-Spektrum. Wenn ihr die Lehrerin eine Aufgabe stellt, beginnt sie oft zu schreien. Ihre Schulbegleiterin muss mit Susanne dann den Klassenraum verlassen.

Der erste Typ, der vorgestellt werden soll, ist die instrumentell-aggressive Aggression. Sie wird zum Zweck der Durchsetzung eines Zieles eingesetzt. Instrumentell-aggressive Aggressionen haben eine positive Konsequenz: Der aggressive Schüler erhält etwas Angenehmes, das kann Aufmerksamkeit und Zuwendung ebenso sein wie eine Süßigkeit oder Spielzeug. Es gibt außerdem noch die Möglichkeit, dass aggressives Verhalten eingesetzt wird, um unangenehme Situationen zu vermeiden oder zu beenden. Instrumentell-aggressives Verhalten kann als Folge unzureichender kommunikativer Kompetenz interpretiert werden, denn dem Schüler ist es nicht möglich, seine Ziele mit sozial adäquaten Mitteln zu erreichen.

Ist er mit seinem aggressiven Verhalten erfolgreich, wird dieses Muster gelernt und in der Folgezeit häufiger angewendet bzw. auf andere Situationen übertragen.

Handelt es sich um instrumentell-aggressives Verhalten, ist demnach eine lerntheoretisch ausgerichtete Intervention sinnvoll. Es handelt sich um ein Verhalten, das aufgrund der Reaktionen, die ihm folgen, als erfolgreiches Verhalten gelernt wurde. Je weniger oft das Kind die Erfahrung macht, dass sein aggressives Verhalten angenehme Folgen hat, desto leichter kann es alternatives Verhalten lernen.

Hat man erkannt, dass das aggressive Verhalten eine positive Konsequenz für den Schüler hat, ist die Möglichkeit der Veränderung aufgezeigt:

- Die positive Folge darf nicht mehr eintreten, wenn das aggressive Verhalten gezeigt wird.
- Aber: Welches Bedürfnis steckt hinter dem Verhalten? Welche sozial verträgliche Alternative gibt es, das Bedürfnis zu artikulieren oder es befriedigt zu bekommen? Die positive Folge muss eintreten, wenn der Schüler ein Verhalten zeigt, das sozial verträglich ist.

Das darf nicht heißen, dass der Schüler nun jede pädagogische Zielsetzung untergräbt, weil man jedem seiner Bedürfnisse sofort nachgibt. Doch andere Schüler haben bessere kommunikative Möglichkeiten, um ihre Bedürfnisse zu artikulieren und durchzusetzen. Fühlen sie sich überfordert, können sie bspw. mit dem Pädagogen Kompromisse aushandeln.

Im Falle von Susanne aus dem oben geschilderten Beispiel könnte man davon ausgehen, dass sie der Anforderung ausweichen will. Keinesfalls sollen nun keine Anforderungen mehr an sie gestellt werden, wenn sie nicht schreit. Aber es muss überlegt werden, ob sie die Aufgaben, die ihr gestellt werden, auch tatsächlich bewältigen kann, oder ob sie in Umfang oder Schweregrad reduziert werden sollten. Oder es ist zu durchdenken, welche Hilfe sie benötigt, um zum Erfolg zu kommen, bzw. wie sie für die Erledigung der Aufgabe motiviert werden kann (siehe 3.5).

Ihr Protestschreien muss dann tatsächlich von allen ertragen werden, bis sie gelernt hat, dass ihr Schreien nicht mehr dazu führt, dass sie den Raum verlassen darf. Zugleich hilft der Pädagoge Susanne, die Aufgabe erfolgreich zu bewältigen. Nach Beendigung der Aufgabe folgt eine Belohnung. Diese kann auch darin bestehen, eine genau festgelegte Zeit mit der Schulbegleiterin in einem Raum zu verbringen. Außerdem sollte Susanne lernen, um Hilfe zu bitten. Das könnte sie z.B. mit einem vereinbarten Zeichen, einer Karte, die sie der Lehrerin gibt, oder einem Wort.

Entscheidend ist also generell nicht nur, das aggressive Verhalten abzubauen, sondern zugleich alternatives Verhalten zu entwickeln. Man darf nicht davon ausgehen, dass Susanne weiß, *was* sie machen soll, wenn man ihr nur sagt, was sie *nicht* machen darf, nämlich schreien. Im ungünstigsten Fall ersetzt man sonst ein aggressives Verhalten durch ein anderes. Susanne schreit also nicht mehr, beißt sich aber möglicherweise in die Hand. Sie versucht, eine andere Strategie zu finden, um der Anforderung auszuweichen.

Das bisherige, aggressive Verhalten nicht mehr erfolgreich sein zu lassen, ist allerdings nicht immer einfach, darauf muss insbesondere im Zusammenhang mit autoaggressivem Verhalten hingewiesen werden. Es ist ja nicht zu vertreten, einfach dabei zuzusehen, wie sich ein Schüler verletzt. Doch was, wenn seine Motivation gerade darin besteht, Aufmerksamkeit zu erhalten? Langfristig gesehen, ersetzt erfolgreicheres Verhalten weniger erfolgreiches. Dem Kind also in der Situation so wenig Aufmerksamkeit wie möglich geben – dafür sehr viel Aufmerksamkeit in Situationen mit angemessenem Verhalten. Die Aggression wird dann überflüssig, weil das Kind einen viel effizienteren Weg gefunden hat, die Aufmerksamkeit des Lehrers zu gewinnen.

Es besteht aber die Möglichkeit, dass es vorübergehend sogar zu noch häufigeren aggressiven Ausbrüchen kommt, wenn das Kind merkt, dass sein bisheriges Verhalten nun nicht mehr zum Erfolg führt. Susanne hat bisher die Erfahrung gemacht, dass sie nicht arbeiten muss, wenn sie schreit. Hier helfen nur Konsequenz und starke Nerven, denn wenn man ihr nachgibt, hat man es beim nächsten Versuch, das Verhaltensmuster zu durchbrechen, gleich doppelt so schwer.

Es ist umso schwieriger, ein Verhalten zu verändern, je länger es im Repertoire eines Kindes ist. Dennoch kann es Gründe geben, nicht sofort mit einer Maßnahme zu beginnen. Dann nämlich bspw., wenn die Möglichkeit besteht, dass das Team nicht die Kraft hat, die geplanten Maßnahmen tatsächlich konsequent umzusetzen.

Affektiv-aggressives Verhalten

> Daniel ist ein elfjähriger Junge im Autismus-Spektrum. Er ist sehr geräuschempfindlich. Während einer Unterrichtsstunde am 11. November beginnt ein Faschingsumzug von älteren Schülern direkt vor der Klassenzimmertür. Aus Angst vor dem unvermittelten Lärm krallt sich Daniel in die Haare der Lehrerin. Er schreit und kann sich lange nicht beruhigen.

Affektiv-aggressives Verhalten kann durch zwei sehr starke Gefühle ausgelöst werden: Angst und Wut.

Es ist ungeplant und eine Reaktion auf ein Geschehen, ein Objekt o. ä., das Angst oder Zorn auslöst. Angstauslösend können sehr unterschiedliche Dinge sein. Dem Schüler im AS machen oft viele Dinge und Situationen Angst. Sein Verhalten hat aber dennoch eine positive Konsequenz, das Kind baut dadurch seine affektive Belastung ab.

Erreichen Wut oder Angst eine große Intensität, verliert das Kind die Kontrolle über sein Handeln. Daniel kann vor lauter Panik nicht kontrollieren, was er tut. Aus diesem Grund kann in diesem Moment auch keine pädagogische Maßnahme mehr greifen. Das Kind und seine Umwelt können nur noch geschützt werden.

Zur Unterbindung ängstlich-aggressiven Verhaltens sollte der Versuch unternommen werden, eine angstfreie Atmosphäre zu schaffen. Also sollte man zu Faschingsbeginn die Schule vielleicht verlassen oder der Hausmeister nicht in der Anwesenheit des Kindes Löcher bohren, wenn sich das Kind im AS sich vor lauten Geräuschen fürchtet. Die Angst nicht bagatellisieren!

Auch der von einem Kind im AS als unvorhersehbar erlebte Alltag kann angstauslösend sein. Dies kann u. a. bedeuten, eine klare, für das Kind vorhersehbare Struktur zu schaffen.

> Franz, ein 8jähriger Junge im Autismus-Spektrum, trinkt sehr gern und so viel, dass der Lehrer regulierend eingreifen muss. Jedes Mal, wenn ihm während einer Mahlzeit das weitere Trinken untersagt wurde, warf Franz vor Wut das Geschirr vom Tisch. Ein einfacher Plan hilft ihm nun vorherzusehen, wie viele Becher Tee er trinken darf, und sich darauf einzustellen. Die Wutausbrüche unterbleiben seitdem.

> Leo beginnt immer zu schreien, wenn man ihn spontan zu einer Routineänderung auffordert, also wenn er den Klassenraum wechseln soll oder der Musikunterricht ausfällt. Kündigt man die Veränderung allerdings an, am besten noch unterstützt durch eine Karte oder ein Bild, kann er sich nach einer kurzen Zeit problemlos auf die Situation einstellen.

Nicht immer ist es aber möglich, die angst- oder wutauslösende Situation zu vermeiden. Leo kann man auf die Situation vorbereiten und so seine Angst reduzieren. Auch das Ausführen von Routinen kann dann Ängste vermindern. Das Kind kann sich nicht vollständig auf die angstmachende Situation konzentrieren.

Wenn der Hausmeister im Nachbarraum also ein Regal anbringen muss und Daniel den Raum nicht verlassen kann, sollte man ihm eine ablenkende Aufgabe geben. Vielleicht kann er Arbeitsmaterialien austeilen oder mit Kopfhörern Musik hören. Wenn man Angst hat, bewältigt man nur routinierte Tätigkeiten ohne hohes kognitives Anspruchsniveau.

In einer Untersuchung an Kindern im AS wurde auch festgestellt, dass starker Druck, flächig auf große Teile des Körpers, eine Verlangsamung der

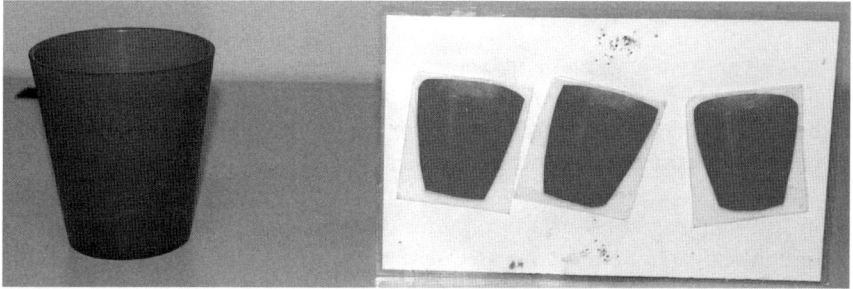

Abb. 19: Wie viel darf ich beim Frühstück trinken?

Atmung und der Herzfrequenz bewirkt (Herzog 2008, 27 ff). Akute Belastungszustände können so minimiert werden, wenn sich der Schüler in Decken einwickeln kann oder er eine schwere Weste (siehe 3.11) anziehen darf.

Angst und Wut bauen sich manchmal allmählich auf. In dieser Zeit gibt es noch die Möglichkeit der Einflussnahme. Der Schüler braucht Möglichkeiten, sein Erregungsniveau zu reduzieren. Was ihm dabei hilft, ist individuell verschieden. Manchmal ist es großflächiger Druck, manchmal der Rückzug in eine reizarme Situation. Auch Ausdauertraining kann beruhigend wirken, denn es senkt den Kortisolpegel. Kortisol ist ein Stresshormon, das unter psychischer Belastung ausgeschüttet wird (Avay 2009, 35).

Im Alltag kennen alle Menschen verschiedene Möglichkeiten, den eigenen Ärger abzureagieren, z. B. indem man mit der Tür knallt oder mit sehr lauter Stimme spricht. Viele Menschen gehen ins Fitnessstudio, um Spannungen abzubauen (Kasten 2006, 39). Nach vergleichbaren und zugleich sozial verträglichen Möglichkeiten sollte auch im Rahmen der Schule gesucht werden.

Gelegentlich entladen sich die aufgestauten Gefühle anderweitig. Man nennt dies eine *umgeleitete Aggression*. Ein Beispiel:

> Jeden Morgen, wenn Nicole, ein Mädchen im Autismus-Spektrum, die Klasse betritt, läuft sie auf eines der schon anwesenden Kinder zu und schlägt es. In der Verhaltensanalyse wird klar, dass Nicole von der Fahrt im Bustransport sehr gestresst wird. Sie hat einen Platz zwischen zwei großen und kräftigen Jungen. Ihre aufgestaute Erregung entlädt sie später bei ihren Mitschülern.

Ein moralisch motiviertes Verbot zu schlagen ist nicht sinnvoll. Damit soll keinesfalls behauptet werden, dass dieses Verhalten toleriert werden darf. Zwei Wege müssten hier eingeschlagen werden: Zunächst einmal sollte Nicole einen anderen Sitzplatz im Bus bekommen. Damit wird versucht, ihre Angst zu reduzieren. Nach dem Ankommen in der Schule braucht sie Angebote, um ihr Erregungsniveau zu reduzieren.

Impulsiv-aggressives Verhalten

> Ab und an schlägt der jugendliche Konrad mit dem Kopf gegen Glasscheiben von Türen oder Schränken. Dieses Verhalten ist nicht abhängig von den Reaktionen anderer und auch nicht davon, ob die Scheibe zerbricht oder er genau weiß, dass sie standhalten wird.

Impulsiv-aggressives Verhalten ist die Reaktion auf einen Reiz, ohne die Möglichkeit zu haben, die Konsequenzen und Alternativen der Handlung vorab erwägen und das Verhalten auch unterlassen zu können. Hier gibt es keine positive Konsequenz für das Kind oder den Jugendlichen. Aggressives Verhalten und Impulskontrollstörungen gehören zu den zahlenmäßig häufigsten kinderpsychiatrischen Krankheitsbildern (Schmeck/Poustka 2000, 3 ff). Sie treten auch bei Schülern im AS häufig auf.

Ist ein Kind oder ein Jugendlicher im AS nicht in der Lage, seinen Impuls, aggressiv auf einen Reiz zu reagieren, zu kontrollieren und gegebenenfalls auch zu unterdrücken, sollte man versuchen, die auslösenden Reize zu eliminieren. Man muss also im Falle Konrads überlegen, wie man die Situationen im Schulgebäude so gestalten kann, dass er möglichst keine Möglichkeit hat, Glasscheiben zu zerschlagen.

Dies ist aber nur ein Mittel, um Aggressionen zu steuern, allerdings nicht das einzige und auch nicht immer das allein ausreichende (Eibl-Eibesfeldt 1999, 555). Zugleich muss unbedingt daran gearbeitet werden, Konrads Impulskontrolle zu verbessern.

Anregungen, wie man dies versuchen kann, können kognitiv-behavioralen Programmen entnommen werden (Essau/Conradt 2004, 157f). Der Therapeut ist in diesen Programmen das Modell. Er führt Rollenspiele mit dem Kind durch, in denen soziale Situationen geübt werden sollen, hilft bei der Anwendung erlernter Fähigkeiten, gibt dem Kind Rückmeldungen über sein Verhalten und belohnt es. So soll das Kind lernen, soziale Signale besser zu verstehen, sich in einer Situation zwischen verschiedenen Verhaltensmustern zu entscheiden und das angemessene anzuwenden. Um die erworbenen Fähigkeiten auf andere Situationen zu übertragen, werden sie in verschiedensten Situationen geübt und viele Personen mit einbezogen (Essau/Conradt 2004, 157f).

Eine andere Möglichkeit besteht darin, Konrad zu belohnen, wenn er innerhalb eines bestimmten Zeitraumes keine Scheibe zerbrochen hat (siehe 3.5). Der Zeitrahmen, nach dem die Belohnung erfolgt, umfasst in etwa die Hälfte der Zeit, nach der das Verhalten üblicherweise auftritt. Wenn Konrad also ca. eine Minute nach dem Anblick einer Scheibe Anstalten macht, sie zu zerschlagen, muss er nach 30 Sekunden dafür belohnt werden, dass er es nicht getan hat.

Ein Problem bei diesem Vorgehen besteht darin, dass Konrad vielleicht nicht die Scheibe zerschlägt, aber ein vorbeigehendes Kind schubst. Nun muss man ihn nach dieser Technik belohnen, obwohl es ein anderes aggressives Verhalten gezeigt hat.

Dieses Problem kann man umgehen, wenn man ein Verhalten findet, das Konrad unmöglich zugleich mit dem aggressiven Verhalten zeigen kann. Im Falle des Kopfstoßens ist das schwierig. Es existiert aber noch eine dritte Möglichkeit. Vielleicht stößt Konrad auch gegen die Scheiben, weil er auf seinem Gang durch das Schulgebäude nichts anderes zu tun weiß. Dann kann man ihm eine Aufgabe geben. Vielleicht liebt Konrad Zahlen. Er könnte auf seinen Wegen durch das Schulhaus z.B. die Anzahl der Schüler zählen, die ihm begegnen. Nun belohnt man, dass er die eine alternative Aufgabe erledigt, also gezählt hat.

Der Vorteil dieser drei vorgestellten Methoden besteht darin, dass man die Endlosschleife aus Bestrafung und Aggression beendet. Man findet wieder einen positiveren Zugang zu Konrad.

Automatisiert-aggressives Verhalten

> Sophie beginnt sich immer wieder plötzlich mit den Händen auf die Brust zu schlagen. Sie tut dies sehr oft hintereinander, manchmal fünf Minuten lang. Es ist weder ein Auslöser für dieses Verhalten erkennbar noch scheint es von der Reaktion auf ihr Verhalten abhängig.

Einige Menschen im AS beschreiben, dass sie ihren eigenen Handlungen ausgeliefert sind, ohne deren Beginn unterbinden oder die Handlung selbst stoppen zu können (z. B. Zöller 2009, 37). Im Gegensatz zum impulsiven Verhalten ist auch kein äußerer Reiz erkennbar, auf den sie reagieren. Das Verhalten scheint völlig aus dem Nichts zu kommen und erzeugt auch bei den Kindern selbst Leidensdruck. Oftmals wiederholen sich hier die Aggressionen wie bei Sophie rhythmisch oder die Bewegung scheint wie festgefroren, z. B. hält das Kind jemand anderen an den Haaren fest. Es scheint den Schülern kein anderes Verhaltensmuster zur Verfügung zu stehen.

Dieses Verhalten tritt bei Menschen im AS oft in krisenhaften Episoden auf. Über einen längeren Zeitraum betrachtet können Pädagogen beobachten, dass sich Phasen weniger auffälligen Verhaltens mit solchen hoher Erreg- und Reizbarkeit und einem aggressiven Kontrollverlust abwechseln.

Es ist sinnvoller, dem Kind mit aggressivem Verhalten zu sagen, was es tun soll, als ihm zu sagen, was es zu lassen hat. Man darf nicht vergessen, dass es selbst in einer Stresssituation ist. Also verwenden Sie kurze Aufforderungen, und vermeiden Sie in dieser Situation lange Erklärungen. So könnte man Sophie auffordern: „Falte deine Hände" oder „Klatsche in die Hände."

Autoaggression als Ausdruck einer Erkrankung

> Karoline ist eine Jugendliche im Autismus-Spektrum und stark beeinträchtigten verbalen Kommunikationsmöglichkeiten. Immer wieder gibt es Zeiten, in denen sie sich stark und häufig in die Hand beißt. Nach einiger Zeit hat die Lehrerin beobachtet, dass dieses Verhalten immer zu Beginn ihrer Menstruation auftritt. Jetzt bekommt sie an diesen Tagen immer gleich morgens ein warmes Kirschkernkissen auf den Bauch und Karoline beißt sich nur noch selten.

Bei Autoaggressionen – als eine mögliche Erscheinungsform der Aggressionen – können bei Schülern im AS noch zwei weitere Motivationen auftreten. Die erste liegt in der Reaktion auf Schmerzen, wenn das Kind sie nicht anders äußern kann. So stellte man bei einer Gruppe von Kindern, die sich durch Kopfschlagen selbst verletzten, im Vergleich zu einer Kontrollgruppe eine erhöhte Häufigkeit schmerzhafter Mittelohrentzündungen fest (Wendeler 1992, 324f). Aber das Verhalten wird meist von den Pädagogen nicht verstanden, und das Kind bekommt nicht die Hilfe, die es braucht.

Zunächst müssen die Schmerzsymptome gelindert werden. Zugleich sollten aber auch Strategien erarbeitet werden, mit denen der Schüler Schmerzen anzeigen kann. Treten also plötzlich bei einem Schüler im AS Autoaggressionen auf, sollte ärztlich abgeklärt werden, ob er Schmerzen hat.

Oft übersehen werden bei Schülern im AS psychomotorische Anfälle. Ihre Symptome bestehen in einem Anhalten der Aktivität und starrem Vorsich-hin-blicken. Es gibt Perioden erhöhter Reizbarkeit, die in aggressives Verhalten übergehen können. Sie werden leicht mit den Symptomen des Autismus verwechselt (Klicpera/Innerhofer 2002, 182f). Pädagogen, die diese Verhaltensmuster beobachten, sollten eine neurologische Untersuchung des Kindes anraten.

Autoaggression als Selbststimulation

„Ich habe es immer sehr geliebt, wenn man mich fest angepackt hat. Irgendwann habe ich dann gemerkt, dass ich mir solche angenehmen Gefühle auch selbst verschaffen kann, indem ich mir z.B. auf die Nase haue." (Zöller 1995, 8)

Für diese Autoaggressionen gibt es zwei Entstehungshypothesen. Nach der ersten schützt sich der Schüler im AS vor überlastenden Reizen. Die spannungsreduzierende Wirkung selbstverletzenden Verhaltens konnte durch Messung des Cortisolspiegels bestätigt werden, der unter Belastung ansteigt. Nach einer Selbstverletzung fällt er deutlich ab (Kasten 2006, 314). Soziale Konsequenzen, wie Aufmerksamkeit, Trost usw., verfestigen das Verhalten.

Die zweite Theorie geht davon aus, dass das Kind im AS zu geringe Möglichkeiten hat, sich selbst zu beschäftigen und es deshalb ersatzweise Autoaggressionen ausführt. Damit verschafft es sich zusätzliche Reize (Carr 1977, 800). Im Einzelfall muss also genau beobachtet werden, ob das Kind Entlastung oder zusätzliche Anregung braucht, wenn es sich mithilfe von Autoaggressionen selbst stimuliert.

Kontrolle der Ergebnisse

Zur Einschätzung, ob die Intervention auf Grundlage der gestellten Hypothese sinnvoll war, muss man festlegen, nach welcher Dauer man das Verhalten beurteilen möchte, und was als Fortschritt gewertet wird. Reicht es, wenn das Kind seine Aggressionen an einem Tag unterlassen hat, bedarf es einer Woche, eines Monats? Ist das Ziel erreicht, wenn das Verhalten weniger häufig auftritt? Schon aus diesen Fragen ergibt sich, dass eine begleitende kontinuierliche Verhaltensbeobachtung unumgänglich ist. Bezugspunkt bildet die Verhaltensanalyse.

Berücksichtigt werden muss auch, dass der Erfolg einer Interventionsmaßnahme bei Schülern im AS mit dem Interaktionspartner variiert (Bernard-Opitz/Kok 1994, 19). Es muss also exakt definiert werden, bei welchen Personen der Therapieerfolg gemessen und bewertet werden soll.

Wurde das Ziel nicht erreicht, muss zunächst die Hypothese überprüft werden. Wurden Fehler bei der Analyse des Verhaltens gemacht? Lässt das Verhalten noch eine andere Hypothese zu, oder war das Ziel falsch formuliert? Wurde eine ungeeignete Intervention durchgeführt, oder gab es keine Möglichkeiten der Aggressionsabfuhr? Auf Grundlage dieser

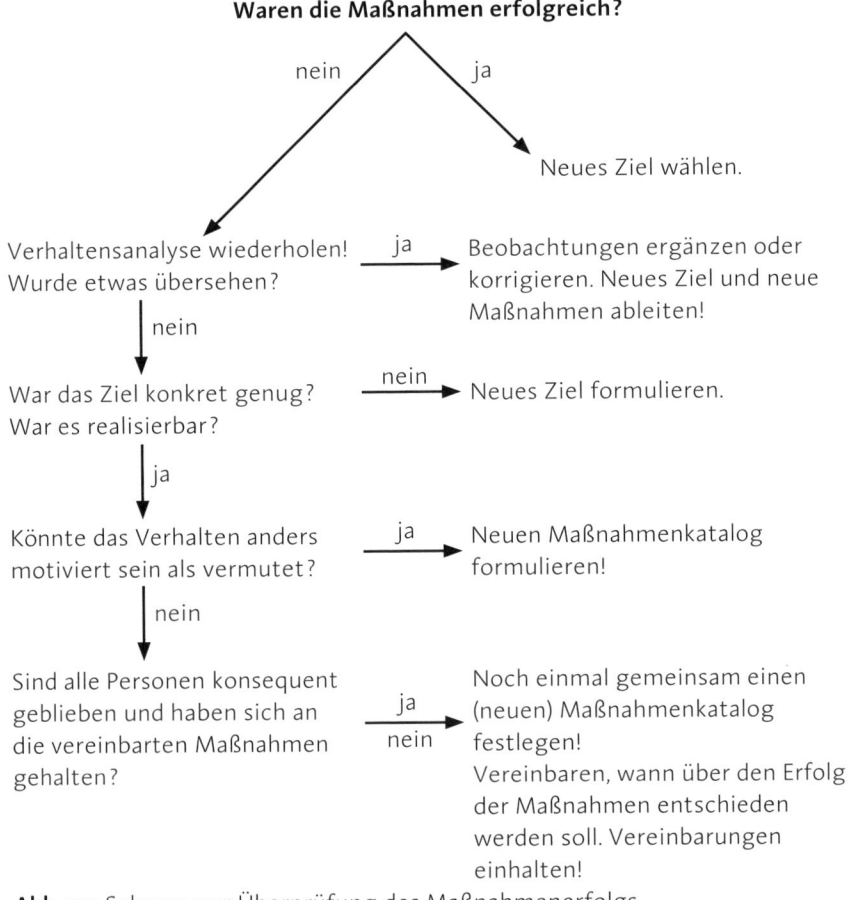

Abb. 20: Schema zur Überprüfung des Maßnahmenerfolgs

Überlegungen kann erneut die Intervention geplant werden bzw. muss die Zielstellung korrigiert werden. Eine Hilfestellung zur Überprüfung des Erfolgs einer Maßnahme kann Ihnen das Schema in Abbildung 20 bieten.

Notfallmaßnahmen

Neben langfristigen, auf eine Verhaltensänderung ausgerichteten Interventionen können auch Notfallmaßnahmen bereitgestellt werden. Es gibt Sicherheit, wenn man als Pädagoge weiß, wie man sich verhalten kann, wenn man von einem vielleicht sogar körperlich überlegenen Schüler geschlagen, getreten oder gebissen wird. Diese körperlichen Übergriffe lösen Angst- und Ohnmachtsgefühle aus.

Es gibt einige rein defensive Techniken, die man lernen kann, um sich und andere vor körperlichen Angriffen zu schützen. Dazu gehören die *Physikalische Interventions-Technik* (PIT) oder auch *Intervention bei aggressivem Verhalten* (IAV) und C.A.L.M. *(Crisis and Aggression Limitation and Managment)* (Beutenmüller 1993, 141).

Es ist notwendig, diese Techniken intensiv zu trainieren, so dass sie automatisiert eingesetzt werden können. Das Belegen eines Kurses allein reicht also wahrscheinlich nicht aus, vielmehr kommt es darauf an, die entsprechenden Griffe und Techniken immer wieder zu üben.

Um es noch einmal zu betonen: Es geht nicht etwa darum, Kindern und Jugendlichen im AS im Unterricht mit Kampftechniken zu begegnen, sondern darum, auch im Notfall handlungsfähig zu bleiben. Es gibt immer wieder Schüler im AS, die nicht weiter beschult werden können, weil sich alle Lehrer vor ihren aggressiven Ausbrüchen und deren Folgen fürchten. Hier können die entsprechenden Techniken vielleicht die notwendige Sicherheit, auch für langfristige Maßnahmen der Verhaltensänderung, geben.

5.2 Die Zusammenarbeit mit den Eltern

> „Manchmal war ich wohl ein stachliger Igel in meiner viel zu oft nötigen Verteidigung meiner unmöglichen Tochter und meiner total fehlenden Erziehungskompetenz. Das hat sich durch unser Leben gezogen wie ein roter Faden." (Nieß 2004, 13)

Die Förderprogramme für Kinder im AS, die die Eltern intensiv mit einbeziehen, gelten als besonders erfolgreich (Cordes/Dzikowski 1991, 23). Die Zusammenarbeit mit den Eltern ist demnach ein wichtiger Aspekt der pädagogischen Arbeit, dennoch werden Pädagogen in ihrer Ausbildung auf diese Aufgabe kaum vorbereitet.

Formen der Elternarbeit

Elternarbeit kann viele Gesichter haben: Elternabende, gemeinsame Gespräche oder Aktionen, wie Ausflüge oder Feiern, aber auch gemeinsame Vorhaben, wie das Renovieren des Klassenraumes. Die Gespräche können sich spontan ergeben, beim Bringen des Kindes in die Schule oder beim Abholen, bei unverhofften Begegnungen zwischen Pädagogen und Eltern oder bei gemeinsamen Aktivitäten. Sie können auch lange geplant und vorbereitet sein, z. B. bei Hilfekonferenzen oder Entwicklungs- oder Beratungsgesprächen. Elternarbeit hat zwei Parteien mit unterschiedlichen Bedürfnissen und Zuständigkeiten: die Eltern und die Pädagogen.

Besondere Kinder – besondere Eltern?

> „Als ich die Diagnose hatte, ist für mich eigentlich eine Welt zusammen gebrochen. Also ich hab' gedacht: ‚Was ist denn? Warum ausgerechnet ich? Warum hab' ich denn nun so ein behindertes Kind?' Ich wusste überhaupt nichts anzufangen mit der Diagnose Autismus. Und ich wusste gar nicht, was Autismus ist." (Schirmer/Alexander 2015, 60)

Zuerst sind Mütter und Väter eines Kindes im AS einfach Eltern. Sie unterschieden sich im Alter, in ihrem kulturellen Hintergrund, ihrer Religion, ihren Erfahrungen, ihrem Bildungsstand, ihrem sozio-ökonomischen Status …

Alle Eltern von Kindern im AS haben Kinder mit besonderen Bedürfnissen im Hinblick auf die Betreuung, Unterstützung, Beaufsichtigung, Entwicklungsförderung und eventuell auch die Pflege. Diese besonderen Bedürfnisse haben wieder Auswirkungen auf die emotionale Situation der Eltern und ihre eigene Bedürfnislage, und dies hat Auswirkungen auf die Zusammenarbeit mit den Pädagogen.

Für ihre eigene Psychohygiene haben die Eltern einen besonderen Beratungsbedarf hinsichtlich des Umgangs mit den Besonderheiten im Verhalten ihres Kindes, des Umgangs mit den Besonderheiten in der Kommunikation und zu den Ursachen für das Entstehen der Autismus-Spektrum-Störung (Eckert 2004, 66 ff).

Jede Elternschaft beginnt mit den ersten Vorstellungen vom Kind. Eltern stellen sich ihr Kind vor, das Leben mit ihm, seine Entwicklung und seine Lebensperspektiven. Sie setzen sich mit Erziehungsideen auseinander und entwickeln natürlich vor allem schöne Ideen vom Zusammensein mit dem Kind. Das Leben mit einem Kind im AS malen sich sicher nur wenige Eltern aus. Natürlich hängen diese Vorstellungen wesentlich davon ab, welche Erfahrungen die Eltern mit anderen Kindern haben.

Nach der Geburt werden Mütter und Väter von der Realität eingeholt. Einige Eltern von Kindern im AS erfahren unmittelbar nach der Geburt ihres Kindes, dass es ein Entwicklungsrisiko hat. Ein großer Teil der Kinder im AS hatte Komplikationen bei der Geburt (Freitag 2008, 28).

Unterscheidet sich das geborene Kind stark von dem vorgestellten, kommt es zu einer großen emotionalen Belastung der Eltern. Ein wichtiges Gefühl, das vor allem Mütter von vielen Kindern im AS belastet, ist das einer Schuld am Entstehen der Entwicklungsstörung ihres Kindes (Wagatha 2006, 32 ff). Viele suchen verzweifelt nach Fehlern in der Zeit der Schwangerschaft oder Fehlentscheidungen, die zu den nun beobachteten Auffälligkeiten geführt haben könnten. Andere fragen sich, ob das seltsame Verhalten ihres Kindes nicht doch auf ihre Erziehungsfehler zurückzuführen sei, wie es ihnen manchmal von Außenstehenden suggeriert wird.

Die Gefühle der Eltern zu ihrem Kind reichen von Liebe und Hoffnung bis hin zu Trauer, Enttäuschung und Ablehnung. Doch diese Gefühle gegenüber dem eigenen Kind, noch dazu einem Baby, sind in unserer Kultur tabuisiert. Es entstehen manchmal noch zusätzliche Schuldgefühle dieser Gefühle wegen. So gut wie nie werden Eltern im Verarbeitungsprozess der Besonderheiten ihres Kindes professionell unterstützt. Es muss ihnen vermittelt werden, dass ihre widersprüchlichen Gefühle ein natürlicher Bestandteil in der Auseinandersetzung mit einer außergewöhnlichen Situation sind. Insbesondere Mütter profitieren davon, wenn ihnen im Beratungszusammenhang Raum gegeben wird, ihre Trauer zu äußern und auch Schwäche zeigen zu dürfen (Wagatha 2006, 44). Väter hingegen empfinden es als hilfreicher, wenn sie ermutigt werden, nicht aufzugeben (Wagatha 2006, 44).

Bei den meisten Eltern wandeln sich die anfänglichen negativen Gefühle in Stolz und Freude über die eigenen Leistungen bei der Erziehung des Kindes (Wagatha 2006, 14). In diesem Prozess sollten sie von den Pädagogen unbedingt unterstützt werden. Trauer, Sorgen und Ängste treten aber immer wieder auf. Vor allem bei normativen Übergängen im Leben ihres Kindes, also z. B. beim Schuleintritt, zu Beginn der Pubertät oder am Ende der Schulzeit (Wagatha 2006, 24.)

Einige Eltern erleben die Geburt ihres Kindes im AS als Versagen. Sie haben etwas nicht geschafft, was anderen Paaren scheinbar mühelos gelingt: ein Kind ohne Entwicklungsauffälligkeit zur Welt zu bringen. Als wäre die Geburt eines Kindes im Autismus-Spektrum ein persönliches Versagen, entwickeln einige Eltern Schamgefühle anderen Menschen gegenüber. Unsensible Reaktionen verstärken diese emotionalen Konflikte noch und legen den Keim zu Reaktionsmustern: Wir gegen den Rest der Welt. Die vielfach erfahrenen Widerstände, die sie von Fachleuten in ihren Bemühungen um bestmögliche Förderbedingungen für ihr Kind und optimale gesellschaftliche Unterstützung erfahren, verfestigt diese Auffassung. Manchmal empfinden sie deshalb jeden Rat als Angriff.

Mögliche Auswirkungen auf die Beziehung zwischen Eltern und Kind

„Dass Lukas irgendwie anders tickte als Tim wurde schon bald offensichtlich, denn er schrie aus uns oft nicht ersichtlichen Gründen markerschütternd und durchdringend die ersten sieben Monate seines Lebens. Und er kam – obwohl offensichtlich übermüdet – niemals zur Ruhe". (Danne 2010, 19 f)

Die Beziehung zwischen den Eltern und dem Kind ist ein fein aufeinander abgestimmtes System (Holodynski 2006, 95). Babys reagieren auf Mutter und Vater u. a. mit Blickkontakt, Lächeln, Schreien, Zu- und Abwendung und Imitation. Diese Fähigkeiten sind angeboren, wenngleich es individuelle Unterschiede gibt.

Die gegenseitige Verhaltensbeeinflussung von Eltern und Kind erfolgt zu großen Teilen intuitiv. Das fein aufeinander abgestimmte System kann man sich vorstellen wie einen Schlüssel mit dazu gehörigem Schloss. Schlüssel und Schloss passen im Idealfall perfekt. Der Schlüssel kann das Schloss aus zwei Gründen nicht mehr schließen. Entweder, weil der Schlüssel defekt ist, aber auch das Schloss kann klemmen, d. h. im Falle der Eltern-Kind-Beziehung kann das System auch gestört werden, wenn das Kind im Autismus-Spektrum ist. Die Eltern erhalten dann von ihm nicht die erwarteten Kontakt- oder Antwortsignale auf ihre Beziehungsangebote oder / und das Kind sendet nicht die Signale, die die Eltern verstehen können.

So schreien einige Säuglinge und Kleinkinder im AS nahezu ununterbrochen, weil sie von den einströmenden Informationen, die ihnen unverständlich bleiben, überfordert werden. Die Eltern haben das Gefühl, dass sie das Verhalten des Kindes nicht regulieren können.

Andere Babys im AS zeigen kein Bindungsverhalten. Die Eltern müssen sich dem Kind zuwenden, ohne dass es das Bedürfnis dazu anzeigt. Die Kinder scheinen auf den ersten Blick unkompliziert, zufrieden, sie schreien selten, auch nicht, wenn sie hungrig sind. Aber sie scheinen die Eltern nicht zu brauchen. Auch hier werden die Eltern verunsichert. Sie erleben sich als inkompetent und überfordert. Was machen sie falsch, dass das eigene Kind sie nicht braucht?

Warum Eltern „klammern"

Jeder Mensch, auch der im Autismus-Spektrum, entwickelt sich von der anfänglichen totalen Symbiose mit der Mutter in der Schwangerschaft hin zu immer mehr Unabhängigkeit. Die Entwicklung eines Kindes und Jugendlichen ist auf einen Zuwachs an Autonomie angelegt.

Kinder ohne Behinderung beginnen schon in der frühen Kindheit mit ihrer Ablösung von den Eltern. Von Jahr zu Jahr haben die Eltern wieder mehr freie Zeit, die sie ohne ihr Kind nutzen können und müssen. Die

Abnabelung von den Eltern ist kein Prozess, den Eltern ausschließlich freiwillig durchlaufen. Er wird ihnen von den Heranwachsenden abgerungen.

Viele Kinder im AS initiieren den Ablöseprozess von den Eltern so nicht. Aufgrund ihrer sozialen Schwierigkeiten bauen sie ihren eigenen sozialen Kreis nicht sukzessive auf. Die Eltern gewinnen demzufolge nicht stückchenweise ihren Freiraum zurück. Sie sind weiterhin in einer engen, symbiotischen Beziehung zu ihrem Kind. Sie konnten nicht üben, ihre Zeit wieder mit anderen Inhalten als mit der Betreuung des Kindes zu füllen. Zudem erleben die meisten von ihnen das Zusammenleben mit ihrem Kind als angenehm, warum sollten sie es also einschränken (Wagatha 2006, 14)? So erlebt man Eltern, die an ihrem Kind zu „klammern" scheinen, ihm zu wenig Freiraum und Selbstständigkeit zugestehen.

Die Eltern brauchen keine pathologisierende Beschreibung ihrer individuellen Anpassungsversuche an ihre Lebenssituation, sondern konstruktive Hinweise und Angebote für einen behutsamen und fortschreitenden Ablöseprozess. Dass hier auch die Schule einen sinnvollen Beitrag leisten kann, zeigt das Beispiel der zur Stiftung „Kind & Autismus" (www.kindautismus.ch) in Urdorf (Schweiz) gehörenden Schule. Hier werden den Kindern ab ca. sieben Jahren wöchentlich eine und ab ca. zwölf Jahren zwei Übernachtungen angeboten. Darüber hinaus gibt es Klassen- und Entlastungswochenenden, Ferienwochen und einmal im Jahr ein Schullager.

Wenn das Autismus-Spektrum sich erst im Entwicklungsverlauf zeigt

Ein Teil der Kinder entwickelt sich in den ersten Lebensmonaten unauffällig. Dann stagniert die Entwicklung und das Kind zeigt mehr und mehr ungewöhnliche Verhaltensweisen (Ritvo 2006, 27). Eltern von Kindern im Autismus-Spektrum bemerken auch nicht selten erst in der Schulzeit, dass ihr Kind anders ist als andere. Oft ist auch das eine belastende Lebenssituation für die Eltern, denn ihr Kind und sein Verhalten erfahren meist massive Ablehnung.

Damit konfrontiert zu werden, dass das Kind eine Entwicklungsstörung hat, ist für die Eltern ein unkontrollierbares, wenig vorhersehbares Ereignis. Sie stehen vor unbekannten Aufgaben, für deren Bewältigung ihnen die Handlungskompetenz fehlt. Erfahrungen mit Kindern mit ungestörter Entwicklung sind zur Bewältigung nicht ausreichend (Lambeck 1992, 14).

Damit konfrontiert zu werden, dass das Kind eine Entwicklungsstörung hat, ist für die Eltern ein unkontrollierbares, wenig vorhersehbares Ereignis. Sie stehen vor unbekannten Aufgaben, für deren Bewältigung ihnen die Handlungskompetenz fehlt. Erfahrungen mit Kindern mit ungestörter Entwicklung sind zur Bewältigung nicht ausreichend (Lambeck 1992, 14).

Hinzu kommt, dass Beobachter das Verhalten eines Kindes im AS oftmals auf ein Erziehungsversagen der Eltern zurückführen. Schreit das Kind in der Straßenbahn laut und lange, geben sie ungebetene Erziehungshinweise oder äußern sich über vermeintliche Versäumnisse der Eltern. Diese kommen in eine Rechtfertigungssituation, obwohl sie selbst unter dem Verhalten des Kindes leiden und es nicht gut heißen.

Die Eltern brauchen fachkompetente Hilfe zur Verbesserung ihrer eigenen Erziehungskompetenz, z. B. über den Einsatz von Belohnungssystemen. Sie brauchen Anregungen zur Erleichterung und zur entwicklungsfördernden Gestaltung des Alltags, wie sie z. B. mithilfe von Strukturierung erreicht werden kann.

Vielen Eltern ist nicht klar, dass es für Kinder und Jugendliche im AS entlastend ist, wenn auch am Wochenende und in den Ferien Routinen beibehalten werden und unstrukturierte Situationen als Stress erlebt werden. Positive Rückmeldung über Entwicklungsfortschritte des Kindes und elterliche Förderung können dazu führen, dass die Eltern ihre Tochter bzw. ihren Sohn aus einer neuen Perspektive sehen. Insbesondere Mütter wünschen sich solche Rückmeldungen (Wagatha 2006, 44). Dadurch kann es zu einer positiveren Eltern-Kind-Interaktion kommen. Eine positive Eltern-Kind-Interaktion wiederum ist ein wichtiger entwicklungsfördernder Faktor.

Was bringen Eltern in die Elternarbeit ein?

Eltern kennen ihr Kind sehr genau. Im Zusammenleben mit ihrem Kind haben sie Kompetenzen erworben, die ihnen die Anpassung an ihre Lebenssituation möglich macht (Wagatha 2006, 40).

Schuldgefühle führen bei einigen Eltern dazu, dass sie einen anderen brauchen, dem sie die Schuld zuweisen können, weil sich ihr Kind nicht wie erwartet entwickelt. Diese Eltern haben überhöhte Ansprüche an die Pädagogen und kritisieren sie ständig. Manchmal kann es sehr hilfreich sein, die Eltern zu entlasten, indem man deutlich macht, dass sie weder Schuld am Entstehen des Autismus im Allgemeinen, noch an spezifischen Symptomen oder Verhaltensbesonderheiten haben. Außerdem muss ihre Erziehungsleistung gewürdigt werden.

Andere Eltern überbehüten ihr Kind. Sie wollen alles kontrollieren, was Pädagogen tun und regieren in den Kompetenzbereich der Pädagogen hinein. Man muss in diesen Fällen klar und deutlich den eigenen Kompetenzbereich wahren.

Es kann zu Konkurrenzgefühlen kommen, wenn den Pädagogen etwas gelingt, was den Eltern nicht gelungen ist: Wenn das Kind im AS mit der Lehrerin schmust, was es mit den Eltern noch nie getan hat, oder wenn es sich in der Schule allein die Hausschuhe anziehen kann, was es zu Hause nicht tut. Für die Eltern ist dies schmerzhaft. Man sollte in solchen Fällen aufzeigen, welche Bedeutung die Eltern für das Kind haben und was es alles gerade durch sie und bei ihnen gelernt hat.

Verunsicherung, Überforderung und Hoffnungslosigkeit kann ihren Niederschlag im professionellen Kontakt mit den Eltern entweder in Form von unangemessenen Forderungen („Hier machen wir aber alles besonders gut"), aber auch von Desinteresse („Ist sowieso alles egal") finden. Manchmal werden professionelle Helfer nicht als Verbündete, sondern als Gegner erlebt („Wir gegen den Rest der Welt"). Wie man in solchen Fällen vorgehen soll, wird im Folgenden bei der Beschreibung typischer Probleme in der Zusammenarbeit dargestellt.

Gerade Eltern von Kindern im AS, die Zweifel an den eigenen erzieherischen Kompetenzen haben, tendieren dazu, Fehler in der Arbeit der Pädagogen zu suchen. Wichtig ist, im Umgang mit diesen Eltern ressourcenorientiert zu bleiben. Man sollte sachlich die Fähigkeiten des Kindes beschreiben und die Eltern einbeziehen in deren Entfaltung.

Was erwarten die Eltern von den Pädagogen? In einer Befragung von mehr als 200 Eltern wurden folgende Erwartungen am häufigsten genannt:

- „**Deutliche und offene Rückmeldungen** der Fachleute zu allen Fragen, die mein Kind und mich betreffen, zu erhalten, ist mir wichtig.
- Ich möchte ausführlich über die **Inhalte der pädagogischen oder therapeutischen Förderung** meines Kindes informiert werden.
- Ein **partnerschaftlicher Kontakt** zu den Betreuern(innen), Lehrern(innen) oder Therapeuten(innen) meines Kindes ist mir sehr wichtig.
- Ich möchte meine **eigenen Beobachtungen und Ideen** aktiv in die Förderung und Betreuung meines Kindes einbringen." (Eckert 2009)

Die Pädagogen

Der Kontakt der Pädagogen zu dem Kind ist freiwillig und zeitlich begrenzt. Nach der Arbeit können sich von dem anstrengenden Zusammensein mit dem Kind erholen. Irgendwann wird die gemeinsame Zeit mit dem Kind enden.

Auch das Ziel des Kontaktes ist ein anderes als das der Eltern. Sie haben neben der Entwicklungsförderung des einzelnen Kindes einen reibungslosen Ablauf innerhalb der Gruppe im Fokus. Es gibt Vorgaben der Einrichtung, denen Sie sich in ihrem Erziehungs- und Bildungsbemühen anzupassen haben.

Sie haben keine Vorgeschichte mit dem Kind, also auch weniger Vorkenntnisse. Sie haben keine Schuldgefühle, was das Entstehen der Behinderung oder ihre Gefühle dem Kind gegenüber betrifft. Pädagogen wollen eine eigene Beziehung zum Kind aufbauen und sich beweisen. Die Entwicklung des Kindes ist nicht gleichbedeutend mit ihrer Leistung, daraus resultiert weniger Konkurrenzgefühl mit den Eltern und weniger persönliche Betroffenheit.

Pädagogen haben das Bedürfnis nach Wertschätzung der geleisteten Arbeit und ihres Spezialistentums. Schüler im AS haben so spezifische Förderbedürfnisse, dass bei den Pädagogen, die darauf in ihrer Ausbildung oft zu wenig vorbereitet wurden, in der Arbeit mitunter das Gefühl der Überforderung und des Misserfolgs entsteht. Kritische Bemerkungen der Eltern können das Gefühl noch verstärken. Berufsbegleitende Fortbildungen und fachlicher Austausch sind deshalb besonders wichtig.

Kompetenzbereiche von Pädagogen und Eltern

Eltern und Pädagogen von Kindern und Jugendlichen im AS haben im Bildungs- und Erziehungsprozess verschiedene Kompetenzbereiche. Zum Kompetenzbereich der Eltern gehören die familiären Normen.

Zu den Kompetenzbereichen der Pädagogen gehört die Gestaltung des Bildungs- und Erziehungsalltags in seinen zeitlichen und räumlichen Dimensionen. Also z. B. wann die Pause wo verbracht wird, aber auch welches Wissen im Rahmen des Curriculums vermittelt wird und auf welche Weise oder wie der Lernraum gestaltet wird. Die Förderung des Kindes gehört ebenso zu ihrem Kompetenz- und Aufgabenbereich, wie die Bestimmung der Werte und Normen in der Einrichtung, die von den Eltern respektiert werden müssen. Im Rahmen ihres Mitbestimmungsrechts am schulischen Leben haben Eltern in einigen Bereichen allerdings die Möglichkeit der Einflussnahme auf den Prozess des Lehrens und Lernens. Lehrer haben aber dessen ungeachtet die Kompetenz, die Methode ihrer pädagogischen Arbeit selbst zu bestimmen.

Wenn eine Seite den Kompetenzbereich der anderen nicht respektieren will oder kann, sollte moderierende Hilfe gesucht werden, um einen gemeinsamen Konsens zu finden. Diese Hilfe kann ein Kollege oder vielleicht auch der Schulleiter geben.

Wie Elternarbeit funktionieren kann

Der Idealzustand ist eine gelungene Kooperation mit den Eltern. Er wird charakterisiert durch eine Erziehungspartnerschaft (Textor 2009, o. S.).

Die Beziehung zwischen Eltern und Pädagogen ist gekennzeichnet durch ein gemeinsames Ziel: die optimale Erziehung und Bildung des Kindes im AS. Eltern und Pädagogen sind als gleichberechtigte, kompetente Partner an der Förderung des Kindes beteiligt. Sie stehen regelmäßig in einem Erfahrungsaustausch, in regelmäßigen, offenen und wertschätzenden Gesprächen (Eckert 2004, 69). Eltern und Pädagogen respektieren gegenseitig ihre Regeln und Wertvorstellungen.

Typische Probleme in der Zusammenarbeit von Eltern und Pädagogen

Doch der Idealzustand wird nicht immer erreicht. Folgende Probleme in der Zusammenarbeit mit den Eltern treten häufig auf:

- Eltern und Pädagogen haben unterschiedliche Normen und Werte.
- Eltern und Pädagogen schätzen sich nicht ausreichend wert.
- Die Eltern haben scheinbar wenig Interesse an der Arbeit der Pädagogen.

> Natalie wird morgens von ihrer Mutter in die Schule gebracht. Oft kommt sie zu spät. Ihre Mutter äußert, dass es doch nicht so wichtig ist, dass Natalie um 8.00 Uhr in der Klasse ist.

Haben Eltern andere Normen und Werte als Pädagogen, muss man ihnen respektvoll die in der Schule geltenden Normen aufzeigen. Man darf nicht stillschweigend und selbstverständlich davon ausgehen, dass diese für die Eltern klar sind oder dass sie die Werte und Normen der Pädagogen sogar teilen. Wichtige Werte, Normen und Erwartungen müssen den Eltern genau beschrieben werden. Dabei muss sichergestellt werden, dass die Eltern sie auch verstehen. Gegebenenfalls muss man einen Helfer als Dolmetscher hinzuziehen. Man könnte also Natalies Mutter erläutern, welche Folgen es für den Unterrichtsablauf hat, wenn das Mädchen zu spät kommt. Vielleicht lädt man die Mutter auch ein, sich den Tagesbeginn in der Klasse anzuschauen, damit sie eine Vorstellung von seinem Ablauf erhält. Darüber hinaus muss man ihr noch einmal ausdrücklich mitteilen, zu welcher Zeit sie ihre Tochter in die Schule bringen soll.

Auf Einhaltung der Regeln, die in der pädagogischen Einrichtung gelten, sollte bestanden werden. Es dürfen also nicht unendlich viele sein. Schon lange bestehende Regeln müssen auf ihre Sinnhaftigkeit überprüft werden. Regeln sind nur so viel wert, wie die Konsequenzen, die auf Einhaltung und Nichteinhaltung folgen. Man muss also im Team besprechen, welche Konsequenzen es hat, wenn Eltern sich an bestimmte Regeln der Einrichtung nicht halten (können).

Ein Kind kann lernen, mit unterschiedlichen Werten und Normen zu leben. Allerdings ist das gerade für ein Kind im AS schwer. Dies muss respektvoll mit den Eltern besprochen und versucht werden, einen Konsens zu finden. Es ist nicht die Aufgabe des Pädagogen, die Eltern zu erziehen.

Konflikte entstehen aber auch, wenn die Pädagogen die Werte und Normen der Familie nicht respektieren. Viele Menschen neigen dazu, das persönliche Wertesystem, die eigenen Einstellungen und Normen zum Bewertungsmaßstab für das Verhalten anderer Menschen zu machen. Gerade Familien mit einem Kind im AS werden schnell zu „gläsernen" Familien, die aufgrund ihres Hilfebedarfs vielfältige intime Einblicke in ihre Lebensgestaltung zulassen müssen. Fremde, ungewohnte Lebensmodelle und Normen geraten schnell ins Kreuzfeuer der Kritik.

Aber nicht nur in unterschiedlichen Kulturen, auch innerhalb einer Kultur gibt es weit voneinander abweichende Normen. Pädagogen gehören der Mittelschicht an. Kinder aus sozial schwachen Familien führen oft ein Leben, das sich von dem der Pädagogen grundsätzlich unterscheidet, ohne dass es bewertet werden darf.

Es geht also nicht darum, das Leben einer Familie, nicht einmal die Beziehung des Kindes zu den Eltern zu beurteilen. Solange das Kind nicht Schaden nimmt, muss man davon ausgehen, dass Eltern für ihr Kind immer das tun, was sie für das Beste halten, bzw. was ihnen im Augenblick möglich ist.

Pädagogen sollten die Bedürfnisse der Familie und ihre Lebenssituation akzeptieren, die individuellen Lebensentwürfe der Familien respektieren und Urteile über die Bewältigungsstrategien der Eltern und Geschwister vermeiden (Sarimski 2005, 178). Es besteht die Gefahr, insbesondere die Mutter weniger als Mutter, sondern vielmehr als Gegenstand der professionellen Hilfe zu sehen (Wagatha 2006, 44).

> Michaels Mutter versucht die Lehrerin jeden Morgen in ein langes Gespräch zu verwickeln. Sie hat einen großen Gesprächsbedarf und klagt über die mangelnde Unterstützung von ihrem Mann und das fehlende Verständnis der anderen Familienmitglieder. Von den Gesprächen scheint sie aber wenig zu profitieren, denn konstruktive Lösungsvorschläge kann sie nicht umsetzen. Die Gespräche scheinen sich im Kreis zu drehen.

Suchen Eltern ständigen Kontakt zu den Pädagogen, und zwar in einer Weise, die andere Arbeitsabläufe behindert oder die Freizeit des Pädagogen über Gebühr belastet, sollten klare Regeln vereinbart werden. Es darf nicht sein, dass ein Lehrer seiner Aufsichtspflicht nicht nachkommen kann, weil ein Elterngespräch geführt werden soll. Für diese Gespräche muss es feste Zeiten geben, von denen man im Ausnahmefall selbstverständlich flexibel abweichen kann.

Kommt eine Mutter oder ein Vater dennoch mit einem Gesprächsbedarf, muss sie oder er freundlich, aber bestimmt auf die vereinbarten Zeiten hingewiesen werden. Es muss selbstverständlich sein, dass diese Zeiten in überschaubaren Abständen angeboten werden. Eine andere Möglichkeit ist, Papier und Stift zur Verfügung zu stellen und die Eltern zu bitten, ihr Anliegen kurz schriftlich darzustellen. Der Pädagoge kann dann zu einer von ihm bestimmten Zeit bei den Eltern anrufen, um das Problem zu besprechen.

Aber man darf nicht vergessen, dass gerade Eltern von Kindern im AS, die nicht oder wenig verbal sprechen, sich Informationen darüber wünschen, was ihr Sohn oder ihre Tochter erlebt hat. Man muss Möglichkeiten der regelmäßigen Information suchen, die den Pädagogen zeitlich nicht überfordern, aber das verständliche Informationsbedürfnis der Eltern befriedigen.

Wie Michaels Mutter haben einige Eltern von Kindern im AS aufgrund ihrer psychischen Belastung einen großen Gesprächsbedarf. Wenn sie in ihren Darstellungen kein Ende finden, ohne dass es einen deutlichen Zusammenhang zu der Entwicklung des Kindes gibt, kann man bereits zu Gesprächsbeginn eine Zeit angeben, zu der das Gespräch beendet sein muss. Das zwingt zur Konzentration auf die wesentlichen Gesprächsanliegen.

Eltern, die pädagogische Leistungen nicht anerkennen, ständig unangemessen kritisieren oder sich permanent streitbar einmischen, sorgen dafür, dass elementare Bedürfnisse der Pädagogen nach Anerkennung der eigenen Leistung unbefriedigt bleiben. Der Kontakt mit den Eltern wird als unangenehm erlebt. Es muss nicht erwähnt werden, dass dieses Gefühl keine Auswirkungen auf den Kontakt zum Kind haben darf. Als Pädagoge muss man aber professionell reflektieren, wie es zu diesem gestörten Elternkontakt kommen kann – vielleicht, weil man sich nicht genug wertgeschätzt fühlt. Zugleich gehört es zur professionellen pädagogischen Haltung in der Elternarbeit, eine ständige Bereitschaft zu einem konstruktiven Miteinander aufrecht zu erhalten und die Beobachtungen und Anregungen der Eltern in das Förderkonzept mit einzubeziehen.

Gespräche mit Eltern, die beleidigend sind, sollten niemals ohne Zeugen geführt werden. Gegebenenfalls muss das Gespräch mit dem Hinweis auf eine Fortsetzung unter Einbeziehung eines Moderators beendet werden. Einen neuen Termin teilt man den Eltern schriftlich mit. Hilfreich ist, wenn ein Kollege an dem neuen Gespräch teilnimmt.

Es gibt Eltern, die erleichtert sind, von der Anwesenheit des Sohnes oder der Tochter entlastet zu sein. Sie interessieren sich darüber hinaus nicht dafür, wie das Kind gefördert wird. Das Bedürfnis nach Entlastung, das auch der besonderen Situation der Familie resultieren kann, muss berücksichtigt werden. Zugleich kann versucht werden, durch positive Rückmeldung über das Kind im AS und seine Entwicklung auch das Interesse der Eltern an der Zusammenarbeit wieder zu wecken. Insbesondere Väter, die sich nur wenig für die Entwicklung ihres Kindes interessieren, scheinen unter Schuldgefühlen im Zusammenhang mit der Entwicklungsstörung ihres Kindes zu leiden (Wagatha 2006, 203). Es ist wichtig, sie in Gesprächen über die Ursachen des Autismus-Spektrums bei ihrem Kind zu entlasten.

Viele Eltern befürchten, immer nur mit Negativmeldungen konfrontiert zu werden. Sie haben die Erfahrung gemacht, dass bei jedem Kontakt mit Pädagogen wieder das Fehlverhalten ihres Kindes aufgezählt wird. Aber was sollen sie mit diesen Informationen tun? Probleme müssen da gelöst werden, wo sie entstehen. Eltern können nur selten wirklich etwas zur Lösung beitragen. Berichte über Konflikte mit dem Kind sollten unterbleiben, wenn die Eltern nicht etwas Sinnvolles zur Klärung beitragen können.

Eltern lieben ihre Kinder. Und wer ihre Kinder kritisiert, trifft sie selbst. Allerdings gilt das auch andersherum: Wer etwas Positives über das Kind sagt, macht die Eltern froh und schließt sie für weitere Gespräche auf. Aus diesem Grund sollten in Gesprächen immer wieder die Stärken des Kindes bzw. der Familie hervorgehoben werden.

Es gibt auch Eltern, die mit der Kooperation überfordert sind. Sie verstehen die Erwartungen der Pädagogen nicht. In diesem Fall müssen die Erwartungen sehr klar, einfach und deutlich vermittelt werden.

Einige haben Mühe, die Erfordernisse der Alltagsbewältigung zu organisieren. Für diese Eltern kann man die Aufgaben vorstrukturieren, d.h. in kleine Aufgabenteile aufbrechen:

> Die Klassenfahrt soll vorbereitet werden: Was muss eingepackt werden? Was ist zu besorgen? Bis wann sollte was gekauft oder geliehen sein? Kann das Geld schon langfristig angespart werden, damit die Familie nicht mit einem Mal eine schwer aufzubringende Summe zahlen muss?

Wenn Absprachen nicht eingehalten wurden, muss der Pädagoge sofort Kontakt mit den Eltern aufnehmen. Man kann dies telefonisch tun oder, indem man sie zu Hause aufsucht. Auch in diesen Fällen ist es wichtig, ressourcenorientiert zu bleiben und positive Rückmeldungen an die Familie zu geben. In einigen Elternkontakten muss der Pädagoge immer wieder Initiator des Kontaktes sein. Vor einem Gespräch muss genau überlegt werden:

- Was sollen die Eltern tun?
- Welche Gründe sollen die Eltern haben, um das zu tun?
- Wie kann man beides den Eltern verständlich machen?

Es ist wichtig, eng mit anderen Unterstützungssystemen zusammenzuarbeiten. Zusammenfassende können folgende Regeln für die Elternarbeit festgehalten werden:

- Pädagogen sind kompetente Partner der Eltern bei deren Bemühungen um eine optimale Entwicklung ihres Kindes.
- Es muss sichergestellt werden, dass die Eltern die Erwartungen der Pädagogen verstehen können. Gegebenenfalls muss ein Helfer als Dolmetscher hinzugezogen werden.
- Pädagogen geben den Eltern regelmäßige Rückmeldungen über die Entwicklungsfortschritte der Kinder.
- Die Eltern müssen von möglichen Selbstvorwürfen entlastet werden.
- Die Eltern sollten ermutigt werden, Entlastungsangebote von anderen anzunehmen. Wenn nötig und möglich, sollten solche initiiert werden (z.B. Elternstammtische).

- Eltern brauchen positive Rückmeldungen über ihre Erfolge und Leistungen in der Erziehung, Förderung und Betreuung ihrer Kinder.
- Erziehungs- und Bildungsziele und der Weg dahin müssen transparent sein.
- Pädagogen müssen ihre eigenen Kompetenzbereiche wahren. Dabei muss überdacht werden, welche Beobachtungen und Anregungen der Eltern in das Förderkonzept einbezogen werden können.
- Auch in Konfliktsituationen mit den Eltern müssen Pädagogen ressourcenorientiert bleiben.
- Schulische Regeln und Normen müssen verständlich sein. Man darf nicht voraussetzen, dass die Eltern sie kennen.
- Erwartungen an die Eltern müssen eindeutig beschrieben werden.
- Auf die Einhaltung von Regeln muss geachtet werden. Gegebenenfalls müssen die Folgen möglicher Nichteinhaltung für das Kind dargestellt werden.
- Die Werte und Normen, Bedürfnisse und Lebenskonzepte der Familie müssen respektiert werden. Eltern wollen das Beste für ihr Kind. Es ist nicht Aufgabe der Pädagogen, Familienangehörige zu erziehen.
- Vor allem bei einem nicht oder wenig kommunizierenden Kind benötigen die Eltern regelmäßige Informationen darüber, was es in der Schule erlebt hat.
- Anderweitige Verpflichtungen dürfen für Elterngespräche nicht regelmäßig vernachlässigt werden. Eltern, die einen besonderen Gesprächsbedarf haben, kann man feste Zeiten für den Austausch anbieten. Die Eltern können ihr Anliegen auch schriftlich hinterlassen und werden vom Pädagogen zurück gerufen, wenn es zeitlich möglich ist. Man kann das Gespräch bereits zu Beginn zeitlich begrenzen („Ich habe jetzt 15 Minuten Zeit bis zu meinem nächsten Unterricht.")
- Der Pädagoge sollte grundsätzlich seine Bereitschaft zu einer konstruktiven Zusammenarbeit signalisieren.
- Pädagogen müssen Eltern gegenüber höflich und respektvoll sein.
- Werden Eltern beleidigend, beendet man das Gespräch mit dem Verweis auf einen Fortsetzungstermin. Dieser wird den Eltern schriftlich mitgeteilt und das Gespräch unter Mitwirkung eines Moderators fortgesetzt.
- Pädagogen sollten nicht über das Verhalten des Kindes klagen, sondern Positives über das Kind berichten.
- Wenn es nötig ist, strukturiert man die Aufgaben der Eltern vor.

Ein Elterngespräch führen

Man beginnt ein Elterngespräch mit etwas Positivem, berichtet z. B. von schönen Erfahrungen mit dem Kind oder den Leistungen der Familie. Damit versichert man den Eltern, dass man ihr Kind grundsätzlich mag und seine Entwicklung wohlwollend begleitet. Negative Berichte über Ereignisse sollte man hingegen vermeiden. Nicht über das Kind klagen!

Probleme sollten möglichst sachlich und ohne Vorwürfe formuliert werden. Lässt man die Lösung offen, können sich die Eltern an der Suche beteiligen und fühlen sich nicht übergangen. Wenn die Eltern keine Lösung finden, kann man selbst Ideen vorstellen. Problemlösungen sind ein gemeinsames Projekt.

Das Vertrauen der Eltern in die eigenen Fähigkeiten zur Bewältigung der besonderen Anforderungen muss gestärkt werden. Zukunftsperspektiven müssen langfristig entwickelt und die Eltern ermutigt werden, vorhandene Hilfsmöglichkeiten auszuschöpfen (Sarimski 2005, 178).

Pädagogen machen sich über die körpersprachlichen Aspekte eines Gespräches nur selten Gedanken. Die Körpersprache läuft zwar meist unbewusst ab, sie ist aber von immenser Bedeutung für das Gelingen eines Kontaktes. Manchmal fühlt man sich unwohl und kann das mit dem inhaltlichen Verlauf nicht begründen. Oft liegen die Ursachen in Aspekten nonverbaler Kommunikation, die nicht ins Bewusstsein gelangen. Im Folgenden sollen einige dieser Aspekte erläutert werden.

Der Blickkontakt während des Gespräches zeigt den Eltern Aufmerksamkeit und Respekt. Als Zuhörer sollte man den Eltern in die Augen schauen, um ihre nonverbalen Signale zu interpretieren.

Als Sprecher sucht man immer wieder Blickkontakt, um sich rückzuversichern, dass die Eltern einen verstehen. Intuitiv wendet man den Blick aber spätestens nach zwei Sekunden wieder ab, um nicht bedrohlich zu wirken. Durch ruhige Blicke während des Sprechens zeigt man Kraft, Sicherheit und Durchsetzungswillen. Also den Blick nicht hektisch hin und her wandern lassen!

Durch Blickkontakt beim Zuhören, verbunden mit kurzen verbalen Bestätigungen oder Nachfragen, zeigt man sein Interesse und seine Aufmerksamkeit. Dieses Verhalten nennt man auch *aktives Zuhören*.

Sollte man sich Notizen machen müssen, erläutert man den Eltern vorher, was man aufschreibt und warum. Auch in diesem Fall sollte man möglichst oft aufschauen und den Blickkontakt mit den Gesprächspartnern suchen.

Auch der körperliche Abstand von den Eltern ist im Gespräch von Bedeutung. Große Nähe wirkt schnell bedrohlich. Das ist aber auch beim Sitzen an einem Tisch zu beachten! Breitet man seine Unterlagen weit aus, bleibt den Eltern wenig Platz. Intuitiv erleben das die Eltern wahrscheinlich als Dominanzverhalten, gegen das sie sich vielleicht zur Wehr setzen.

Eine Grenzüberschreitung ist es auch, wenn ein Gesprächspartner dem anderen ins Wort fällt und ihn nicht ausreden lässt. Es ist aber genauso übergriffig, wenn ein Gesprächspartner dem anderen keinen Rederaum zugesteht. Ein Gespräch ist dann harmonisch, wenn beide Parteien in etwa die gleiche Redezeit nutzen. Sitzt man weiter als einen Meter von einem Gesprächspartner entfernt, kann man seine Präsenz nicht entfalten und wirkt unverbindlich.

5.3 Pubertierende Schüler im AS

„Pauls Eltern erinnern sich nur noch mit Schaudern an diese Zeit, allenfalls Alpträume haben sie, wenn sie an den siebzehnjährigen Paul denken. Er ist schon ausgewachsen, ein großer junger Mann, der Bart beginnt zu sprießen, jedes Haar wird gehegt als Zeichen für ‚Großsein'. [...] Nur daß Pauls Kämpfe so heftig und ungesteuert verlaufen wie sonst allenfalls die Trotzkämpfe dreijähriger Kinder. Hatte er früher ‚nur' mit Tellern oder Tassen geschmissen, wenn er sich im Widerstand verrannt hatte, so werden es jetzt Stühle oder sogar Tische, die durch die Luft fliegen. Hatte er sich früher mal für eine Stunde in eine dunkle Ecke zurückgezogen, wenn er vom Lärm der anderen Menschen genervt war, so ist er jetzt nur noch selten aus seiner dunklen Ecke herauszubringen." (Nieß/Dirlich-Wilhelm 1995, 90)

Man könnte die Pubertät eines Teenagers im AS als *Pubertät+* bezeichnen. Zunächst einmal können alle normalen Pubertätsprobleme auftreten. Allerdings können sie durch das Autismus-Spektrum verstärkt werden. Darüber hinaus gibt es aber noch spezielle Probleme in der Pubertät, die mit den Besonderheiten eines Autismus-Spektrums zusammenhängen.

Das Gehirn ist auch bei einem Jugendlichen im AS in vielerlei Hinsicht in einer Umstrukturierung begriffen (Strauch 2003, 19). Zahlreiche neurologische Veränderungen sorgen dafür, dass das Gehirn besonders aufnahmefähig für neue Informationen ist und besonders leicht neue Fähigkeiten erwerben kann (Strauch 2003, 29). Evolutionsbiologisch betrachtet ist das sehr sinnvoll. Die Pubertät war lange die Zeit des Aufbruchs in neue Lebensräume. Über viele Generationen hinweg war das eine Lebensperiode, in der neue Aufgaben übernommen werden mussten. Es ergab sich die Notwendigkeit, neue Fähigkeiten zu erlernen und sich an andere Lebensbedingungen anzupassen. Noch in der Generation unserer Großväter begann mit der Pubertät ein neuer Lebensabschnitt, der eine Anpassung an veränderte Lebensbedingungen erforderte. Dafür stellt das Gehirn das Potenzial zur Verfügung.

Die Pubertät bietet also eine besondere Chance, neue Dinge zu lernen. Tatsächlich hat man auch festgestellt, dass Pubertierende im Autismus-Spektrum oftmals besonders viele Entwicklungsfortschritte machen (Feinstein 2001). Doch in einigen Bereichen entstehen neue pädagogische Aufgaben.

Alles ist langweilig

Schüler im AS haben ein enges Spektrum an Interessen. Sie zu motivieren, gehört zu den besonderen pädagogischen Herausforderungen. Die Beschäftigung mit den selbstgewählten Interessensgebieten, seien es im Einzelfall stereotype Bewegungen oder auch die Verfolgung spezieller Interessen, wird als genussvoll erlebt.

Körpereigene Glücksbotenstoffe werden ausgeschüttet, weshalb Menschen diese Aktivitäten immer wieder aufnehmen. Nun beruhen die ersten neurologischen Änderungen in der Pubertät auf einer massiven Umgestaltung des körpereigenen Belohnungssystems, das am Entstehen angenehmer Gefühle beteiligt ist. Der Dopaminspiegel sinkt in der Pubertät im Vergleich zur Kindheit (Strauch 2003, 149), weil etwa 30 % der Rezeptoren für den Botenstoff verloren gehen (Herculano-Houzel 2006, 45). Einiges aus dem autismusspezifisch beschränkten Interessensspektrum, was in der Kindheit noch Spaß gemacht hat, wird nun öde und langweilig. Es wird oftmals nun noch schwieriger, Schüler im AS für bestimmte Lerninhalte zu motivieren. Man muss in Gesprächen mit dem Schüler und seinen Eltern und durch Beobachtungen des Jugendlichen herausfinden, was noch immer handlungsmotivierend wirkt und in der Schule eingesetzt werden kann.

Aber Vorsicht mit dem Lob dabei! Lob, das in Verbindung zu Eltern oder Lehrkräften gebracht wird, bedroht die gewünschte Autonomie. Lob ist in diesem Alter nur Leistungsansporn, wenn die Schüler das Lernen als autonome Leistung verbuchen können (Reinhardt 2008, 12).

Impulse werden schlecht kontrolliert

Das reduzierte Belohnungssystem fordert den Jugendlichen nun zu besonderem Nervenkitzel heraus, damit ausreichend Glückshormone ausgeschüttet werden (Strauch 2003, 149). Neurotypische Jugendliche beginnen nun oft sehr waghalsige Hobbies zu entwickeln: Sie fahren wagemutig Skateboard oder Fahrrad, das Risiko für Drogenkonsum steigt (Strauch 2003, 131 ff). Jugendliche im AS suchen mitunter auch einen Nervenkitzel, nur bleiben ihnen viele Möglichkeiten Gleichaltriger verschlossen. Auf den ersten Blick mag das sogar erleichtern. Viele Sorgen scheinen ihnen erspart zu bleiben. Bei einigen Jugendlichen im AS mag das auch so sein. Andere entwickeln ein provokantes Verhalten, das durch die Reaktionen, die ihm folgen, einen Nervenkitzel bietet. Ein Jugendlicher begann bspw. in dieser Zeit, mit seinem Kot zu werfen.

Eigentlich müsste der Stirnlappen, ein Teil des Gehirns, der direkt hinter der Stirn liegt, dieses Verhalten korrigieren. Der Stirnlappen ist aber häufig erst im Alter von 30 Jahren vollständig entwickelt (Herculano-Houzel

2006, 47). Seine Aufgaben bestehen u. a. darin, die Impulse zu dämpfen und dem Individuum Zeit zu geben, zu überlegen und die Konsequenzen seines Verhaltens abzuwägen. Man nennt dies *Impulskontrolle*. Viele Kinder im AS können ihre Impulse schlecht kontrollieren. Dieses Problem verschärft sich bei vielen Jugendlichen im AS für einige Zeit noch einmal. Man kann dies manchmal daran erkennen, dass die Häufigkeit von Wutausbrüchen und explosionsartigen Aggressionen ansteigt.

Eine andere Form, in der sich die geringere Impulskontrolle manifestieren kann, ist die größere Schwierigkeit, Versuchungen zu widerstehen. Es kann also in diesem Alter wieder viel schwerer sein, an der Schale mit Süßigkeiten vorbei zu gehen oder das leckere Frühstück der Mitschüler unberührt zu lassen. Dies soll keine Entschuldigung, aber eine Erklärung für ein herausforderndes Verhalten in dieser Entwicklungsperiode sein. Es ist also in dieser Zeit hilfreich, nicht die Impulskontrolle zu verlangen („Das muss er nun aber langsam können"), sondern in Rechnung zu stellen, dass sie pubertätsbedingt herabgesetzt ist. Das kann bedeuten, die Süßigkeiten und das Frühstück der anderen unzugänglich aufzubewahren. Man kann die Impulskontrolle durch klare Regeln und vorhersehbare Konsequenzen unterstützen.

Das Einfühlungsvermögen verschlechtert sich

Alle Schüler im AS haben Schwierigkeiten damit, Gefühle anderer anhand der Körpersprache zu verstehen. Nun sorgen weitere Veränderungen im Gehirn dafür, dass die Geschwindigkeit, mit der Kinder die Gefühle anderer Menschen erkennen können, im Alter von elf bis zwölf Jahren um bis zu 20 % zurückgeht. Die Reaktionszeit bleibt mehrere Jahre verlangsamt und hat erst im Alter von 18 Jahren wieder den Wert aus der Kindheit erreicht (Strauch 2003, 101). Ein Verschärfen der Schwierigkeiten in der Pubertät ist bei Jugendlichen im AS also völlig altersgerecht und eine Verbesserung der Fähigkeit im Anschluss auch.

Es kann sinnvoll sein, Gefühle sehr klar zu äußern und die Körpersprache auch verbal zu unterstützen. Die Emotionen anderer müssen noch stärker erklärt werden, damit der Jugendliche sie besser verstehen kann.

Für Jugendliche im AS entstehen, wie für alle Jugendlichen, aus diesen neurologischen Bedingungen soziale Probleme. Sie potenzieren sich durch das Autismus-Spektrum noch einmal. Aber auch manche Verbesserungen im Anschluss an die Pubertät sind nicht das Ergebnis intensiver Förderung, sondern schlicht neurologische Reifungsprozesse.

Hormonschwankungen

Einigen Jugendlichen im AS machen ihre Stimmungsschwankungen Angst. Sie erleben die Welt als noch chaotischer als zuvor. Stimmungsschwankungen werden in der Pubertät auch hormonell verursacht.

Was Schülern im AS in dieser schwierigen Zeit hilft, sind sichere Strukturen in allen Lebensbereichen und feste Regeln, die gelten. Hilfreich können auch Gespräche über die Veränderungen sein, die gerade stattfinden. Insbesondere bei Jugendlichen im Autismus-Spektrum kann es notwendig sein, über ihr Anderssein zu sprechen. Das kann sie entlasten. Man sollte mit dem Jugendlichen zusammen nach geeigneten Hilfen suchen.

Körperhygiene

Einige Jugendliche im AS haben kein ausreichendes Gespür dafür, wann sie sich duschen sollten und wann die Kleidung gewechselt werden muss. Hormone sorgen aber in der Pubertät auch für stärkeres Schwitzen. Körperhygiene spielt speziell in diesem Alter eine bedeutende Rolle. Damit sich daraus nicht zusätzliche soziale Probleme ergeben, sollten Sie den Jugendlichen durch feste Regeln und Arbeit mit Plänen, z. B. für die Körperpflege, unterstützen.

Der Freundeskreis

Es gehört zu den Entwicklungsaufgaben in der Pubertät, dass sich Jugendliche einen eigenen Freundeskreis aufbauen (Eckert 2007, 54 ff). Oftmals ziehen sich Jugendliche im AS aufgrund ihrer sozialen Schwierigkeiten mit Gleichaltrigen aber noch stärker auf ihre eigenen Interessen zurück. Die soziale Isolation verschärft sich. Vielfach wird der Kontakt zur Peergroup aber gewünscht. Diese Diskrepanz zwischen Wollen und Können führt zu Konflikten und Stress. Jugendliche im AS fühlen sich oft sehr einsam (Preißmann 2009, 66 f).

Zudem kann unter diesen Bedingungen der Ablöseprozess von den Eltern nicht altersgerecht erfolgen. Das Spannungsfeld zwischen altersgemäßen Abnabelungsprozessen und notwendiger Nähe, weil die Unterstützung der Eltern benötigt wird und kein anderes soziales Netzwerk alternativ zur Verfügung steht, kann zu starken Konflikten führen. Nicht immer erlebt man sie in Auseinandersetzungen mit den Eltern. Auch autoaggressives Verhalten oder Depressionen können die Folge sein.

Schüler im AS müssen bei der Strukturierung des Alltags und der Gestaltung sozialer Beziehungen besonders unterstützt werden (siehe 3.5). Oppositionelles Verhalten darf man nicht persönlich nehmen! Der Jugendliche hat die Entwicklungsaufgabe, sich vom bestehenden sozialen Netzwerk zu distanzieren. Er muss die Lebensmodelle der Erwachsenen hinterfragen und kritisieren, um sein eigenes zu finden. Das bedeutet aber nicht, dass man Beleidigungen tolerieren sollte.

Epilepsie

Das Risiko, in der Pubertät eine Epilepsie zu bekommen, ist bei Heranwachsenden im Autismus-Spektrum ungleich höher als in der Allgemeinbevölkerung. Epilepsie ist die häufigste chronische Krankheit des zentralen Nervensystems. Etwa 5 % der Bevölkerung erkranken, meist nur vorübergehend, im Laufe ihres Lebens daran (Enders / Kluge 2010, 63). Das Risiko, an Epilepsie zu erkranken, ist im Allgemeinen in den ersten Lebensjahren und ab dem 60. Lebensjahr besonders hoch.
Anders ist es bei Menschen im AS. Hier kommt es am häufigsten in der Pubertät zum Auftreten einer Epilepsie. 20 bis 30 % der Jugendlichen entwickeln sie bis zum 18. Lebensjahr. Dabei kommen alle Formen epileptischer Anfälle vor (Klicpera / Innerhofer 2002, 182).

Psychische Erkrankungen

> „Als Birger etwa 14 Jahre alt war, kam die große Krise. Birger veränderte sich. Alles, was er an Selbstständigkeit gelernt hatte, verlor sich oder verkam zu sinnentleerten Ritualen. Erstmals traten Autoaggressionen auf; heftiges Schreien – für uns alle grundlos – begleitete unser Alltagsleben, unzählige Zwänge, die die ganze Familie einengten. Schlafstörungen und Einnässen in der Nacht kamen noch hinzu. Birgers Grundstimmung veränderte sich, er wirkte meistens depressiv und konnte sich nur noch selten freuen." (Sellin 2008, 9 ff)

Die neurologischen Veränderungen in der Pubertät machen das Gehirn besonders empfindlich und verletzlich, wahrscheinlich auch weitaus anfälliger für tiefgreifende Schäden als zu anderen Zeitpunkten (Strauch 2003, 37). Dazu gehören psychische Erkrankungen. Darüber hinaus führen zahlreiche Bedingungen bei Schülern im AS zu einem erhöhten Risiko für psychische Störungen: eine wenig bedürfnisgerechte Umgebung, Beeinträchtigungen in der Kontaktaufnahme und der Kommunikationsfähigkeit, eingeschränkte Möglichkeiten der Artikulation von Wünschen und Zielen, häufige Unter- oder Überforderungen, die zu Frustrationen führen, und geringe Selbsthilfemöglichkeiten (Lingg / Theunissen 2008, 56 f).
Das Problem, diese zu erkennen, liegt darin, dass autismusspezifische Besonderheiten (z. B. Stereotypien oder starker Rückzug) wie psychische

Störungen wirken können, aber auf der anderen Seite Symptome psychischer Störungen (wie Angststörungen) mitunter auch als autismusspezifische Symptomatik fehlinterpretiert werden. Psychische Erkrankungen gehören grundsätzlich in die Hand eines erfahrenen Therapeuten oder Psychiaters. Doch es ist nicht einfach, jemanden zu finden, der sowohl im Autismus-Spektrum als auch mit psychischen Erkrankungen Erfahrungen hat. Hier sollte man auf die Erfahrungen in den Regionalverbänden *Autismus Deutschland*, der *Autistenhilfe* oder *Autismus Deutsche Schweiz* zurückgreifen.

Auch medikamentöse Hilfen können sinnvoll und hilfreich sein. Doch dies ist kein pädagogisches Aufgabenfeld, sondern bedarf interdisziplinärer Zusammenarbeit mit einem Psychiater.

Autismus und Ängste

> „In der Pubertät wurde die Angst zu meiner vorrangigen Emotion. Als die Hormone ausgeschüttet wurden, kreiste mein Leben nur noch darum, eine von Furcht ausgelöste Panikattacke zu vermeiden." (Grandin 1997, 109)

Die Kluft zwischen den gesellschaftlichen Erwartungen und den eigenen sozialen Fähigkeiten kann Angst hervorrufen. Dies gilt auch für die Veränderungen des eigenen Körpers und den plötzlichen Stimmungsschwankungen in der Pubertät.

Von vielen Menschen im AS wird Angst als ein ganz zentrales Lebensgefühl beschrieben. Untersuchungen bestätigen das. 50 bis 70 % der Kinder, Jugendlichen und Erwachsenen haben Angststörungen (Freitag 2008, 152). Menschen im Autismus-Spektrum sorgen sich oft unbegründet (Attwood 2008, 172 f). Achtung: Die Angst kann sich auch durch Aggressionen zeigen!

Es gibt ein spezielles Trainingsprogramm von Tony Attwood (2015), in dem Kinder mit dem Gefühl der Angst umzugehen lernen sollen. Es wurde konzipiert für zwei bis fünf Kinder im Autismus-Spektrum zwischen neun und zwölf Jahren. Es kann auch verändert werden für Einzelsitzungen bzw. für ältere Jugendliche und kann durchaus auch im Rahmen der Schule eingesetzt werden.

Autismus und Zwänge

Der Übergang von Ängsten zu Zwängen ist fließend. Zwängen liegen Angstgedanken zugrunde, die mithilfe von bestimmten Handlungen bewältigt werden sollen. Werden diese Handlungen nicht ausgeführt, wird angstvoll eine Konsequenz erwartet.

> „In der Grundschule hatte ich eine unbegründete Angst, zu erblinden. Ich dachte, dass ich ständig mit den Augen blinzeln müsse, damit meine

Sehkraft erhalten bliebe. Begonnen hatte es damit, dass ich ein Auge unabhängig von dem anderen zuzukneifen lernte. Das wurde zum Tic. [Anm. Schirmer: Es müsste *Zwang* heißen!] Es war, als würden die Augen die Blinzelbewegungen von alleine ausführen. Ich konnte sie nicht daran hindern und hoffte nur, dass es niemandem auffallen würde." (Schuster 2007a, 265 f)

Es gibt Ähnlichkeiten in den Verhaltensmustern von Menschen mit Zwangsstörungen und denen im AS. 30 bis 40 % aller Personen im AS zeigen Zwangserkrankungen (Freitag 2008, 155). Die Problematik weitet sich unbehandelt meist aus und nimmt immer mehr Zeit und Raum im Leben ein (Reinecker 2006, 14).

Oft ist die Abgrenzung zwischen Stereotypien und Zwängen schwierig. Doch während Stereotypien als angenehm empfunden werden, sind Zwänge eher quälend (Reichenbach-Ullmann et al. 2006, 226 f).

Man sollte den Jugendlichen nicht in seinen Zwängen unterstützen. So stabilisiert man das Verhalten. Aber bei 30 % der Zwangserkrankten kommt es zu Aggressionen, wenn man sie an der Ausführung ihrer Zwänge hindert bzw. sich nicht einbinden lässt. (Weitere Hinweise zu Zwangserkrankungen kann man z. B. auf www.zwaenge.de, www.zwaenge.at oder www.zwaenge.ch finden.)

Autismus und Tics

Es gibt Vermutungen, dass bis zu 80 % aller Menschen im AS zusätzlich Tic-Störungen haben (Reichenbach-Ullmann et al. 2006, 227). Auch wenn diese Zahlen etwas hoch erscheinen, kann man davon ausgehen, dass der Anteil an Tic-Störungen bei Menschen im AS höher ist als in der Durchschnittbevölkerung. Das Tourette-Syndrom, die schwerste Form der Tic-Störung, tritt bei 11 % der Menschen mit geringerem Unterstützungsbedarf komorbid auf (Freitag 2008, 159).

Der Tic (franz. „das Zucken der Glieder") bezeichnet eine rasche, unwillkürliche, unregelmäßig wiederkehrende motorische Entladung in einzelnen Muskeln oder Muskelgruppen. Auffallend wird er durch teilweise heftige körperliche Bewegungen oder Lautäußerungen. Man unterscheidet vokale Tics, die vom Räuspern bis zum Aussprechen obszöner Worte reichen und motorische Tics, die sowohl das Zusammenkneifen der Augen, aber auch Springen oder Werfen von Gegenständen umfassen können.

Menschen mit Tic-Störungen können sich Tics nicht abgewöhnen. Sowohl den Zeitpunkt des Auftretens als auch den des Verschwindens eines Tics können sie nicht kontrollieren.

Tics beginnen zumeist im Alter von sieben bis zwölf Jahren, mehrheitlich bei Jungen. Verstärkt treten sie in emotional belastenden Situationen auf. Manche Kinder und Jugendliche können die Tics in einem gewissen, aber beschränkten Maße kontrollieren. Dies führt aber nur zu einer zeitlichen Verschiebung der heftigen sogenannten „Tic-Entladungen", jedoch kann der Tic nicht gänzlich unterdrückt werden. Die wichtigste Aufgabe des Pädagogen ist die Aufklärung der Mitschüler, damit das Kind im AS nicht noch zusätzlich gehänselt wird.

Autismus und Depression

> „Eine depressive Phase kommt oft dann, wenn eine für mich schwierige Situation auftritt. Das kann irgendein frustrierendes Erleben sein oder auch nur eine Erkältung, die vermehrte Beschäftigung mit Zukunftsperspektiven etc." (Preißmann 2005, 84)

Depressionen gehören zu den häufigsten komorbiden Störungen bei Menschen im Autismus-Spektrum (Kennedy 2002, 44). Jeder dritte Mensch mit geringerem Unterstützungsbedarf hat eine klinisch bedeutsame Depression (Attwood 2008, 178). Zwischen Ängsten und Depressionen gibt es einen fließenden Übergang. Man kann sich langanhaltende Ängste und Depressionen wie ein Kontinuum vorstellen.

Zum Entstehen einer Depression tragen zur einen Hälfte eine genetische Veranlagung und zur anderen Umwelteinflüsse bei. Zu den Umwelteinflüssen zählt Stress. Der Stress, dem Jugendliche im AS ausgesetzt sind, ist höher als der von anderen Jugendlichen. Sie haben oft das Gefühl, nicht akzeptiert und nicht verstanden zu werden, sind erschöpft von dem Versuch, sozial erfolgreich zu sein, sie sind oft einsam, werden gemobbt oder geärgert und haben eine pessimistische Denkweise (Attwood 2008, 178).

Eine Depression ist gerade bei einem Schüler im AS oft nicht einfach zu erkennen. Sie zeichnet sich durch die Unfähigkeit aus, Gefühle wie Trauer oder Freude empfinden und auf Zuwendung, Anregung, Aufmunterung oder Kontakt von außen positiv reagieren zu können. Diese Schwierigkeiten gehören aber zum Erscheinungsbild eines Jugendlichen im AS.

Manchmal fühlen sich Kinder und Jugendliche im AS und Depression traurig und weinen viel. Oft haben sie Konzentrationsschwierigkeiten und sie sind vergesslich. Sie sind rasch ermüd- und erschöpfbar.

Oft verlieren die Jugendlichen das Interesse an den Dingen, die sie bisher mochten. Weitere mögliche Anzeichen für eine Depression können sein:

- sich verschlechternde Schulleistungen,
- häufiges Fehlen und
- eine negative Einstellung zu Schule und Unterricht allgemein. (Hawton et al. 2008, 114 f)

Man unterscheidet verschiedene Schweregrade und verschiedene Formen einer Depression. Diese Unterscheidung muss aber ein Psychiater vornehmen.

Das Wichtigste ist zu erkennen, dass der Jugendliche an einer Krankheit leidet, die behandelt werden kann. Er ist nicht selbst schuld an seiner Krankheit.

Depressive Symptome kann man nicht einfach wegdenken, Betroffene müssen sich nicht nur mehr „zusammenreißen". Als Pädagoge sollte man das Gespräch mit dem Jugendlichen und seinen Eltern suchen und empfehlen, einen Facharzt zu konsultieren.

Autismus und Essstörungen

Auch Essstörungen gehören zu den psychischen Erkrankungen, die bei Menschen im AS besonders häufig auftreten. Ca. 20 % der mit einer Magersucht diagnostizierten Mädchen sind im Autismus-Spektrum (Attwood 2008, 23). Da eine Magersucht u. U. lebensbedrohlich werden kann, empfiehlt es sich, bei dem Verdacht darauf sofort das Gespräch mit der Jugendlichen selbst, wenn dies möglich ist, und den Eltern zu suchen. Auch der Schulleiter muss informiert werden. Eventuell kann der schulpsychologische Dienst zur Unterstützung herangezogen werden.

5.4 Auffälliges Sexualverhalten

Menschen im Autismus-Spektrum haben oft Probleme in der sexuellen Entwicklung. Im Bereich der Schule fallen einige Kinder und Jugendliche auf, weil sie ihre Geschlechtsteile in der Öffentlichkeit berühren oder sogar masturbieren. Andere fassen Lehrerinnen an die Brüste.

Oft hat das damit zu tun, dass sie die zugrundeliegenden sozialen Regeln nicht verstanden und verinnerlicht haben. Auch scheinbar allgemein bekannte Regeln des Miteinanders müssen diesen Kindern und Jugendlichen explizit vermittelt werden.

Einige können z. B. nicht zwischen einem privaten und einem öffentlichen Raum unterscheiden, andere haben kein Schamgefühl. Schamgefühle werden kulturell vermittelt. Menschen im AS erwerben sie schwerer als andere. Nur ein verhältnismäßig geringer Teil von ihnen zeigt z. B. Scham oder Unbehagen, wenn sie nackt gesehen werden (Bier 1989, 104). Dies führt zum Unverständnis dafür, dass andere Menschen sexuelle Handlungen in der Öffentlichkeit als unangemessen erleben.

Ein Teil der Jugendlichen im AS masturbiert an ungeeigneten Orten, bspw. in der Schule (Bier 1989, 99). Andere reiben die Genitalien an Personen, die dies nicht wünschen.

Wichtig ist, dass Selbstbefriedigung in der Öffentlichkeit ein Tabu ist. Sie darf auch nicht aus Mitleid zugelassen werden, denn sie führt die Schüler in die gesellschaftliche Isolation. Kinder und Jugendliche müssen lernen, *wann* und *wo* Selbstbefriedigung möglich ist. Sie sollte auf keinen

Fall gänzlich unterbunden werden! Selbstbefriedigung ist ein normales Verhalten.

Man muss sich im Team auf Regeln einigen, die im Umgang mit allen Pädagoginnen gelten, auch wenn sie unterschiedliche persönliche Grenzen haben. Es ist für den Schüler im AS leichter zu verstehen, dass es Lehrerinnen grundsätzlich nur an der Hand berühren darf als zu akzeptieren, dass es Frau X über die Haare streichen, Frau Y in den Arm nehmen, Frau Z die Hand geben, aber Frau A auf keinen Fall anfassen darf.

Literatur

Adam, H. (1996): Mit Gebärden und Bildsymbolen kommunizieren: Voraussetzungen und Möglichkeiten der Kommunikation von Menschen mit geistiger Behinderung. 2. Aufl. Ed. Bentheim, Würzburg
Albers, T., Jungmann, T., Lindmeier, B. (2009): Sprache und Interaktion im Kindergarten. Zeitschrift für Heilpädagogik 6, 202–212
Amorosa, H. (2010): Klassifikation. In: Noterdame, M., Enders, A. (Hrsg.): Autismus-Spektrum-Störungen (ASS). Kohlhammer, Stuttgart, 19–30
Asperger, H. (1938): Das psychisch abnorme Kind. Wiener Klinische Wochenzeitschrift 51, 1314–1317
Attwood, T. (2015): Gefühle erkunden. Kognitive Verhaltenstherapie, um mit Wut und Angst umzugehen. Handbuch. Autismusverlag, St. Gallen
Attwood, T. (2008): Ein ganzes Leben mit dem Asperger-Syndrom. Trias, Stuttgart
Avay, St. (2009): Bewegung für den Geist. Gehirn & Geist 5, 31–39

Barbera, M. L. (2007): The Verbal Behavior Approach. Jessica Kingsley Publishers, London/Philadelphia
Baron-Cohen, S. (1997): Mindblindness. An Essay on Autism an Theory of Mind. 4. Aufl. MIT Press, Cambridge/London
Bauer, J. (2006): Warum ich fühle, was du fühlst: Intuitive Kommunikation und das Geheimnis der Spiegelneurone. Heyne Verlag, München
Bernard-Opitz, V. (2005): Kinder mit Autismus-Spektrum-Störungen (ASS). Kohlhammer, Stuttgart
Bernard-Opitz, V., Kok, A. (1994): Funktionale Analyse von Selbstverletzungsverhalten: Soziale, kommunikative und kognitive Gesichtspunkte. Sonderpädagogik 24/1, 14–22
Beutenmüller, Th. (1993): Das C.A.L.M. Training. In: Bundesverband „Hilfe für das autistische Kind e. V." (Hrsg.): Autismus und Gesellschaft. Tagungsbericht der 10. Bundestagung, 138–147
Bier, A. (1989): Zärtlichkeit und Sexualität autistischer Menschen. Deutscher Studien Verlag, Weinheim
Bölte, S. (2009): Epidemiologie. In: Bölte, S. (Hrsg.): Autismus. Spektrum, Ursachen, Diagnostik, Intervention, Perspektiven. Huber, Bern, 65–74
Brauns, A. (2002): Buntschatten und Fledermäuse. Hoffmann und Campe, Hamburg
Brealy, J., Davies, B. (2009): So helfen Sie Ihrem autistischen Kind. Verlag Hans Huber, Bern
Bröker, A. (2011): Meine Schulzeit als Asperger-Autistin. In: autismus 72, 13–17
Buchenau, J., Lechmann, C. (2002): Das „Picture Exchange Communication System" (PECS). Eine neue, vielversprechende Kommunikationsmethode. autismus 53, 17–21

Bundschuh, K. (2008): Der Übergang ins Berufsleben – Eine Herausforderung für Menschen mit geistiger Behinderung. Zeitschrift für Heilpädagogik 01, 2–9
Busse, J. (2001): Autoaggression und Autismus: Wenn die Kontrolle verloren geht. autismus 52, 16–21
Busse, J. (1999): Autismus – Nerven unter Spannung. Transmitter, Rezeptoren, Psychopharmaka. Neuromedizinische Erläuterungen. autismus 48, 26–30

Carr, E. G. (1977): The Motivation of Self-Injurious Behavior: A Review of Some Hypotheses. Psychological Bulletin 84/4, 800–816
Castañeda, C., Hallbauer, A. (2013): Einander verstehen lernen. Holtenauer, Kiel
Cordes, H., Dzikowski, St. (1991): Frühförderung autistischer Kinder. Bericht über ein Frühförderprogramm des Bremer Projekts. Hilfe für das autistische Kind, Bremen
Crossley, R., McDonald, A. (1993): Anni – Licht hinter Mauern. Die Geschichte der Befreiung eines behinderten Kindes. 4. Aufl. Piper, München

Dalferth, M., Vogel, H. (2006): Der Übergang ins Arbeitsleben. Hoffnungsvolle Ergebnisse eines Forschungsprojektes. In: Autismus Deutschland e.V. (Hrsg.), 11. Bundestagung. Tagungsbericht, Hamburg, 160–170.
Danne, H. (Hrsg.) (2010): Das ABA-Mutmachbuch. Hermann Danne Selbstverlag, Ulm
Degner, M. (2008): Effektivität des TEACCH-Ansatzes. In: Degner, M., Müller, Ch. M. (Hrsg.): Autismus. Besonderes Denken – Förderung mit dem TEACCH-Ansatz. Verlag Kleine Wege, Nordhausen, 129–140
Delacato, C. H. (1985): Der unheimliche Fremdling. Das autistische Kind. 3. erw. Aufl. Hyperion, Freiburg im Breisgau
Delmolino, L., Harris, S. (2004): Incentives for Change: Motivating People with Autism Spectrum Disorder to Learn and Gain Independence. Woodbine House, Bethesda
Dietsch, S. (2012): Meine Schulzeit war für mich sehr schwierig. In: Preißmann, Ch. (Hrsg.): Asperger. Leben in zwei Welten. Trias, Stuttgart, 17–23
Dingemanse, M., Enfield, N. (2015): Ungeschriebene Gesetze. Gehirn & Geist 8, 34–39
Dodd, S. (2007): Autismus. Was Betreuer und Eltern wissen müssen. Spektrum Akademischer Verlag, München
Döngens, J. (2008): Mensch, du alte Plaudertasche. Gehirn & Geist 10, 22–28
Dyrbjerg, P., Vedel, M. (2007): Everyday Education. Visual Support for Children with Autism. Jessica Kingsley Publishers, London/Philadelphia

Eckert, A. (2009): Kindeswohl und elterliche Bedürfnisse im Kontext der Verortung sonderpädagogischer Förderung. Referat auf der Nationalen Konferenz, Berlin, 6.–7. Mai 2009. In: http://www.bmas.de/portal/33466/property=pdf/2009_05_06_panel_2_andreas_eckert.pdf, 09.12.2012

Eckert, A. (2007): Auszug ohne Abschied. Behinderte Menschen 1, 54–64
Eckert, A. (2004): Besondere Aspekte der Beratung von Eltern autistischer Kinder und Jugendlicher. Heilpädagogik online 03, 61–74
Eibl-Eibesfeldt, I. (2000): Der Mensch – das riskierte Wesen. Zur Naturgeschichte menschlicher Unvernunft. 4. Aufl. Piper, München
Eibl-Eibesfeldt, I. (1999): In der Falle des Kurzzeitdenkens. 2. Aufl. Piper, München / Zürich
Empt, A. (1996): Er bewegte sich nicht mehr von der Stelle. In: Verein zur Förderung von autistisch Behinderten e. V. (Hrsg.): Autistische Menschen verstehen lernen II. Mit Beiträgen von Betroffenen. Stuttgart, 27
Enders, A., Kluge, G. (2010): Neurologische Komorbidität. In: Noterdaeme, M., Enders, A.(Hrsg.): Autismus-Spektrum-Störungen (ASS). Ein integratives Lehrbuch für die Praxis. Kohlhammer, Stuttgart, 63–71
Essau, C. A., Conradt, J. (2004): Aggression bei Kindern und Jugendlichen. Ernst Reinhardt, München / Basel

Falkai, P., Wittchen, H.-U. (2015): Diagnostisches und Statistisches Manual Psychischer Störungen DSM-5®. Hogrefe, Göttingen
Feinstein, A. (2001): Interview with Professor Gary Mesibov. Looking Up Autism 2/10. In: http://www.lookingupautism.org/Articles/GaryMesibov.html, 13.04.09
Freeman, S., Dake, L. (1997): Teach me Language. 2. ed. SKF Books, Langley
Freitag, Ch. M. (2008): Autismus-Spektrum-Störungen. Ernst Reinhardt, München / Basel
Frese, Ch. (2011): Rechtsansprüche von Menschen mit Autismus im Lichte der UN-Behindertenrechtskonvention (UN-BRK). In: autismus Deutschland e. V. (Hrsg.): Inklusion von Menschen mit Autismus. Loeper Literaturverlag, Karlsruhe, 33–37
Fromm, E. (2003): Anatomie der menschlichen Destruktivität. 20. Aufl. Rowohlt, Reinbek bei Hamburg
Frost, L., Bondy, A. (2002): The Picture Exchange Communication System. Training Manual. 2. ed. Pyramid Educational Products, Inc., Newark

Gerland, G. (1998): Ein richtiger Mensch sein. Autismus – das Leben von der anderen Seite. Verlag Freies Geistesleben, Stuttgart
Glasberg, B. A. (2006): Functional Behavior Assessment for People with Autism. Making Sense of Seemingly Senseless Behavior. Woodbine House, Bethesda
Gomolla, A. (2002): Der Lebenslauf von Menschen mit Asperger Syndrom / High-Functioning-Autismus. Eine Interviewstudie mit Schwerpunkt auf dem Erwachsenenalter. In: http://www.aspergia.net/uploads/files/gomolla.pdf, 20.07.09
Grandin, T. (1997): Ich bin die Anthropologin vom Mars. Knaur, München
Grandin, T., Barron, S. (2005): The Unwritten Rules of Social Relationships. Future Horizons, Arlington

Gray, C. (1994): Comic Strip Conversation. Future Horizons, Arlington
Gray, C., White, A. L. (2004): My Social Stories Book. 6. Aufl. Jessica Kingsley Publishers, London
Greiner, J. (2000): Ich würde so gerne… mein Kind besser verstehen lernen. Wir Eltern von Kindern mit Autismus 7, 2–14
Gutstein, St. E. (2003): Can My Baby Lern to Dance? Exploring the Friendship of Asperger Teens. In: Willey, L. H. (Hrsg.): Asperger Syndrome in Adolescence. Living with the Ups, the Downs and Things in Between. Jessica Kingsley Publishers, London, 98–128

Häußler, A. (2008): Der TEACCH-Ansatz zur Förderung von Menschen mit Autismus. Einführung in Theorie und Praxis. 2. Aufl. verlag modernes lernen, Dortmund
Häußler, A., Christina Happel, Ch., Tuckermann, A., Altgassen, M., Adl-Amini, K. (2008): SOKO Autismus. Gruppenangebote zur Förderung sozialer Kompetenzen bei Menschen mit Autismus – Erfahrungsbericht und Praxishilfen. 2. Aufl. verlag modernes lernen, Dortmund
Harlan, L. (1985): Das wilde Kind von Aveyron. Der Fall des Wolfsjungen. Ullstein, Frankfurt. M. / Berlin / Wien
Hawton, K. Rodham, K., Evans, E. (2008): Selbstverletzendes Verhalten und Suizidalität bei Jugendlichen. Risikofaktoren, Selbsthilfe und Prävention. Verlag Hans Huber, Bern
Hazlett, H. C., Poe, M., Gerig, G., Gimpel Smith, R., Provenzale, J., Ross, A., Gilmore, J., Piven, J. (2005): Magnetic Resonance Imaging and Head Circumference Study of Brain Size in Autism. Archives of General Psychiatry 62/12, 1366–1376
Hellbrück, J., Schlittmeier, S., Klatte, M. (2011): Die Last des Lauten. In: Gehirn & Geist 7–8, 45–49
Herbrand, M., Cercekoglu, C. (2012): Wenn ich tanzen will. Autismus zum Anfassen. Epubli, Berlin
Herculano-Houzel, S. (2006): Kindheit ade. Gehirn & Geist 5, 45–51
Herzog, E. (2008): Eine Designstudie: Gerät zur Tiefendruckanwendung. autismus 65, 27–29
Hilfe für das autistische Kind e. V., Regionalverband München (Hrsg.) (1997): Betreuung autistischer Menschen im Heim. Anforderungen und Auswahlkriterien. Hinweise eines Elternarbeitskreises. München.
Hinz, A. (2009): Inklusive Pädagogik in der Schule – veränderter Orientierungsrahmen für die schulische Sonderpädagogik!? Oder doch deren Ende?? Zeitschrift für Heilpädagogik 5, 171–179
Höhlriegel, N. (2013): Letzte Schuljahre – Entwicklung von Bewältigungsstrategien. In: Preißmann, Ch. (Hrsg.): Überraschend anders – Mädchen & Frauen mit Asperger. Trias, Stuttgart, 57–60
Holodynski, M. (2006): Emotionen – Entwicklung und Regulation. Springer Medizin Verlag, Heidelberg

Hoppe, M. (2012): Meine Erfahrungen in der Schule. In: Preißmann, Ch. (Hrsg.): Asperger. Leben in zwei Welten. Trias, Stuttgart, 23–28
Howlin, P., Baron-Cohen, S., Hadwin, J. (1999): Teaching Children with Autism to Mind-Read. A Practical Guide. Wiley & Sons, Chichester/New York/Weinheim/Brisbane/Singapore/Toronto
Hsu, J. (2008): Wie ein offenes Buch. Gehirn & Geist 12, 22–27

Kanner, L. (1943): Autistic Disturbances of Affective Contact. The Nervous Child 3/2, 217–250
Karch, D., Groß-Selbeck, G., Pietz, J., Schlack, H.-G. (o. J.): Orofaziale Regulationstherapie nach Castillo Morales. Stellungnahme der Gesellschaft für Neuropädiatrie. In: http://www.neuropaediatrie.com/uploads/media/OROFA-CIALE_lang_01.pdf, 09.12.2012
Kasten, E. (2006): Body-Modification. Psychologische und medizinische Aspekte von Piercing, Tattoo, Selbstverletzung und anderen Körperveränderungen. Ernst Reinhardt, München/Basel
Kegel, G., Tramitz, Ch. (1991): Olaf – Kind ohne Sprache. Die Geschichte einer erfolgreichen Therapie. Westdeutscher Verlag, Opladen
Kennedy, D. M. (2002): The ADHD Autism Connection. Waterbook Press, Colerado Springs
Kißgen, R. (2007): Eltern behinderter Kinder. Eine bindungstheoretische Betrachtung. Behinderte Menschen 1, 28–38
Klauß, Th. (2008): Wohnen so normal wie möglich. Ein Wohnprojekt für Menschen mit Autismus (Asperger-Syndrom). Universitätsverlag Winter, Heidelberg
Klicpera, Ch., Innerhofer, P. (2002): Die Welt des frühkindlichen Autismus. 3. Aufl. Ernst Reinhardt, München/Basel
Kultusministerkonferenz (KMK) (2000): Empfehlungen zu Erziehung und Unterricht von Kindern und Jugendlichen mit autistischem Verhalten. In: Drave, W., Rumpler, F., Wachtel, P. (Hrsg.): Empfehlungen zur sonderpädagogischen Förderung: Allgemeine Grundlagen und Förderschwerpunkte (KMK) mit Kommentaren. Edition Bentheim, Würzburg, 383–398
Krüger, R. (2007/2008): Spiegelneuronen, Körpersprache und Autismus. Aspergia 2, 4–7

Lambeck, S. (1992): Diagnoseeröffnung bei Eltern behinderter Kinder. Verlag für angewandte Psychologie, Göttingen
Leppert, T. (1997): Anforderungen an Lehrerinnen und Lehrer von Kindern mit autistischen Verhaltensweisen an Sonderschulen für Geistigbehinderte und damit verbundene Beanspruchungen. Diplomarbeit, FB Psychologie, Universität Hamburg
Lefévre, F. (1997): Schwarze Wolke Niemandsland. Quadriga, Berlin/Weinheim
Lewis, C. (2010): Mein Wunderkind. Gerth/Medien, München

Liesen, Ch., Felder, F. (2004): Bemerkungen zur Inklusionsdebatte. Heilpädagogik online 03, 4—29

Lingg, A., Theunissen, G. (2008): Psychische Störungen und geistige Behinderungen. 5. Aufl. Lambertus, Freiburg im Breisgau

Lurija, A. R. (2001): Das Gehirn in Aktion. Einführung in die Neuropsychologie. 6. Aufl. Rowohlt, Reinbeck bei Hamburg

MacDuff, G. S., Krantz, P. J., McClannahan, L. E. (1993): Teaching Children with Autism to Use Photographic Activity Schedules. Journal of Applied Behavior Analysis 26, 89–97

Maus, I. (2013): Mami, ich habe eine Anguckallergie. Engelsdorfer, Leipzig

McClannahan, L. E., Krantz, P. J. (2005): Teaching Conversation to Children with Autism. Woodbine House, Bethesda

McClannahan, L. E., Krantz, P. J., (1999): Activity Schedules for Children with Autism: Teaching Independent Behavior. Woodbine House, Bethesda

Mehl, K. (1993): Über einen funktionalen Aspekt von Handlungsfehlern – Was lernt man wie aus Fehlern. LIT Verlag, Berlin/Münster/Wien/Zürich/London

Mesibov, G., Schopler, E., Schaffer, B. (2016): AAPEP. Entwicklungs- und Verhaltensprofil für Jugendliche und Erwachsene. 2. Aufl. verlag modernes lernen, Dortmund

Mesibov, G., Thomas, J. B., Chapman, S. M., Schopler, E. (2007): TEACCH Transition Assessment Profile (TTAP). 2. Aufl. Proed, Austin, Texas

Miksch, A. (2004): Fünf Jahre U-Bahn-Club. In: Hilfe für das autistische Kind, Regionalverband München e. V. (Hrsg.): Autistische Kinder brauchen Hilfe. 8. Aufl., 53–54

Moore, Ch. (2004): Sam, George und ein ganz gewöhnlicher Montag. Mein Leben mit zwei autistischen Kindern. Goldmann, München

Morris, D. (1978): Der Mensch mit dem wir leben: Ein Handbuch unseres Verhaltens. Droemer, München

Mörwald, B., Stender, J. (2009): Leitfaden für schulische Integration im Bereich des Stadtschulrats für Wien. In: http://www.lehrerweb.at/fileadmin/lehrerweb-Project/redaktion/ssr/doc/integration/leitfaden_03.pdf, 27.04.09

Mühl, H. (1996): Mit nichtsprechenden Menschen kommunizieren. Der Erwerb von Handzeichen bei nichtsprechenden Menschen mit geistiger Behinderung und mit autistischem Verhalten. Eine Literaturanalyse. 2. erw. Aufl. Zentrum für pädagogische Berufspraxis (ZpB) der Carl von Ossietzky Universität, Oldenburg

Mühl, H., Neukäter, H., Schulz, K. (1996): Selbstverletzendes Verhalten bei Menschen mit geistiger Behinderung. Verlag Paul Haupt, Bern/Stuttgart/Wien

Müller, Ch. (2007): Autismus und Wahrnehmung. Tectum Verlag, Marburg

Müller, D. (2014): Keine Panik, … es ist doch nur Schule! Books on Demand, Norderstedt

Mussen, P. H., Conger, J. J., Kagan, J. (1996): Lehrbuch der Kinderpsychologie, Bd. 2, 5. Aufl. Klett-Cotta, Stuttgart

Newport, M. u. J. (2005): Crazy in Love. Droemer Verlag, München
Nieß, N. (2004): Auf den zweiten Blick – unsichtbare Behinderungen. In: Hilfe für das autistische Kind Regionalverband München e. V. (Hrsg.): Autistische Kinder brauchen Hilfe, 13–14
Nieß, N. (2000): FC-Tagung in der St.-Gallus-Hilfe in Meckenbeuren. autismus 50, 50–52
Nieß, N. (1998): Integrierende Arbeitsbegleitung von Menschen mit Autismus – Spezifische Hilfen für autistische Menschen sind notwendig. In: Bundesverband Hilfe für das autistische Kind e. V. (Hrsg.): Integrierende Arbeitsbegleitung von Menschen mit Autismus. Arbeitstagung. Hamburg
Nieß, S. (1999): Autodidaktischer Erwerb von Buchstabenkenntnissen. In: Nagy, Ch.: Einführung in die Methode der gestützten Kommunikation (Facilitated Communication – FC). 2. Aufl. „Hilfe für das autistische Kind e. V.", Regionalverband München, München, 10
Nieß, N., Dirlich-Wilhelm, H. (1995): Leben mit autistischen Kindern. Herder, Freiburg / Basel / Wien

o. A. (2008): Schizophrenie und andere Erkrankungen des Geistes. Psychologie heute 11 / 2008, 58
O'Shea, M. (2008): Das Gehirn. Reclam jun., Stuttgart

Paschke-Müller, M. S., Biscaldi, M., Rauh, R., Fleischhaker, Ch., Schulz, E. (2013): TOMTASS – Theory-of-Mind-Training bei Autismusspektrumstörungen. Springer, Berlin / Heidelberg
Phillips, H. (2004): Die Glücksboten. Gehirn & Geist 3, 42–47
Poscher, R., Langer, Th., Rux, J. (2008): Gutachten zu den völkerrechtlichen und innerstaatlichen Verpflichtungen aus dem Recht auf Bildung nach Art. 24 des UN-Abkommens über die Rechte von Menschen mit Behinderungen und zur Vereinbarkeit des deutschen Schulrechts mit den Vorgaben des Übereinkommens. In: http://www.gew.de/Binaries/Binary42647/080919_BRK_Gutachten_finalKorr.pdf, 12.07.09
Preiß, J. (2014): Mein Leben auf dem falschen Planeten. Books on Demand, Norderstedt
Preißmann, Ch. (2013): Überraschend anders – Mädchen & Frauen mit Asperger. Trias, Stuttgart
Preißmann, Ch. (2009): Psychotherapie und Beratung bei Menschen mit Asperger-Syndrom. 2. überarb. u. erw. Aufl. Kohlhammer, Stuttgart
Preißmann, Ch. (2009a): Neuropsychologische Hintergründe – Persönliche Erfahrungen. Behinderte Menschen, 4, 26–39
Preißmann, Ch. (2006): Sympathie, Zuneigung, Liebe, Beziehung. Übergänge in ein neues Autismuszeitalter. In: Autismus Deutschland e. V. (Hrsg.): Au-

tismus im Wandel – Übergänge sind Herausforderung. Tagungsbericht 11. Bundestagung Leipzig, 268–277

Preißmann, Ch. (2005): „... und dass jeden Tag Weihnachten wär'". Weidler, Berlin

Premack, D., Woodruff, G. (1978): Does the Chimpanzee Have a Theory of Mind? Behavioral and Brain Sciences 1/4, 515–526

Ramachandran, V. S.; Oberman, L. M. (2007): Der blinde Spiegel Autismus. Spektrum der Wissenschaft April, 42–48

Reichenbach-Ullmann, J., Ullman, R., Lueper, I. (2006): Das verschlossene Kind. Narayana-Verlag, Kandern

Reinecker, H. (2006): Ratgeber Zwangsstörungen. Hogrefe, Göttingen

Reinhardt, S. (2008): Lob kann Schülerleistung mindern. Psychologie heute 11/2008, 12

Remschmidt, H. (2008): Autismus. Erscheinungsformen, Ursachen, Hilfen. 4. überarb. u. aktual. Aufl. Beck, München

Ritvo, E. R. (2006): Understanding the Nature of Autism and Asperger's Disorder. Jessica Kingsley Publishers, London/Philadelphia

Rodier, P. M. (2000): Autismus. Ein Defekt im Stammhirn ist Symptom, wenn nicht Ursache der schweren Behinderung. Spektrum der Wissenschaft Mai, 60

Rohmann, U. H., Hartmann, H. (1988): Autoaggressionen. Grundlagen und Behandlungsmöglichkeiten. Verlag modernes Lernen, Dortmund

Rosenkötter, H. (1999/2000): Hyperakusis und Hörüberempfindlichkeit bei Kindern. Pädiatrische Praxis 57, 27–34

Sarimski, K., (2005): Psychische Störungen bei behinderten Kindern und Jugendlichen. Hogrefe, Göttingen

Schäfer, S. (1997): Sterne, Äpfel und rundes Glas. Mein Leben mit Autismus. Freies Geistesleben, Stuttgart

Schmeck, K., Poustka, F. (2000): Biologische Grundlagen von impulsiv-aggressivem Verhalten. Kindheit und Entwicklung 9, 3–13

Schirmer, B. (Hrsg.) (2013): Buchstäblich und wortwörtlich, oder: Die Welt der hochgeklappten Gehsteige. Weidler, Berlin

Schirmer, B. (2008): „Sieh mich an, wenn du mich lieb hast". Blickkontakt und frühkindliche Entwicklung. Schwierige Kinder. Verstehen und helfen, 46/3, 19–25

Schirmer, B. (2007): Warum lautsprachliche Kommunikation so schwer ist: Autismus und Spiegelneuronen. mitSprache 3, 5–20

Schirmer, B. (2006): Elternleitfaden Autismus. Trias, Stuttgart

Schirmer, B. (2005): Wenn Christian aggressiv ist – der Umgang mit herausforderndem Verhalten anhand eines Beispiels. In: vds Brandenburg (Hrsg.): Autismus und herausforderndes Verhalten. Fachtagung der AG Autismus im vds Brandenburg, Weidler, Berlin, 25–42

Schirmer, B. (2003): Pädagogische Schlussfolgerungen aus der Analyse autobiographischer Berichte von Menschen mit autistischer Behinderung über ihre Probleme, Blickkontakt zu halten. Behinderte in Familie, Schule und Gesellschaft 26/3, 46–56

Schirmer, B. (2003a): „Die Lehrer hörte ich nur selten". Wahrnehmungsbesonderheiten von Menschen mit autistischer Behinderung im Bereich des Hörens und Konsequenzen für die sonderpädagogische Förderung. Behinderte in Familie, Schule und Gesellschaft 26/3, 34–45.

Schirmer, B. (2002): Erziehung und Unterricht von Kindern und Jugendlichen mit autistischem Verhalten – eine Analyse der KMK-Empfehlungen. Die neue Sonderschule 47/1, 51–56.

Schirmer, B. (2000): Menschen mit autistischer Behinderung im Internet. In: Bundschuh, K. (Hrsg.): Wahrnehmen, Verstehen, Handeln. Perspektiven für die Sonder- und Heilpädagogik im 21. Jahrhundert. Julius Klinkhardt, Bad Heilbronn, 319–325

Schirmer, B., Alexander, T. (2015): Leben mit einem Kind im Autismus-Spektrum. Kohlhammer, Stuttgart

Schmidt, P. (2013): Der Junge vom Saturn. Patmos Verlag, Ostfildern

Schopler, E., Reichler, R. J., Bashford, A., Lansing, M. B., Marcus, L. M. (2013): PEP-R. Entwicklungs- und Verhaltensprofil. 4. überarb. Aufl. verlag modernes lernen, Dortmund

Schopler, E., Lansing, M., Waters, L. (2011): Übungsanleitungen zur Förderung autistischer und entwicklungsbehinderter Kinder, 5. Aufl. verlag modernes lernen, Dortmund

Schuster, N. (2007a): Ein guter Tag ist ein Tag mit Wirsing. Weidler, Berlin

Schuster, N. (2007b): Asperger Syndrom und Lernen. Probleme und geeignete Hilfen in der Schule und in der Ausbildung. In: Verband Sonderpädagogik (Hrsg.): Sonderpädagogische Förderung in Brandenburg 2, 6–14

Seiffge-Krenke, I. (2009): Der Begleiter, den ich rief. Gehirn & Geist 6, 24–29

Sellin, A. (2008): Warum Wohnheim? autismus 65, 9–12

Seng, H. (2013): Ein autistisches Leben leben. 3. überarb. Aufl. autWorker, Hamburg

Seng, H. (2012): Leserbrief zur Diskussion zum Thema Autismus Diagnostik. autismus, Heft 74, 49–51

Seng, H. (2011): Wundersame Fähigkeiten. Über die Potentiale autistischer Menschen. Todeszeichen e.V., Hamburg

Sommerhalder, A. (2014): Autismus: Die Medaille und ihre Kehrseite. Flaschenpost 14, 3–8

Stacey, P. (2004): Der Junge, der die Fenster liebte. Die Rettung eines autistischen Kindes. Beltz, Weinheim/Basel

Strixner, St., Wolf, S. (2004): Kleines Wörterbuch der Gebärdensprache. Matrix Verlag, Wiesbaden

Strauch, B. (2003): Warum sie so seltsam sind. Gehirnentwicklung bei Teenagern. Berlin-Verlag, Berlin

Symalla, R. (2005): Die Funktion von Stereotypien bei Menschen mit autistischen Störungen – eine Herausforderung für Pädagogen und Therapeuten. In: Seidel, M. (Hrsg.): Zwänge, Tics und Stereotypien bei Menschen mit geistiger Behinderung. Dokumentation der Arbeitstagung der DGSGB am 5.3.2005 in Kassel. Materialien der DGSGB, Band 11, Eigenverlag der DGSGB, Berlin, 40–49

Theunissen, G. (2015): Autistische Intelligenz. autismus 79, 6–19
Textor, M.R. (2009): Eltern und Schule als Partner. In: Das Familienhandbuch des Staatsinstituts für Frühpädagogik (IFP). http://www.familienhandbuch.de/cmain/f_Aktuelles/a_Schule/s_1359.html, 04.01.2010
Thorbrietz, P. (2003): Gefährliche Mahlzeiten. Geowissen Verhalten, Persönlichkeit, Psyche 32, 126–135
Tomasello, M. (2002): Die kulturelle Entwicklung des menschlichen Denkens. Zur Evolution der Kognition. Suhrkamp, Frankfurt a. M.

Urbaniak, B., Schirmer, B. (2012): Die Frühförderung von Kindern mit Autismus-Spektrum-Störung. Weidler, Berlin

Wagatha, P. (2006): Partnerschaft und kindliche Behinderung. Verlag Dr. Kovać, Hamburg
Wallbott, H. G. (1990): Mimik im Kontext. Die Bedeutung verschiedener Informationskomponenten für das Erkennen von Emotionen. Hogrefe, Göttingen
Weinmann, St., Schwarzbach, Ch., Begemann, M., Roll, St., Vauth, Ch., Willich, St. N., Greiner, W. (2009): Verhaltens- und fertigkeitenbasierte Frühinterventionen bei Kindern mit Autismus. Deutsches Institut für Medizinische Dokumentation und Information, Köln
Wendeler, J. (1992): Neuere Forschungsergebnisse. In: Wing, J. K. (Hrsg.): Frühkindlicher Autismus. klinische, pädagogische und soziale Aspekte. 4. Aufl. Beltz, Weinheim/Basel, 283–347
Williams, D. (1994): Ich könnte verschwinden, wenn du mich berührst. Erinnerungen an eine autistische Kindheit. Droemersche Verlagsanstalt, München
Wing, L. (1999): The Relationship Between Asperger's Syndrome and Kanner's Autism. In: Frith, U. (Ed.): Autism and Asperger Syndrome. 12. Aufl. University Press, Cambridge, 93–121
Wygotski, L. (1987): Ausgewählte Schriften. Bd. 2, Arbeiten zur psychischen Entwicklung der Persönlichkeit. Pahl-Rugenstein, Köln

Zöller, D. (2009): Ich wollte, dass wir uns verstehen. Weidler, Berlin.
Zöller, D. (2005): Wenn Spracherwerb nicht zum Sprechen führt. Ein Erfahrungsbericht. mitSprache, 2, 5–14
Zöller, D. (2003): Gestütztes Handeln aus Eltern- und Nutzerperspektive. In: Lang, M., Koch, A. (Hrsg.): Gestützte Kommunikation – gestütztes Handeln. Weidler, Berlin, 45–56

Zöller, D. (2002): Gestützte Kommunikation (FC): Pro und Contra. Diskussion aus der Sicht eines Betroffenen. Weidler, Berlin
Zöller, D. (1999): Als ob Zappeln lustig wär'. In: Verein zur Förderung von autistisch Behinderten e. V. (Hrsg.): Autistische Menschen verstehen lernen I., Eigenverlag, Stuttgart, 16
Zöller, D. (1995): Ich gebe nicht auf. dtv, München

Sachregister

AAPEP 79
Adventskalenderprinzip 94
Aggressionen 103, 115–134, 149, 151–153
–, Aggressionsprophylaxe 118–120
–, affektive 126–128
–, ängstliche 126–128
–, automatisierte 130
–, impulsive 128–130
–, instrumentelle 124–126
–, umgeleitete 128
Aktivitätsplan 29, 81 f.
Angst 13, 42, 55, 64, 71, 95, 103, 107, 115, 118, 126 ff., 133, 135, 150, 152, 154
–, Angststörung 152 f.
–, keine Angst vor Gefahren 24, 64
Arbeitsplatz in der Schule 81 f., 92 f.
Assoziationsmethode 29
Asperger-Syndrom 11, 13, 36, 51, 57, 60
ATP 105 f.
Atypischer Autismus 11
Audiocard-Reader 30 f., 41
Aufmerksamkeitsdefizit-Syndrom 13
Autismus Deutschland 152
Autoaggressionen 70, 115–132

Bearbeitungszeit von Aufgaben (s. Nachteilsausgleich)
Belohnung 24, 31 ff., 44, 64–71, 83, 107, 125, 129, 138, 148
–, Belohnungsfrequenz 68
–, körpereigenes Belohnungssystem 148
–, sofortige 66
–, soziale 64 f.
–, Belohnungstafel 67 f.
–, verspätete 66

Blickkontakt 12, 36 f., 43, 46, 52 f., 84, 136, 146
Bliss 34 f.

C.A.L.M. 133
Comic Strip Conversation 24, 60 ff.
Curriculum 21, 114, 140

Depression 150, 154 f.
Diagnose 9 ff., 134

Eingliederungshilfe 15
Einzelförderung 51
Eltern 134—147
–, Ablöseprozess 137, 150
–, Eltern-Kind-Interaktion 138
–, Konflikte 141 ff.
Emotionen 49, 51, 52, 149
Empfehlungen zu Erziehung und Unterricht von Kindern und Jugendlichen mit autistischem Verhalten 15 ff.
Epilepsie 151
Erholungspausen 110
Erlebnisberichte 40
Erst-dann-Routine 97
Erziehungspartnerschaft 140
Eselsbrücken 25, 79
Essstörung 155

FEFA 23, 37
Filterschwäche 74 f.
Förderbedarf
–, autismusspezifischer 22–110
–, besonderer pädagogischer 16
–, sonderpädagogischer 17
Frank-Sinatra-Syndrom 76 f.
Freunde 52 ff., 150 f.

Gebärden 30, 36
–, Deutsche Gebärdensprache 36

–, lautsprachbegleitende 36
Gedichtinterpretation 23 f., 40
Gefühle (s. Emotionen)
Gestützte Kommunikation 35
Grundgesetz der Bundesrepublik Deutschland 14 f.
Gummibärchenpädagogik 65 ff.

Häufigkeitsangaben 23, 41
Hausaufgaben 48, 81
Hausunterricht 19
Helfer im Unterricht (s. Schulbegleiter)

IAV 133
Imitation 25, 28, 30, 72
Impulskontrolle 129, 149 f.
Infantiler Autismus (s. Kanner-Autismus)
Inklusion 9 f., 15, 111 f.
Integration 14, 18, 71, 111 ff.
Intonation 23, 37, 40, 46
Invalidenversicherung 19

Kanner-Autismus 11
Klassenfahrt 94
Klassenraum 26, 74, 87 f., 92
Klassische Konditionierung 65
Kommunikationshilfen 32
Körper 101 f.
–, Körpergefühl 101 f.
–, Körperhygiene 150
–, Körperkoordination 102
–, Körpersprache 23, 36 f., 46, 118, 146, 149
–, Körperwahrnehmung 102

Laptop 26, 46
Leistungsdiagnostik 25, 86
Leistungsprofil 25, 79 f.
Lesen lernen 29

Makaton 30
Mimik 37, 118 f.

Mini-me 31, 45 f., 87
Mitschüler 21, 23 f., 43 ff., 48, 52, 56 ff., 89 f., 102, 106
Mobbing 10, 59 f., 108
Motivation 24 f., 28, 60, 64 f., 70, 126
–, intrinsische 65
–, Motivationssysteme 24, 64
Mundmuskulatur 27

Nachahmung (s. Imitation)
Nachteilsausgleich 21 ff., 46, 78, 110

Orientierung 26, 44, 87–101
–, räumliche 26, 87–93
–, zeitliche 26, 44, 94–101
Orofaziale Regulationstherapie 28
Overload 68 f., 106

Pädagogik der kleinen Schritte 107
Partnerschaft 48, 53
Pausen 13, 23, 26, 71, 99 ff., 109 f.
–, Hofpausen 95, 100, 108
PECS 9, 32–34
PEP-R 79 f.
Personalpronomen 41
PIT 133
Psychomotorische Anfälle 131
Pubertät 55, 147–155

Regeln 23–25, 42 f., 49, 51, 53, 59, 60, 62 ff., 72, 76, 78 f.
– der Gesprächsführung 42 f.
–, soziale 23 f., 59 f., 72
Reizspezifische Ermüdung 31
Routinen 12, 45, 103, 106, 127, 138

Schamgefühl 135, 155
Schmerzen 130 f.
Schreiben 46, 101
Schulbegleiter 124 f.
Schulpflicht 16 f.
–, Aussagen der KMK 16 f.
–, Schulpflichtgesetz in Österreich 17 f.

Schweizerische Konferenz der kantonalen Erziehungsdirektoren 19
Selbstbefriedigung 155 f.
Selbstgespräch 43 f.
Selbststimulation 38, 131
Situationen, unstrukturierte 118, 138
Skripte 30 ff., 32 f.
Social Stories 24, 60 ff.
Sonderpädagogik-Konkordat 20
Sozialamt 15
Sozialgesetzbuch 15
Spezialinteressen 56, 65, 66, 68–71
Spezielle Klassen 113
Spiegelneuronen 73
Sprache 23 f., 27 ff., 37 ff., 45 f.
–, Sprachrhythmus 40
–, Sprachverständnis 23, 39 ff., 52, 64, 74, 90
–, verbale 23, 27, 34, 37 f.
Stereotypien 68–71, 103, 153
Stiftung „Kind & Autismus" 137
Stimmungsschwankungen 150, 152
Stirnlappen 148
Stress 23, 57, 65, 69, 71, 84, 88, 94, 102, 107, 116, 128, 131, 138, 150, 154
–, Stresshormon 128

TAKTKIN 28
TEACCH 26, 28, 57, 79, 85 ff.
Theorie der verminderten zentralen Kohärenz 25, 77 ff.
Theory of Mind 24, 47 ff., 54, 62, 77
Tic 153 f.
Timetimer 99
Token 65, 66 ff.
Tourette-Syndrom 153

U-Bahn-Club 57
Übergänge 103 ff.
Unerwartete Ereignisse (s. Veränderungen)
UN-Konvention über die Rechte von Menschen mit Behinderungen 14, 19

Veränderungen 12, 26, 103 ff.
–, neurologische in der Pubertät 147 ff., 151
Verhaltensregeln 48
Verhaltensvertrag 68
Verstärker (s. Belohnung)

Wahrnehmung 27, 30, 46, 68, 74 ff., 85, 87, 92, 95, 102, 109 f.
Warten 58, 100 f.
–, Wartestab 101

Zeitangaben 94
Zeitverständnis 94
Zensuren 79
Zwang 151, 152 f.

Gemeinsam unterrichten

Daniel Mays
**Wir sind ein Team!
Multiprofessionelle
Kooperation in der**
inklusiven Schule
2016. 142 S. 13 Abb.
(978-3-497-02597-8) kt

Damit inklusiver Unterricht gelingt, müssen RegelschullehrerInnen, FörderpädagogInnen, Integrationskräfte und evtl. weitere pädagogische Fachkräfte zusammenarbeiten. Diese Situation ist neu. Wie sie gut gemeistert werden kann und was man wissen muss, zeigt dieses Buch.

LehrerInnen und PädagogInnen erfahren, wie Teamarbeit entwickelt und gestaltet werden kann, damit der inklusive Unterricht gelingt. Sie erhalten Strategien für eine gute Kommunikation und Abstimmung untereinander, mit SchülerInnen und Eltern.

50 Praxistipps helfen beim Start eines multiprofessionellen Teams, bei der Verteilung der Aufgaben im und außerhalb des Unterrichts und bei der Gestaltung des Unterrichts selbst.

www.reinhardt-verlag.de

Potenziale von Schülern entdecken und fördern

Blanka Hartmann /
Andreas Methner
**Leipziger Kompetenz-Screening
für die Schule (LKS)**
Diagnostik und Förderplanung:
soziale und emotionale
Fähigkeiten, Lern- und
Arbeitsverhalten
2015. 104 S. 22 Abb. 19 Tab.
(978-3-497-02514-5) kt

Mit dem Leipziger Kompetenz-Screening (LKS) erfassen LehrerInnen aller Schulformen die Kompetenzen ihrer SchülerInnen im emotional-sozialen Verhalten sowie im Lern- und Arbeitsverhalten. Eine Lehrerversion ermöglicht die Einschätzung von SchülerInnen von 6 – 18 Jahren, mit der Schülerversion können sich SchülerInnen der 3. / 4. Klasse selbst beurteilen.

Die Autoren führen ein in die Kompetenzdiagnostik und zeigen, wie die Ergebnisse des LKS für die Unterrichtsgestaltung in heterogenen Lerngruppen und die individuelle Förderplanung genutzt werden können. Das LKS kann schnell und unkompliziert angewendet werden, die Einsatzbereiche werden umfassend erläutert.

www.reinhardt-verlag.de

Die Einschätzbögen zum Buch

Blanka Hartmann / Andreas Methner
Leipziger Kompetenz-Screening für die Schule - Schülerversion (LKS-S)
Schüler-Einschätzbogen 3./4. Klasse.
Unter Mitarbeit von
W. Mutzeck u. K. Gärtig.
2015. DIN A4. 16 S. 25er-Pack.
(978-3-497-02516-9) geh

Blanka Hartmann / Andreas Methner
Leipziger Kompetenz-Screening für die Schule - Lehrerversion (LKS-L)
Lehrer-Einschätzbogen
Unter Mitarbeit von
W. Mutzeck u. M. Fingerle.
2015. DIN A4. 8 S. 25er-Pack.
(978-3-497-02515-2) geh

www.reinhardt-verlag.de

ADHS im Griff

Kathrin Hoberg
Schulratgeber ADHS
Ein Leitfaden für LehrerInnen
2013. 245 S. 34 Abb. 7 Tab.
(978-3-497-02368-4) kt

In fast jeder Schulklasse gibt es unaufmerksame, impulsive und hyperaktive SchülerInnen. Doch was steckt eigentlich hinter der Diagnose ADHS und wie können LehrerInnen im Unterricht damit umgehen?

Die Autorin liefert kompaktes Basiswissen für Lehrkräfte, die SchülerInnen mit ADHS unterrichten. Sie schildert anschaulich und praxisnah viele konkrete Maßnahmen für den Unterricht, die sowohl die SchülerInnen selbst stärken als auch das Lernklima in der Klassengemeinschaft verbessern. Ein Erste-Hilfe-Teil für Problemverhalten in der Schulklasse rundet das Buch ab und macht es zu einer wertvollen Fundgrube für alle LehrerInnen.

 reinhardt
www.reinhardt-verlag.de

Konstruktiv Gespräche führen

Matthias Paul Krause
Elterngespräche Schritt für Schritt
Praxisbuch für Kindergarten und Frühförderung
2. Auflage 2013. 219 S.
(978-3-497-02425-4) kt

Perspektiven eröffnen, Beobachtungen mitteilen, Erziehungsverhalten diskutieren und Veränderungsprozesse in Gang setzen – Fachleute in Kindergarten und Frühförderung werden in der Beratung und Information von Eltern vor große Herausforderungen gestellt.

Durch gelungene Gespräche ist es möglich, eine vertrauensvolle Beziehung zu den Eltern aufzubauen, die konstruktiv trägt und sinnvolle Kooperation ermöglicht. Der Autor schöpft aus seiner langjährigen Praxis und verdeutlicht anhand vieler Beispieldialoge und Frage-Antwort-Alternativen, wie eine gute Gesprächsführung die Zusammenarbeit mit den Eltern verbessert.

www.reinhardt-verlag.de

Burn-out in der Schule? Nein, danke!

Nina Mazzola / Beat Rusterholz
Achtsamkeit für LehrerInnen
Wege aus der Stressfalle
2013. 102 S. 2 Abb. 2 Tab.
Mit 25 Checklisten.
(978-3-497-02404-9) kt

Die Aufgaben für LehrerInnen nehmen stetig zu – Lehrkräfte fühlen sich immer häufiger überfordert und ausgelaugt. Dieses Buch zeigt einen gesunden Weg aus der Stressfalle. Es hilft LehrerInnen dabei, achtsam gegenüber den eigenen Bedürfnissen und Gefühlen zu werden, sich auf die wichtigen Aufgaben zu konzentrieren und so wieder klar durch den Stress-Dschungel blicken zu können.

Zu Beginn des Buches ermöglicht ein Fragebogen eine erste Standortbestimmung. Mithilfe von fünf Prinzipien geht es dann Schritt für Schritt auf die „Reise" zu mehr Achtsamkeit im Schulalltag. Durch die vielen Beispiele, Checklisten und Arbeitshilfen wird das Buch zu einer Überlebenshilfe im täglichen Schulalltag.

reinhardt
www.reinhardt-verlag.de